現代儒家
三聖（上）

梁漱溟、熊十力、馬一浮的交誼紀實

王汝華 ● 著

目　次

上篇

導言

　　掀開中國近代史頁，一個紛陳雜遝、擺盪翻轉、衝突憂懼的時代風貌登時躍入眼簾，在新舊交衡、中西拉鋸、學說蠭出下，譜寫出一個個樣態各異、內涵殊別的學術生命。其間梁漱溟、熊十力、馬一浮三者，其所承膺的歷史重擔；所執持的終極信念；所啟導的儒學面向；所交錯的生命歷程；所匯聚的文化群落；及所標幟的學術生命等，既有其共性的內涵，亦有其獨樹的量能；既有其交織的精采，亦有其特出的魅力。

　　先就**梁漱溟**（1893-1988）言，其以九六高齡鎸烙出其易於識別的生命座標：席不暇暖的社會實踐，讓他贏得「行動的儒者」的美譽；[1]傾力發皇現代孔學精神，使其「獨能生命化了孔子」的標誌蔚然成形；[2]至於對宋明儒學中陸、王思想的靈活發揮，遂有「新文化運動以來，倡導陸王之學最有力量的人」的封稱；[3]另如「最後一個儒家」、「中國的脊梁」、「不穿袈裟的和尚」、「當代新儒家學者中最具有準西方宗教的聖徒人格」等，[4]都是為其量身專設的評語，藉此突顯其一生學思歷程的路徑與基調。

---

[1]　景海峰、徐業明：《梁漱溟評傳》（天津：百花洲文藝出版社，1995年5月），頁84。

[2]　牟宗三：〈現時中國之宗教趨勢〉，《生命的學問》（台北：三民書局，1984年6月），頁112。

[3]　賀麟：〈梁漱溟與東西文化文化問題〉，收入梁培寬編：《梁漱溟先生紀念文集》（北京：中國工人出版社，1993年10月），頁199。

[4]　（美）艾凱著　王宗昱、冀建中譯：〈中文版序言〉，《最後的儒家——梁漱溟與中國現代化的兩難》（南京：江蘇人民出版社，2004年9月），頁3；袁鴻壽：〈仲尼燕居——悼念梁漱溟先生〉，收入《梁漱溟先生紀念文集》，頁66、77；楊儒賓：〈新儒家與冥契主義〉，收入陳德和主編：《當代新儒家的關懷與超越》（台北：文津出版社，1997年12月），頁347。

次就**熊十力**（1885-1968）言，在其八十有四的行年中，專力於中國哲學體系的重建，試圖為途窮的傳統文化另闢蹊徑，又以作品深具原創性、爭議性與影響力，獲致時賢及後人殊多迴響，如賀麟稱揚：「其哲學為陸、王心學之精微化系統化最獨創之集大成者。」[5]徐復觀贊曰：「熊先生的生命，即是中國文化活生生地長城。」[6]1968年出版的《大英百科全書》譽其為「儒學、佛學和西方哲學三方面的調和中，最具獨創性的綜合者。」凡此均可眩見熊十力學術之攸歸及人格之鮮活。

　　末就**馬一浮**（1883-1967）言，在八五漚滅歸海之際，以其豐厚學養、多方才華及隱士的生命情調，招來後學興味日增的勘探及捫索，在殊多論評者中，梁漱溟以「千年國粹，一代儒宗」為其精準定調；而賀麟之「代表傳統中國文化的僅存的碩果」及曾昭旭之「傳統之儒之最後典型」，[7]則道出其趨古近古的學行特色；至於豐子愷則以「今世的顏子」羊評摯友，[8]另如「中國書法界之泰斗」、「當今第一流詩人」、「當代文章歸馬氏」等，[9]則為其書法、詩歌、文章等領域的高度學養、精深造詣與斐然成就別立註腳。

　　在相近的歷史舞台中，梁、熊、馬傾力發揮、精湛演出，在學術軌道上各有開展與闢拓，其間尤值稱道者，三人居處伯仲間，

5　賀麟：〈論熊十力哲學〉，收入蕭萐父、郭齊勇編：《玄圃論學集——熊十力生平與學術》（北京：三聯書店，1990年2月），頁16。

6　徐復觀：〈悼念熊十力先生〉，〈自述、懷念親友〉，《徐復觀文錄選粹》（台北：台灣學生書局，1980年9月），頁340。

7　賀麟：《當代中國哲學》（台北：台灣時代書局，1974年6月），頁12；曾昭旭：〈緒言〉，《六十年來之理學》，見程發軔主編：《六十年來之國學》（台北：正中書局，1977年11月）第四冊，頁561。

8　豐子愷：〈陋巷〉，見豐陳寶、豐一吟編：《豐子愷文集》5（文學卷一）（浙江：浙江文藝、浙江教育出版社，1996年12月），頁202。

9　首句為豐子愷譽辭，引自馬鏡泉：〈馬一浮傳略〉，畢養賽主編：《中國當代理學大師馬一浮》，頁150；次句為賀麟譽辭，見《當代中國哲學》，頁12；第三句為時人譽辭，轉引自樓達人：〈當代孔子馬一浮行狀〉，《中國文化月刊》第159期，1993年1月，頁111。

訂交半世紀，在長時的匯流與分道之間，既營造出深泊的學術氛圍；亦激盪出豐盈的學術內蘊；更培育出偌多的學術新流。「現代儒家三聖」一詞，已儼然成為當今學者對梁、熊、馬三者的普遍代稱，[10]更反復出現於研究梁、熊、馬的相關作品中，成為熟稔的標誌代碼，然而現代儒家三聖究竟如何開展其複雜曲折的交誼歷程？如何標誌出其各具創見的學術內涵？又如何激盪出獨領風騷的一代學術？以及如何留下文壇的不朽佳話與難解爭議？則釐探三聖之學似已箭在弦上。又郭齊勇先生亦言：「馬一浮、梁漱溟、熊十力先生及其弟子門生，構成了一個特殊的文化群落，支撐著吾華道統，賡續著往聖絕學，孕育了現代儒學思想。」[11]則此一文化群落的現象如何？特質為何？如何賡續絕學、開啟新學、影響後學？凡此線索與軌跡，均導人欲窺其究竟、探勘所以。

　　本書上冊以「三聖其人」為核心，透過熊、梁、馬三家全集之全面檢視，篩錄、抽繹出兩兩間學術互動的原始素材，以之為根

---

[10] 對梁、熊、馬三者的稱呼，用詞多方，有並稱為「現代儒家三聖」者，如：方克立：〈現代新儒學的發展歷程〉（上），《南開學報》1990年第4期，頁9；許寧：《六藝圓融──馬一浮文化哲學研究》（北京：中國社會科學出版社，2008年3月），頁1、27；劉煒：《馬一浮的六藝論與詩學思想》，華東師範大學博士學位論文，2006年5月，頁1。有逕稱之為「三聖」者，如郭齊勇：《熊十力與中國傳統文化》（台北：遠流出版事業股份有限公司，1990年6月），頁23。另郭齊勇：《天地間一個讀書人──熊十力傳》（台北：業強出版社，1994年11月），頁173同此。有稱之為「儒家三聖」者，如馬鏡泉等：《馬一浮評傳》（南昌：百花洲文藝出版社，1993年8月），頁92標題為「儒家三聖，交誼深厚」，唯頁94亦稱之為「三聖」；許寧：〈儒學現代轉型的三個向度──以梁漱溟、熊十力、馬一浮為例〉，《安徽大學學報》（哲學社會科學版）第31卷第4期，2007年7月，頁33。有稱之為「新儒家的三聖」者，如滕復：《馬一浮思想研究》（北京：中華書局，2001年10月），頁165。有稱之為「新儒家現代三聖」者，如陳銳：《馬一浮與現代中國》（北京：中國社會科學出版社，2007年8月），頁8、144、314。有稱之為「現代新儒家三聖」者，如滕復：《馬一浮思想研究》，頁162。有稱之為「現代新儒學三聖」者，如樓達人：〈「文革」中的馬一浮先生〉，《中國當代理學大師馬一浮》，頁131。由上列七詞觀之，義涵切近，此間均有「三聖」二字，本書行文始採「現代儒家三聖」一詞，此既為多數學者之用詞，且能代表三者乃立居當代，思想歸趨儒家的特色。

[11] 郭齊勇：〈馬一浮的人格境界與哲理詩〉，《中國文化》第9期，1994年2月，頁154。

柢，進行分析、詮釋或釐清，藉茲透視彼此的互動行跡、關切要點與論點異同。如《熊十力全集》中之文章、論著短語、專函、信函、講詞、語錄、詩序；《梁漱溟全集》中之文章、短語、專函、信函、日記、訪談紀錄、讀書筆記、口述；《馬一浮集》中之序文、墓誌銘、日記、專函、信函、詩歌、對聯、弟子筆記等，於另二方均各有觸及，透過摘錄、比較、分析，得匯為脈絡分明的交往實錄。另亦酌納各家關於三聖之年譜、年表、記事、事略、評傳資料等，以期全面關照熊、梁、馬間綿密複雜的交游景況、彼此扶掖的文化氛圍、各有堅持的論交模式。要言之，上冊之**上篇**藉由原始文獻的檢視與蒐彙、當時與後學觀點的參稽與比較，藉茲觀察圍繞於梁、熊、馬之間的四個主題：一探生命氣象，以觀個性特質之迥別；二究學行互動，以見論學交誼之軌跡；三言履道堅持，以窺梁、熊之學術交鋒及攻難景況，熊、馬之教育理想與扞格歧見；末涉學術網絡，以明友朋弟子薈萃景況及交織互錯梗概。究其要則在豁顯三者論交歷程的悠長綿遠與耐人尋味；以及彼此對學術與教育理念的護衛與堅持，並映顯民初儒學的一個側面景致。上冊**下篇**則依次呈現「現代儒家三聖」全集中關於另二者的相關記事，以見彼此往來之實貌。**書末**加錄三聖著作之梗概，以及今人研究三聖之學的概況。

　　本書下冊以「三聖其學」為重點，尤其聚焦於三者對宋明儒學的關注。梁、熊、馬嘎然獨具的學術造詣，除來自於生命的特殊體歷及不斷精進外，亦緣於時代的衝擊撞擊，及歷史的反芻與汲攝。當代新儒學可謂為現代版的宋明儒學，既接引宋明儒學的道德心性之學，亦汲納宋明儒學內聖外王的思維模式，或以新程朱的風貌，或以新陸王的樣態呈現，而其內涵實多為宋明儒學的具現。梁、熊、馬既上有所承，則其對宋明學術的關注焦點有何殊異？其續承於宋明儒學的實質內容與模式為何？宋明儒學與當代新儒學所臨對的議題為何？三者對宋明學術如何進行現代發皇、改造、轉化乃至

納歸己用？又三者對當代新儒家或當代儒學的裨益、開展與影響又如何？三聖其人其學雖路線迥異，然卻屢有交會及碰撞，透過比較分析，得以釐清三者在現代學術史上的角色與定位，亦可通觀民初儒學的典型暨風貌。

第一章

現代儒家三聖的生命氣象

一、梁漱溟的狷者風貌

「身材不高不大，中年體漸結實，晚年項微隆，若傴然。前腦圓聳開闊，後腦恰如半球，很圓。眉疏似高，眼有威嚴。鼻闊稍平，口常嚴合。行步安祥而輕靈，坐則端坐。一生不留髮。茹素，每日黎明即起，上燈閱讀，寒暑如一。自謂『吃苦耐勞，食色都很淡泊』，生活儉約一如持戒律之僧人」、[1]「漱溟先生的為人，誠懇篤實，儉樸認真，敬事耐苦，尤富同情感，絕不作自欺欺人的說話。人家有問題去請教他，無不循循誘導，從來是不憚煩勞的，人家給他的信件，他總是親自過目，很少假手於人的。有許多人對他的見地主張，發生很大的誤會，在報章雜誌上批評他責難他，但他總少回覆，因為他覺得許多人責難，並沒有能打動他的心肝，質言之，人家的批評并未能抓到他的弱點。他心中有話總是要說的，而在人家的說話不能打動他的心肝時，他往往嚴守靜默不言不語」、[2]「每逢客至，他必起立相迎，讓座倒茶，客人走時，他必親送至門外，鞠躬送別。」[3]透過胡應漢、朱秉國、諸天寅等的描繪，勾勒出一個樸素、內斂、靜默、自律、踏實、誠懇、不躁動、有耐性、彬彬有禮的狷者形象，與熊十力的狂而野、直且霸適成強烈對比。其一生行誼，全然謹守六度五戒──其一是戒，戒殺、盜、淫、妄、

---

[1]　胡應漢：〈記梁漱溟先生〉，《梁漱溟先生紀念文集》，頁214。
[2]　朱秉國：〈鄒平漫憶〉，《梁漱溟先生紀念文集》，頁50。
[3]　諸天寅：〈懷念梁老〉，《梁漱溟先生紀念文集》，頁163。

酒;二是施,或以財布施,工資多數贈人;或以法布施,對人循循善誘;三是精進,日日求新,無一刻懈怠;四是忍,能忍人所不能忍;五是定,談話自若,定性十足;六是慧,有大智若愚的處世之道。家中無佛像、無法器、無宗教色彩,但自律謹嚴、表裡如一、言行相契、胸包清濁,儼然為不穿袈裟的和尚。[4]此外除書籍外,他幾乎家徒四壁,其日常則少吃多動,每天下午必定散步,散步時大有「將謂偷閒學少年」的光風霽月神態,同時主張氣貴平和、情貴淡泊。凡此均透顯其所以能體健長壽,非無來由也。

除了通達明徹的智慧、柔嫩易感的心腸、深刻獨到的智慧、深厚強勁的魄力外,梁漱溟和熊十力同樣懷持深心宏願,由其所題的「我生有涯願無盡,心期填海力移山」,及1917年目睹南北戰禍時撰〈吾曹不出如蒼生何〉一文,得略窺之。又梁同熊一樣兼具高度自信、自期,且備有若干狂氣,由1941年香港淪陷他坐小船脫險,曰:「我相信我的安危自有天命」、「孔孟之學,現在晦塞不明。或許有人能明白其旨趣,卻無人能深見其係基於人類生命的認識而來,並為之先建立他的心理學而後乃闡明其倫理思想。此事唯我能做。又必於人類生命有認識,乃有眼光可以判明中國文化在人類文化史上的位置,而指證其得失。此除我外,當世亦無人能做」、「我不能死。我若死,天地將為之變色,歷史將為之改轍,那是不可想像的,萬不會有的事」等發言可略見一斑。[5]再者由其贈人對聯「何思何慮 至大至剛」,[6]及1974年孔林批孔期間,脫口而出的「三軍可奪帥也,匹夫不可奪志也」等,亦展現其坦蕩胸豁、勇於披逆鱗的錚錚風骨與寵辱不驚的臨事態度。

---

[4] 詳參袁鴻壽:〈仲尼燕居——悼念梁漱溟先生〉,《梁漱溟先生紀念文集》,頁77,此乃約其意以言。

[5] 梁漱溟:〈香港脫險寄寬恕兩兒〉,中國文化書院學術委員會編:《梁漱溟全集》(全八冊)(濟南:山東人民出版社,2005年5月)第六卷,頁342-343。

[6] 葉篤義:〈哀悼梁漱溟先生〉,《梁漱溟先生紀念文集》,頁121。

倘專就其為學方面觀之，幼年未接觸四書五經，正規教育僅及中學五年半，未曾入大學、不曾出過洋，梁漱溟的學識端賴乎自學，尤其得力於報章雜誌。「自學就是一個人整個生命的向上自強」、「學問必經自己求得者，方才切實有用」、「知識技能未到融於自家生命而打成一片的地步，知非真知，能非真能。真不真，全看是不是自己求得的，一分自求，一分真得；十分自求，十分真得」、「向上心是自學的根本」、「學問貴能得要」，[7]凡此均是其個人學習歷程中真切深徹的體悟與感發。藉由自學，梁漱溟訪晤唯識學、躍入柏格森、叔本華、麥獨孤、克魯泡特金、羅素、杜威，更親向孔孟、陸王等，厚實的學力與人生的歸趨皆透過自學與思索而得。然而他終非學究型的人物，其畢生著力亦不盡在學術，行動實踐、解決問題更是其方針所在，因此其屢屢申言「我一向喜歡行動而不甘於坐談」、「我無意乎學問」、「我不是學問家」、「以哲學家看我非知我者」，而寄望將自己塑造成「有思想，又且本著思想而行動的人」。[8]一生栖栖遑遑，切志於中國問題的解決，見得到、說得出、信得及、做得真，梁漱溟以踏實、認真、執著的實際行動，呈現了最真實的自我。

二、熊十力的狂者形象

「熊先生住北碚時，陳銘樞請熊先生在一個背山面江風景優美的飯館吃飯。熊先生朝江面看風景，陳銘樞面對熊先生，背對著江面。熊先生問陳，你為什麼不看看風景，陳說，你就是很好的風景。熊先生哈哈大笑，聲震堂宇。」[9]一如陳銘樞所道，熊十力本

7　梁漱溟：〈先秦學術思想漫談——兼談我的自學〉，《梁漱溟全集》第七卷，頁611-612；〈談學問〉，《朝話》，《梁漱溟全集》第二卷，頁61；《我的自學小史》，《梁漱溟全集》第二卷，頁676。

8　梁漱溟：〈自序〉，《中國文化要義》，《梁漱溟全集》第三卷，頁4、6。

9　任繼愈：〈熊十力先生的為人與治學〉，《玄圃論學集——熊十力生平與學

身即是一幕殊堪欣賞的景致：**由其**「穿長袍不穿馬褂，穿布鞋不穿皮鞋，穿布襪子不穿洋襪子，夏天穿一件無領無袖的對襟布掛，甚至光背打赤膊」的衣著型態，[10]以及贏得齊白石慧眼獨賞——不拘常態、度越規矩，以無體為體、古樸雅健的粗黑字體觀之，其人生命之樸野與特出已隱然可見；由其講課聲震全場，如長江大河，傾瀉而下，一發不可停歇，或於聽者面前指指劃劃；或於聽者頭上、肩上拍一巴掌，盡情忘我以致不耐上下課時間的拘滯，甚至發出「師生蟻聚一堂，究竟有何受益？」的質疑觀之，其生命之大器與不羈亦略可窺得；由其年輕時書語：「天上地下，唯我獨尊。」[11]以及時言「舉頭天外望，無我這般人。」並於著書中署款「黃岡熊十力造」——雖則「造」字於印度惟菩薩行之，而熊十力自識乃當之無愧，另由熊十力於友朋聚會中挑破沉悶、拍桌喝道：「當今之世，講晚周諸子，祇有我熊某能講，其餘都是混扯」等，[12]均透顯其自信、自尊的狂者形象；由其喜怒形於色、脾氣大、時罵人，單刀直入而不譏諷刻薄，並嘗自表：「老夫罵盡古今名人，非自是，痛族類之亡，情不容已也。當今之世，誰肯罵人？誰又能罵人」、「吾之任性，一切無掩飾、無做作、無裝點；吾只任真二字，吾所罵者，真而已矣！」則其耿直、任真而充滿霸氣的性格復已彰顯無疑，[13]而其近似孟子「予豈好辯哉？予不得已也」的用心亦已流溢乎其間！由其寫作論述之字斟句酌、一筆不苟，且多以紅筆加圈、加點，並時而添註加案，以「吃緊！吃緊！」醒人目光，則其嚴肅、認真、細膩面亦可觀見；**另由其**「人不孤冷到極度，不堪與世

術》，頁43。

[10] 蔡仁厚：〈熊十力先生的生命格範〉，《熊十力先生學行年表》（台北：明文書局，1987年8月），頁114。

[11] 郭齊勇：《熊十力與中國傳統文化》，頁15。

[12] 牟宗三：〈我與熊十力先生〉，蕭萐父主編：《熊十力全集》（全十卷）（武漢：湖北教育出版社，2001年8月）附卷下，頁1420。

[13] 蔡仁厚：〈熊十力先生的生命格範〉，《熊十力先生學行年表》，頁114。

諧和」的感發，[14]則其寂寞孤守，強調自我自宰的信念亦具現矣！綜上觀來，談笑風生、自信不羈、主見極深、率真自得、聲勢懾人、霸氣十足卻又孤寂自持，不規行矩步、不沾染習氣、不遮掩矯飾、不趨炎附勢、不人云亦云，便是熊十力形象的具體寫真。至於現代學者杜維明則以具備「清、奇、透、逸」之氣描繪之，[15]而蔡仁厚則提出「野人、真人、大人」三者形塑之，[16]一個元氣淋漓的醇儒形象於焉形成，他如任繼愈則如是描摹：「跟熊先生在一起，令人有虛而往，實而歸的感覺。和熊先生相處，好像接近一盆火，灼熱烤人，離開了，又使人思念難以忘懷。」[17]更具體標識出其親之過燙的儒人氣勢與遠之懷想的特有魅力。

金岳霖曾言：「熊十力的哲學中有人」，[18]此語正道出透過熊十力作品，得以躍出栩栩鮮活的作者形象。熊十力以儒、釋、道及西學，作為支撐起其學術殿堂的四根巨柱，他神遊古今、博採中外，以孔子、陽明、船山為軸心，融攝佛學、取捨道學、參稽諸子、取益時賢諸友，間取西方哲學，偌多的豐沛資源，經過擘肌抒理、融會通貫、斟酌損益，入而能出，取而能化，終自出機杼，蔚為一家之言。至於其學則並無常師，讀書則範圍不拘，認為六合之內，本是一部大書；萬象森列，均是活動書庫，也因此其藏書並不豐，考究亦不精，然每讀則必鈎玄提要，力求領會要義；執筆則必有定見，絕不襲古盜今，是以林宰平曰：「子真學問，是他親身體驗得來，故橫說也好，豎說也好。」[19]對其文能逢源左右，然究竟自肺腑中得來有貼切表述。至於其勉勵後學，則強調立志為先，曾引王陽明之言曰：

[14] 〈高贊非記語〉，《十力語要》卷四，《熊十力全集》第四卷，頁465。

[15] 杜維明：〈孤往探尋宇宙的真實——重印尊聞錄序〉，《尊聞錄》（台北：時報出版公司，1983年7月），頁1。

[16] 參蔡仁厚：〈熊十力先生的生命格範〉，《熊十力先生學行年表》，頁111-124。

[17] 任繼愈：〈熊十力先生的為人與治學〉，載《玄圃論學集——熊十力生平與學術》，頁42。

[18] 郭齊勇：《天地間一個讀書人——熊十力傳》，頁169。

[19] 李景賢：〈子真先生的博大氣象〉，載《玄圃論學集——熊十力生平與學術》，頁99。

凡一毫私欲之萌，只責此志不立，即私欲便退聽；一毫客氣
之動，只責此志不立，即客氣便消除。或怠心生，責此志，
即不怠。忽心生，責此志，即不忽。懆心生，責此志，即不
懆；妒心生，責此志，即不妒。忿心生，責此志，即不忿。
貪心生，責此志，即不貪。……蓋無一息而非立志責志之
時，無一事而非立志責志之地。故責志之功，其於去人欲，
有如烈火之燎毛，太陽一出，而魍魉潛消也。[20]

　　強調終身學問之功，在乎立得志而已，責志則能反己，反己功
夫不懈，方能行止順乎天而無違。同時對於讀書一事亦強調須深心
體玩，力求戒俗心、輕心、賤心、驕心，並務求規模宏闊、志意深
遠，不貪小成、不甘凡近、不盜浮名。其生命格範透過為學理念
之一端，得以略窺。至於其生命中的宏願悲懷，則透過如下自序
亦得窺見：「上天以斯文屬余，遭時屯難，余忍無述」、「國人
昏偷無恥，吾寧抱遺經，以獨立於危峰蒼柏之間，聖靈其默佑一
綫之延歟？」[21]秉孤懷宏識，欲圖豁醒儒聖的慧命，其心跡可謂昭
然若揭。

三、馬一浮的隱士風範

　　身著灰布棉袍，外罩玄色馬褂，頭大身短，長髯逾尺，眼簾
堅致有力，黑瞳閃閃發光，手執烟筒，水烟、旱烟時相換置，裊裊
白煙，忽前忽後，伴隨其一口純粹的紹興土白，帶出亦莊亦諧的

---

[20] 原出（明）王陽明：〈示弟立志說〉，《王陽明全集》（上海：上海古籍出版社，
　　1992年12月）上冊，卷七，頁259。《讀經示要》卷二，《熊十力全集》第三卷，頁
　　696徵引之。
[21] 〈自序〉，《讀經示要》，《熊十力全集》第三卷，頁557；《讀經示要》卷三，
　　《熊十力全集》第三卷，頁1105。

談吐、因客翻新的話題，由孔孟程朱及至康德杜威，由古文及至外文，汪洋恣肆，旁徵博引，時誦原文，信手拈來，純乎自然，皆歸己用，而一旁圓而矮的紫砂茶壺，擱在方形銅炭爐上，壺裡普洱茶正熱滾著。其學殖深厚、言談無涯，使豐子愷瞠目結舌、頓生崇敬：「似乎看見托爾斯泰、盧那卡爾斯基等一齊退避三舍。」[22]再者每回訪馬歸來「似乎吸了一次新鮮空氣，可以繼續數天的清醒與健康。」[23]而豐子愷業師弘一法師更逕稱馬一浮是「生而知之的」。[24]透過師弟二人的賅要描摹，已能隅窺馬一浮學識的戛然獨造。至於任繼愈則以「白髯垂胸，說話聲音宏亮，出口成文，語言典雅，從馬先生身上的儒者氣象，想見當年程朱晬面盎背的風範。」[25]描摹初見馬一浮的印象，道出其為「今之古人」的言行特質。

回觀其年僅十歲，一首「我愛陶元亮，東籬採菊花。枝枝傲霜雪，瓣瓣生雲霞。不是仙人種，移來處士家。晨餐秋更潔，不必羨胡麻。」已見夙慧；[26]未及十六，赴紹興參加縣試，獲案首殊榮，而考據之學，亦多所用心；其後遊學異域，博覽西方政治、社會、文史群籍，熟諳多國語言；繼而隱居古寺陋巷，轉治佛典；而後深探義海，歸宗六藝；再者避難桐廬，應聘浙大；隨即主持復性書院，絃歌不輟；爾後鬻字刻書，志存儒典。[27]及至大去之前擬詩「乘化吾安適？虛空任所之。形神隨聚散，視聽總希夷。漚滅會歸

---

22 豐一吟：〈馬一浮與豐子愷〉，《中國當代理學大師馬一浮》，頁121。

23 同前註，頁119。

24 豐子愷述弘一法師語：「馬先生是生而知之的。假定有一個人，生出來就讀書，而且每天讀兩本，而且讀了就會背誦，讀到馬先生的年紀，所讀的還不及馬先生之多。」語出〈桐廬負暄〉，《豐子愷文集》6（文學卷二），頁27-28。

25 任繼愈：〈馬一浮論蔣介石〉，《中國當代理學大師馬一浮》，頁66。

26 馬鏡泉：《馬一浮評傳》，頁4-5。

27 其擬訂先刊書目，含「群經統類」、「儒林典要」、「文苑菁英」、「政典先河」、「諸子會歸」五類，參〈復性書院擬先刻諸書簡目〉，盧萬里校點：《馬一浮集》（杭州：浙江古籍出版社、浙江教育出版社，1996年10月）第二冊，頁1200-1213。

海，花開正滿枝。臨崖揮手罷，落日下崦嵫。」[28]視「生與死是同一晝夜，同一寒暑，同一呼吸，是平常的事。」[29]此等豁達超脫，正與其語出《莊子》「其生若浮」及《楞嚴經》「如湛巨海，流浮漚，起滅無從」的命名若合符契。通觀其一生，雖有憂世志切，以講學為經、刻書為緯的入世行跡，然由其語和意長、言近旨遠的言談特質；幽棲泉林、欲絕塵擾的居處偏好；沖和閑靜、潛光含章的性格特色；風骨傲岸、遠謝時緣的處世格調；埋首儒典、標舉六藝、兼治釋道的治學傾向，則綜以「隱逸名士」言詮之，似更能真切表述其人其志。

在通會中西、博採諸子、精研老莊、妙悟禪宗、返求六經之際，馬一浮有別於梁漱溟的栖栖惶惶、苦行於世；亦迥異於熊十力之賅立體用、專志學術，而時時游藝於詩詞、書法乃至金石篆刻間，開展其過人的多樣才華：就**詩歌**言，除提出「胸襟大」、「魄力厚」、「格律細」、「神韻高」四要件，並強調「筆下不必有詩，胸中不可無詩」外，[30]現《全集》中存詩三千三百六十餘首，古體律絕、長篇短句，言志述懷、狀物寫境，引禪入詩、以玄說理，學思純篤、情境交融，是以程千帆贊曰：「冥闢群界，牢籠萬有，玄致勝語，胥出胸中神智澄澈之造」、「文質彬彬，理味交融，較之晦庵，殆有過之而無不及。」[31]至若**書法**則不名一體，渾言之則精密俊拔、幽雅清麗、氣韵靈動、意境清遠，體現寧靜、和諧、超俗的山林之氣，近觀、遠看、細察各有韻味；分言之則篆書神妙、隸書挺秀、行書沉厚遒勁、草書高野飄逸。其書藝造詣高深，使任繼愈贊曰：「馬先生書法超逸，游刃於古人規矩之內而迥出於古人藩籬，神采內斂，秀勁深涵。……方之古人，馬先生書法

---

[28] 〈擬告別諸親友〉，《蠲戲齋詩編年集》丁未，《馬一浮集》第三冊，頁758。

[29] 馬鏡泉：〈懷念伯父〉，《中國當代理學大師馬一浮》，頁144。

[30] 〈詩學篇〉，《語錄類編》，《馬一浮集》第三冊，頁981。

[31] 程千帆：〈讀蠲戲齋詩雜記〉，《中國當代理學大師馬一浮》，頁69-70。

可以遠紹朱熹。」[32]倘專就**篆刻**言，則強調治印愈拙愈美、愈古愈新，其章法深樸圓融，佈局疏密有致，刀法剛健有力，線條或弛張或屈曲，致沙孟海譽曰：「樸茂高雅，純用漢法。……簡頭續尾，瀾然未洙，古意新姿，韻味無窮。」[33]如是觀來，除治學、講學、著述、刻書外，其周遍一身的藝術才華，與其深居簡出的隱士形象，同樣殊值吾人品味。而其渾融簡約之美、氣韻之美、中和之美的藝術傑作，亦相對映襯出其卓然獨立的人格特質及足資品鑑的豐厚學養。

馬一浮所好者雖多，然尤以「三好」為最，即所謂「好讀書、好友朋、好山水」者是，好山水來自於其安適乘化的隱士特質，好友朋則來自弘道使命與因緣時會，至於「好讀書」則使其側身天地、獨立蒼茫之際，得到心靈的撫慰、依恃與樂趣。無書不讀、孜矻好學的馬一浮，年三十幾盡覽文瀾閣「四庫全書」三萬六千卷，[34]也曾短時內拜讀亞里斯多德、斯賓寒、黑格爾、赫胥黎、達爾文、但丁、拜倫、莎士比亞，遑論其傾力闡揚的六藝經典、諸子鉅著等，也因之蘇曼殊稱其「無書不讀」，朱惠清譽其為「近代中國的讀書種子」。[35]直接孔孟、出入周秦、馳騁漢唐、親契宋明，腹笥精博、融會通貫的馬一浮，自樹一套讀書之道，強調「通而不局」、「精而不雜」、「密而不煩」、「專而不固」；主張「欲讀書，先須調心。心氣安定，自易領會。若以散心讀書，博而寡要，勞而少功，必不能入。以定心讀書，事半功倍。隨事察識，語語銷

---

32 見郭齊勇：〈馬一浮的人格境界與哲理詩〉，《中國文化》第9期，頁158。

32　任繼愈：〈序〉，《馬一浮集》第一冊，頁3-4。
33　沙孟海：《沙孟海論書叢稿》（上海：上海書畫出版社，1987年3月），頁129。
34　參豐一吟：〈馬一浮與豐子愷〉，《中國當代理學大師馬一浮》，頁118。另參謝無量〈與馬君武書〉：「一浮尚滯杭州，方過其地丁氏及文瀾閣，求盡觀所藏書。」見胡樸安編：《文選》卷四，《南社叢選》（台北：文海出版社，1966年10月，沈雲龍主編《近代中國史料叢刊》第三輯，總27），頁286。
35　見郭齊勇：〈馬一浮的人格境界與哲理詩〉，《中國文化》第9期，頁158。

歸自性」；提示「讀書一定要窮理。不窮理，就是讀死書。」[36]凡此發議，均深值體察玩味。而扭轉俗學、向內指歸、就己勘驗，則是其接續聖賢血脈的不二法門。

---

[36] 馬鏡泉：〈懷念伯父〉，《中國當代理學大師馬一浮》，頁138-139。

第二章

現代儒家三聖的同聲相應

如前章所申，梁、熊、馬三者的性格特質、生命情調、致思趨向、學養內涵及待人接物等均自樹一格、判然有別，然而在因緣時會下三人卻以文相會，行跡交織互錯、候學往來頻繁，成為知深交篤的論學摯友。本章擬透過《梁漱溟全集》《熊十力全集》《馬一浮集》等原始文獻的檢視與蒐彙、當時與後學觀點的參稽與比較，以捫索其學行互動、論學交誼的軌跡。又爬梳三者間的互動往來，得觀見其情誼疏密有別、景況不同，交誼亦有跌宕起伏，未可三者等觀、一概而論，因此本章採行兩兩分觀，以釐其枝節脈絡。

一、梁漱溟與熊十力的學行互動

梁、熊數十年的學術交誼素為學者所樂探，[1]二人間既有行跡互動頻繁，交心問學、援為知己處；亦有思想根本分歧，堅持己見、不相為謀者。返視梁、熊著作，當可明晰二人的結交始末、候學往來、關切要點與論點異同，惟其初二人並未刻意收錄保存相關論學資料與往來信函，因此未及見世者猶多，倘由存世已錄之部分觀之：先就**梁著**審視之：現《梁漱溟全集》第一卷、第五卷、第六卷中語及熊十力之文章各1篇；第七卷中載及熊十力之專文計5篇，另語及熊十力之文章有5篇；第八卷語及熊十力之短語1處、收〈致

1　如丁為祥：《熊十力學術思想評傳》（北京：北京圖書館出版社，1999年6月），頁283-299語及熊十力與梁漱溟的區別；如景海峰：《新儒學與二十世紀中國思想》（鄭州：中州古籍出版社，2005年1月），頁159-177言「和而不同兩大師——熊十力與梁漱溟的爭論」。

熊十力〉專函1封、語及熊十力之信函17封、《日記》現存者，由1947至1979年三十餘年間，載及與熊十力互動，或與其人其事其作相關者約238處，另附錄〈答：美國學者艾愷先生訪談紀錄摘要〉一文中語及熊十力者3處。次就**熊著**言：現《熊十力全集》第一卷中有關梁之論著2處、致梁手札5則；第二卷中語及梁之論著、信函各1處；第三卷《讀經示要》中語及梁漱溟之論著2處；第四卷《十力語要》中致梁漱溟專函1封、相關信函7封、記語1則；第五卷語及梁漱溟之信函4封、論著2處；第六卷語及梁之論著1處；第八卷致梁專函計13封（含專函10封、致梁漱溟與林宰平函3封），另語及梁之信函19封、論著3處、語錄1處。[2]由此觀來，其資料亦不可謂不豐，茲參酌上述內容，及各家關於熊梁之年譜、年表等，略窺其論交半世紀的軌跡。

梁漱溟與熊十力學行互動年表紀要[3]

1885年（清光緒十一年）熊十力出生
1893年（清光緒十九年）梁漱溟出生
1913年　梁21歲　熊29歲 　　8月，熊十力以熊升恆之名於《庸言》雜誌第1卷第18號發表〈健庵隨筆〉，表達此時的崇儒抑佛理念：「余謂佛氏言空而著於空，孔教不空而無著。……佛說盡高尚，然其為道也，了盡空無，使人流蕩失守。未能解縛，先自逾閑。其害不可勝言也。」
1916年　梁24歲　熊32歲 　　5月起，梁漱溟連續於《東方雜誌》第13卷第5～8期發表〈究元決疑論〉，此間並對熊十力三年前發表於《庸言》雜誌的闢佛之文有所批評。 　　熊十力思想轉趨於佛，對梁〈究〉文引述法人魯滂《物質新論》之說以比合佛旨甚感興趣，遂大段抄錄寫成〈記梁君說魯滂博士之學說〉一文。
1919年　梁27歲　熊35歲 　　熊十力任教於天津南開中學，致書任教於北京大學教授印度哲學的梁漱溟，對其〈究元決疑論〉表達讚賞，且願晤談論學。 　　暑假，熊赴北京，宿西四牌樓廣濟寺西院，熊、梁首度晤會，暢論佛學，一見如故，從此時相過從。

2　詳參本書下篇彙整之資料。
3　主要參考書目含：
　　《梁漱溟全集》第一、五、六、七、八卷。丁為祥：《熊十力學術思想評傳》，頁283-299；景海峰：《新儒學與二十世紀中國思想》，頁159-177。李淵庭、閻秉華編著：

1920年　梁28歲　熊36歲
暑假，梁漱溟赴南京支那內學院，向歐陽竟無請益佛學，並推介熊十力。 　　秋，熊十力辭南開中學教職，赴內院從遊歐陽竟無，專攻唯識學。

1922年　梁30歲　熊38歲
梁漱溟於北大除講授印度哲學外，另增講唯識之學，自覺於此學尚有未敢自信者，經校長蔡元培同意其訪求明師於內院，初欲延請呂秋逸，歐陽竟無未允，乃改請熊十力。 　　冬，熊十力正式由內院赴北大任教，與梁漱溟師弟住地安門吉安所。梁私人講習所曰「勉仁齋」，青年多與從學，熊十力亦與梁過從甚密。

1923年　梁31歲　熊39歲
熊十力、黃艮庸等移至崇文門纓子胡同之梁漱溟居所，旋共同移居至西郊清華園附近之永安觀內。 　　熊十力始與林宰平訂交。

1924年　梁32歲　熊40歲
夏，梁漱溟辭任教七年的北大教席，赴山東曹州，先辦曹州中學，後辦荷澤重華書院，並籌辦曲阜大學，陳亞三、黃艮庸、王平叔、鐘伯良、張俶知、徐名鴻等隨往，熊十力亦暫停北大教職，隨梁漱溟同往講學，任導師。

1925年　梁33歲　熊41歲
春，梁漱溟與熊十力等離曹州返北京，梁、熊等師生一行十餘人租住北京什剎海東梅廠胡同，同習互勵，齋名「廣大堅固瑜伽精舍」。

1926年　梁34歲　熊42歲
春，梁漱溟與熊十力、衛西琴、張俶知、王平叔、高贊非、雲頌天、李淵庭等於萬壽山大有莊勉仁齋同住共學，前後一年有餘。

1927年　梁35歲　熊43歲
熊十力因病赴南京休養，後移赴杭州西湖養疴。5月，梁漱溟與熊十力、陳真如、嚴立三、張難先、陳銘樞等，登西湖南高峰小住聚談。

《梁漱溟先生年譜》（桂林：廣西師範大學出版社，2003年7月）；鄭大華：〈梁漱溟著作年表〉，《梁漱溟學術思想評傳》（北京：北京圖書館出版社，1999年2月），頁317-338；郭齊勇、龔建平：〈梁漱溟年表〉，《梁漱溟哲學思想》（武漢，湖北人民出版社，1996年5月），頁315-329；王宗昱：〈年表〉，《梁漱溟》（北京：東大圖書公司，1992年1月），頁305-318。

《熊十力全集》第一、二、三、四、五、六、八卷；丁為祥：〈熊十力學行年表〉，《熊十力學術思想評傳》，頁336-350。郭齊勇：〈熊十力年表〉，《天地間一個讀書人——熊十力傳》，頁273-290；景海峰：〈學行年表〉，《熊十力》（台北：東大圖書股份有限公司，1991年6月），頁277-324；郭齊勇：〈熊十力學行年表〉，《熊十力與中國傳統文化》，頁223-256；蔡仁厚：《熊十力先生學行年表》。

1932年　梁40歲　熊48歲

冬，熊十力由杭州養病返北大，與生雲頌天、謝石麟等借住崇文門外纓子胡同梁漱溟宅，牟宗三得列門牆。

時梁漱溟仍長住鄒平，從事鄉村建設運動。

1939年　梁47歲　熊55歲

夏，熊十力應馬一浮聘，赴樂山任復性書院主講。11月，因與馬相處不諧而辭退。熊十力旋赴武漢大學進行短期講學。其後返璧山，與梁漱溟等借住來鳳驛古廟西壽寺。

1940年　梁48歲　熊56歲

熊十力居璧山來鳳驛，與梁漱溟時相過從。

梁漱溟發起創辦勉仁中學與勉仁書院於北碚金剛碑，約熊十力來院主講。

1941年　梁49歲　熊57歲

熊十力赴北碚（前後居此五年），協助梁漱溟辦學。

1943年　梁51歲　熊59歲

2月，歐陽竟無逝世。三月，熊致書呂澂（秋逸），商內學院事，隨函檢附與梁漱溟信間論及歐陽竟無一生的一段文字（今題為〈與梁漱溟論宜黃大師〉）。

1950年　梁58歲　熊66歲

6月，熊十力搬至北京西城大覺胡同，與梁漱溟、林宰平、張申府、伍庸伯、賀麟、馮文炳，及董必武、徐特立、李四光、郭沫若等，論學甚密。

1951年　梁59歲　熊67歲

是年與次年，熊十力透過信函反覆與梁漱溟爭辯文化問題，未盡同意梁《中國文化要義》中若干觀點。六月十三日致書蒙文通言及近況：「漱溟、東蓀不常到此，意思亦不盡同。」是年另致書林伯渠、董必武、郭沫若，建議恢復南京內學院，由呂秋逸主持；對杭州馬一浮主持的智林圖書館，酌予資助其刻書事業；並恢復梁漱溟主辦的勉仁書院。

1955年　梁63歲　熊71歲

4月，熊十力致書林宰平，函間論及馬一浮與梁漱溟二者的學術。

1956年　梁64歲　熊72歲

梁漱溟與熊十力、張難先、馬一浮、呂秋逸等，於北京全國政協會議中會面敘舊。

1958年　梁66歲　熊74歲

7月，熊十力致函梁漱溟、林宰平，言及近草《明心篇》的概況。

1961年　梁69歲　熊77歲

夏，梁漱溟赴海拉爾避暑，編〈熊著選粹〉一冊。11月，梁復撰三萬餘言之〈讀熊著各書書後〉，對熊晚年著作《體用論》《明心篇》《乾坤衍》等提出「異」見，未發表。

1968年　梁76歲　熊84歲

熊十力於5月23日病逝，梁漱溟送花圈致意。梁於5月24日日記載：「陳維博來通知十力老兄在滬病故（似是昨日事）。」

1975年　梁83歲

3月2日梁漱溟去函田慕周：「二十八日寄來信件均收得無誤。信中敘述熊師逝世前後情況，讀之感喟良深。幸而先批孔運動而去，否則，其情懷更不知如何也。……熊師缺乏學養，我更無學養（只在知見上稍勝），殆稟賦之不同也。熊師晚年著作如《體用論》《明心篇》《乾坤衍》皆詆斥佛法，……我崇信佛法，老而彌篤。」

1983年　梁91歲	
4月23日，寫〈憶熊十力先生〉一文。	
1988年　梁96歲	
6月23日病逝。	

由上表得見，透過梁漱溟對熊十力〈健庵隨筆〉的批評、熊十力對梁漱溟〈究元決疑論〉的回應，開展出熊梁間數十載的交誼，其間**或有**梁對熊的行事萌生關鍵性影響者，如1920年熊入南京內學院習佛、1922年熊轉赴北大執教；**或有**熊對梁的抉擇產生直接影響者，如1925年李濟深、陳銘樞等函邀南下參與北伐，熊十力決定不念世事、專力於學，梁在猶豫煩悶之餘，終與老友熊十力、林宰平居立同一陣線；**或有**梁、熊師生等擇居於同一住所，朝夕共學互勵者，如1923年住北京西郊永安觀、1925年住北京什剎海東梅廠胡同、1926年住萬壽山大有莊勉仁齋等；**或有**梁漱溟辦學，熊十力協助參與者，如1924年梁赴山東曹州，開辦曹州中學等，1940年起梁於北碚金剛碑，開設勉仁中學等即屬之；**或有**聚少離多，偶得會面者，如1927至1937年梁奔波各處，投身鄉村建設，熊則專注著述，活躍於學術界；**或有**見面頻繁、論學殷切、魚雁往返密集、弟子穿梭無間者，如1950年5月起四年餘屬之。……而繫聯起二人情誼的重要支點，則是值逢西方思潮高漲、東方學術式微之際，均挺身反擊西方文化的凌侵，均致力傳統儒學的重建，均欲藉文化理想的樹立，扶正旁落的價值，在如是困阨的局勢下二人同聲相應，成為陣線一致的親密戰友。

二、熊十力與馬一浮的候學往來

倘考察熊、馬作品，以窺其候學往來梗概，則《熊十力全集》第二卷中有關馬一浮之書序1篇、論著5處、信函1封；第四卷中語及馬之講詞1篇、信函5封；第五卷《十力語要初續》《論六經》中語涉馬者各1處；第六卷則書序、論著各1；第七卷語及馬之論著1

處；第八卷語及馬之論著2處、詩序1篇、專函2封、信函18封、記語1處。至於《馬一浮集》第一冊中提及熊十力者1處；第二冊中代熊十力撰寫之序文2篇、墓誌銘1篇，日記中及熊者3則，信函中及熊者40封，另專函致熊者23封；第三冊中致熊之詩歌5首、對聯1首，及熊之語錄及弟子筆記各1篇。[4]茲參酌上述內容，及各家關於馬、熊之年譜、年表、記事等，略窺其論交軌跡。

熊十力與馬一浮候學往來年表紀要[5]

1883年（清光緒九年）馬一浮出生
1885年（清光緒十一年）熊十力出生
1929年　熊45歲　馬43歲 　　熊十力（自1927年因病由北京移南方休養），住杭州廣化寺，與理學大師、江南耆宿馬一浮結識。
1930年　熊46歲　馬44歲 　　北大陳百年欲聘馬一浮為研究院導師，馬一浮致函陳，舉熊十力替代，謂：「黃崗熊君十力，昔曾教於大學，公所知也。或徒以其善唯識，實未足以盡熊君。近方養疴西湖，數與往復論義，知其所學，不惟直湊單微，亦能旁通曲暢。雖與浮持論未能盡同，浮自以為弗如。觀其與學者筆語，皆剴切沈摯，足使感發興起，此真導師之選也。」[6]熊聞悉後函覆馬，辭卻推舉。

---

[4]　詳參本書下篇彙整之資料。

[5]　主要參考書目含：
　　《熊十力全集》第二、四、五、六、七、八卷；丁為祥：〈熊十力學行年表〉，《熊十力學術思想評傳》，頁336-350。郭齊勇：〈熊十力年表〉，《天地間一個讀書人－熊十力傳》，頁273-290；景海峰：〈學行年表〉，《熊十力》，頁277-324；郭齊勇：〈熊十力學行年表〉，《熊十力與中國傳統文化》，頁223-256；蔡仁厚：〈熊十力先生學行年表〉。
　　《馬一浮集》第一、二、三冊；馬鏡泉：〈馬一浮先生年譜〉，《馬一浮評傳》，頁155-172。〈馬一浮傳略〉及〈馬一浮年表〉，《中國當代理學大師馬一浮》，頁149-198、198-208。馬鏡泉編校：〈馬一浮先生學術年表〉，《馬一浮卷》（石家莊：河北教育出版社，1996年8月），頁745-752。馬一浮：〈（附）馬一浮先生年表〉，《復性書院講錄》（南京：江蘇教育出版社，2005年10月），頁339-355。黃莘瑜：〈馬一浮生平事略〉，《馬一浮詩論研究》（國立台灣大學中國文學研究所碩士論文，2000年1月），頁176-196。

[6]　〈陳大齊〉二，《書札》，《馬一浮集》第二冊，頁516-517。

11月，馬一浮讀熊十力《尊聞錄》後，贊其「極有精采」，且標舉「成能」、「明智」二義之獨得處，熊十力則覆函謂「深獲我心，而明智尤為根本。」[7]

1931年　熊47歲　馬49歲

二人時相聚談，暢論儒佛，熊撰《新唯識論》文言本，時與馬一浮商榷疑義，馬亦多提供意見，尤其「〈明心上〉談意識轉化處，〈明心下〉不放逸數，及結尾一段文字，尤多採納一浮意思云。」[8]

1932年　熊48歲　馬50歲

10月，熊十力《新唯識論》文言本由浙江省立圖書館出版，[9]馬一浮為其題簽作序，賦予高度評價：「……十力精察識，善名理，澄鑒冥會，語皆造微。早宗護法，搜玄唯識，已而悟其乖真。精思十年，始出《境論》。將以昭宣本跡，統貫天人，囊括古今，平章華梵。其為書也，證智體之非外，故示之以〈明宗〉；辨識幻之從緣，故析之以〈唯識〉；抉大法之本始，故攝之以〈轉變〉；顯神用之不測，故寄之以〈功能〉；徵器界之無實，故彰之以〈成色〉；審有情之能反，故約之以〈明心〉。……足使生肇斂手而容嗟，奘基撟舌而不下。擬諸往哲，其猶輔嗣之幽讚《易》道，龍樹之宏闡中觀。自吾所遇，世之談者，未能或之先也。可謂深於知化，長於語變者矣！……」[10]熊函覆：「序文妙在寫得不誣，能實指我現在的行位。……再無第二人能序得。」[11]

1933年　熊49歲　馬51歲

暑假，熊十力、梁漱溟率北大弟子赴杭州拜訪馬一浮，相聚論學兩日，為當代儒家三聖的「鵝湖之會」。（其後與會之朱淵明撰〈憶馬一浮先生〉，刊《中國學人》第3期，义間憶及聚會景況。）

1935年　熊51歲　馬53歲

馬一浮致書張立民，謂熊十力新出《語要》大體甚好，能見其大。[12]

1937年　熊53歲　馬55歲

2月，北大出版社印行熊十力《佛家名相通釋》，馬一浮為其題簽。

4月，熊十力致王星賢函言錢學熙擬將《新唯識論》文言本譯為英文，並將譯稿一事徵詢馬一浮意見。

7　馬致熊函見〈熊十力〉一，《書札》，《馬一浮集》第二冊，頁523；熊覆馬函見〈復馬一浮〉，《論文書札》，《熊十力全集》第八卷，頁387。

8　〈緒言〉，《新唯識論》（文言文本），《熊十力全集》第二卷，頁9。

9　據《熊十力全集》第二卷載，《新唯識論》（文言文本）於1932年10月由浙江省立圖書館發行，蔡元培序及馬一浮序均作於是年，另馬鏡泉：〈馬一浮先生年譜〉，《馬一浮評傳》，頁163，亦標為1932年，其他各家亦多主1932年。唯《馬一浮集》第二冊，頁27-29載〈新唯識論序〉，則題為1931年。今從前者1932年之說。

10　馬浮：〈序〉，《新唯識論》（文言文本），《熊十力全集》第二卷，頁6-7。

11　〈復馬一浮〉，〈論文書札〉，《熊十力全集》第八卷，頁388。

12　此所謂《語要》，應是指1935年出版之《十力論學語輯要》（參《熊十力全集》第二卷），其後編入《十力語要》卷一。

1939年　熊55歲　馬57歲
夏，馬一浮創辦復性書院於樂山烏尤寺，熊十力應聘赴任主講。
8月，樂山遇寇機轟炸，熊十力寓舍全毀，左膝傷，積稿盡焚。
9月，熊十力作〈復性書院開講示諸生〉。
10月，馬、熊因書院規制與用人問題，二人見解未諧，熊十力辭離樂山，返璧山，宿來鳳驛古廟西壽寺。馬題詩〈送熊十力之璧山〉。
熊十力與賀昌群書，談及與馬間分歧所在。
1945年　熊61歲　馬63歲
（賀麟於《建國導報》1卷17期發表〈陸王之學的新發展〉，評介馬、熊二者的學術思想）
1948年　熊64歲　馬66歲
2月，熊十力應浙江大學張其昀、謝幼偉之邀，赴聘浙大講學，命居室曰「漆園」。是春，馬一浮與復性書院同仁歡迎熊十力與葉左文，小聚並合影存念。
6月，熊十力欲收湖北安陸池師周之遺孤池際安為次女，以際安信函徵之馬一浮，馬許其有拔俗之資，其事乃定。熊十力並為之改名熊仲光。
1949年　熊65歲　馬67歲
馬一浮題詩〈寄懷熊十力廣州〉贈熊。
1951年　熊67歲　馬69歲
馬一浮題詩〈紅梅館為熊十力題〉贈熊。
馬一浮題詩〈寄懷熊十力〉贈熊。
5月，熊十力《論六經》由大眾書店印存，提倡學術自由，主張私人民間自由講學，致書林伯渠、董必武、郭沫若，建議恢復南京內學院、浙江智林圖書館與勉仁書院，分由呂秋逸、馬一浮、梁漱溟主其事。
1953年　熊69歲　馬71歲
馬賀熊十力七十壽辰，題詩〈寄懷熊逸翁即以壽其七十〉相贈。
1955年　熊71歲　馬73歲
馬題詩〈代簡寄熊逸翁〉贈熊。
4月，熊十力致書林宰平，函間述及馬一浮（與梁漱溟）之學術：「一浮得力處在禪理，確有不磨滅者在」、「其特別之表現在詩，後人能讀者幾等於零也」。[13]
1956年　熊72歲　馬74歲
熊十力、馬一浮、梁漱溟、呂秋逸、張難先、鍾泰等出席全國政協會議，彼此得過從敘舊。
1967年　熊83歲　馬85歲
6月2日，馬一浮逝於杭州。
1968年　熊84歲
熊十力患肺炎，至5月23日，辭世。

---

[13] 〈與林宰平〉，《論文書札》，《熊十力全集》第八卷，頁716-717。

透過1929年，熊十力對馬一浮此深思內典、激學之士的仰慕，主動投以《新唯識論》講稿就教之，馬閱後親自登門造訪，開啟爾後相互問學、往來頻繁的莫逆交旅。[14]朱淵明曾於此時隨二人問學，嘗傳神地憶述二人當時交篤而性情迥異的一面：

> 二位先生之淵博嚴謹固相若，而個性氣質則有異；熊先生言詞慷慨而有時不免激越，馬先生說話簡鍊，而言必有中。熊先生喜罵權貴，馬先生則多論事實，而少批判人的長短，然亦胸有主宰，……故馬、熊兩位先生，亦有時小抬其槓，而稍吵其嘴，但事後熊先生赴馬先生處照樣談笑，二位仍怡然如初。[15]

一個豪放不羈，一個溫潤平和，彼此雖和而不同，然問學諧樂的景致卻具現眼前。

倘會觀馬、熊《全集》中的論交資料，其交誼之深篤乃得多方映現，**先就熊十力此方觀察二者交誼**：熊十力素來目空千古、極度自信，唯面對馬一浮的深厚學殖，卻屢表膺服，除對馬一浮之佛

---

[14] 馬、熊結識之時間與機緣，雙方弟子說法略有出入，後學亦由是說辭不一。
　　就認識時間言，約有1929或1930年二說，如馬弟子所編之〈馬一浮先生語錄類編〉，《馬一浮集》第三冊附錄，頁1096-1097；烏以風編述：《馬一浮先生學贊》（編者自印，1987年），頁30；馬鏡泉：《馬一浮評傳》，頁93均主張1929年。郭齊勇：〈熊十力年表〉，《熊十力全集》第八卷，頁902及景海峰：〈學行年表〉，《熊十力》，頁293，則主1930年。
　　就認識機緣言，約有三說：一為熊十力主動寄送《新論》手稿及信函，馬閱後回訪，如熊十力弟子楊玉清（〈關於熊十力〉，《玄圃論學集》，頁64-65。）與馬鏡泉（出處同上）即主此說。次為經原北大同事、時任浙江圖書館館長的單不庵介紹，如郭齊勇（〈編者後記〉，《熊十力全集》第二卷，頁755【惟郭齊勇於（《天地間一個讀書人——熊十力傳》，頁59，又主第一說】）三為熊十力將手稿與信函託北大哲學系畢業之烏以風轉致馬一浮，馬閱後回訪，如〈馬一浮先生語錄類編〉，《馬一浮集》第三冊附錄，頁1088、1095-1096即主此說。
[15] 朱淵明：〈憶馬一浮先生〉，《中國學人》第3期，1971年6月，頁180。

學及詩歌造境發語頌揚外,並對馬一浮逕下「道高識遠」、「踐履純實,理解圓澈」、「踐履敦實義解深微」、「其冥悟處,真有不可薄者」等評語,[16]則其觀點與心緒由是可見;而一句能「窺百家之奧」更道出馬學問的博廣精通,[17]熊十力又嘗曰:「試問當代所謂名人學者有幾個有判斷能力?勉強言之,祇有梁漱溟先生還有一部分學問,夠得上判斷。……馬一浮先生能判斷的方面則比較多點,三《禮》是他的絕學,有如歐陽先生之於唯識法相,於宋、明儒周、程、張、朱、陸、王諸大家皆精,較梁先生祇於陽明及明道有獨得處猶過之,於禪家亦精,般若、華嚴以及晚周諸子皆不差。」[18]馬的學問造境,在熊十力筆下已然具現,而其評價則更勝梁漱溟。再者藉由熊十力對馬一浮《新論》序文回應以──「再無第二人能序得」,則其高度譽評已不言可喻;況《新論》成書多有得之於益友的切磋砥礪。另由錢學熙擬譯《新唯識論》文言本為英文,熊除徵其事於馬,並就錢譯筆之良窳詢諸友人;以及欲收次女而徵之老友,均顯見其對馬的信賴與重視。

次就馬一浮此方觀察二人交誼:**第一,馬對老友學問造境的肯定**,首先呈現於1932年《新唯識論》文言本印行時為熊作序題籤,除以精練、典雅的駢體文字簡陳熊十力的學思歷程,借巧譬妙喻予以高度推崇外,並賅要道出各章大要,而《新論》核心的確即在探論實體非是向外求索,遠離自家身心,即所謂「證智體之非外」。另「深於知化,長於語變」語,也準確道出熊十力發揮《易》「乾道變化,各正性命」的義理精髓,凸顯大化流行的本體論系統。由馬對熊的賅要衡定及高度譽美看來,無怪乎熊十力引其為其學術知音。相較於其時南京內學院及佛學界如歐陽竟無、劉定權、太虛大師、呂澂等的嚴詞批判相較,馬的慧眼及支拄亦使老友點滴入心。

---

[16] 《熊十力全集》第四卷,頁269;第八卷,頁78、101、468。
[17] 樓達人:〈「文革」中的馬一浮先生〉,《中國當代理學大師馬一浮》,頁131。
[18] 〈熊逸翁先生語〉,《書札文稿》,《熊十力全集》第八卷,頁390。

其次，則呈現於1930年馬函陳百年，薦熊十力代任北大研究院導師，函間以「不惟直湊單微，亦能旁通曲暢」、「與學者筆語，皆剴切沈摯，足使感發。」溢美友人才學不凡。**再者**，由馬褒譽熊十力的哲學功力、《語要》《尊聞錄》內容及佛學造詣，贊以「極有精采」、「文字可謂善達」、「確有悟處」等，[19]**以及復性書院開辦，力邀友人臨教共事，均可見其對熊十力學術的認肯。第二，雙方交誼的熟稔深厚**，則透過馬為熊十力1935、1937年出版之《十力論學語輯略》《佛家名相通釋》題簽，又為熊代撰〈「熊氏叢書」弁言〉〈黃岡某君妻熊氏墓誌〉二文，[20]乃至1939、1949、1951、1953、1955年均題詩、甚至題聯相贈，[21]得窺其端倪。

三、馬一浮與梁漱溟的交誼行跡

考察馬、梁全集，得窺二人往來行蹤，先就《馬一浮集》言：第一冊中提及梁漱溟者1處；第二冊語及梁漱溟之信函9封，致梁漱溟專函3封；第三冊中及梁之語錄及弟子筆記各1篇。[22]次就《梁漱溟全集》言：第七卷中語及馬一浮之文章、讀書筆記各1處，第八卷中載及馬一浮之信函計6封，另語及馬一浮之日記約21則。[23]茲就二人全集及相關文獻資料，表列二人的交誼行跡。

---

[19] 參《馬一浮集》第二冊，頁446-447、516-517、522-523、524、818-820；第三冊1082、1090等。

[20] 〈「熊氏叢書」弁言代〉〈黃岡某君妻熊氏墓誌代熊十力作〉，分見《馬一浮集》第二冊，頁61、266。

[21] 題聯「毗耶唐客難酬對；函谷達人強著書。贈熊十力」，見《聯對》，《馬一浮集》第三冊，頁884。

[22] 詳參本書下篇彙整資料。

[23] 日記中稱「馬先生」者多指馬仰乾，僅少數指稱馬一浮（如1957/02/03、1967/05/23），自1952～1980，日記中另有43次稱「馬先生」者，研判應指馬仰乾，而非馬一浮。

馬一浮與梁漱溟交誼年表紀要[24]

1883年（清光緒九年）馬一浮出生
1893年（清光緒十九年）梁漱溟出生
1921年　馬39歲　梁29歲 　　暑假，梁漱溟赴杭州造訪聞慕已久的馬一浮，二人乃綜論今古、橫議儒佛，臨別之際，馬一浮贈以楊慈湖之《先聖大訓》及羅近溪之《盱壇直詮》等木刻本古籍二冊，其後則魚雁往返，論學不輟。馬所贈二著對梁漱溟受益匪淺，梁讀羅近溪作品後，曾書幅「毫乎不能昧，斯須不敢瞞」自勉。[25]
1932年　馬50歲　梁40歲 　　梁漱溟至杭州造訪馬一浮，馬問梁最近做何事業，梁因談論鄉村建設之理論與心得，滔滔不絕。既出，馬對弟子烏以風曰：梁先生有辯才。[26]
1933年　馬51歲　梁41歲 　　暑假，梁漱溟與熊十力率弟子至杭州拜訪馬一浮，相聚論學二日。[27]又梁8月4日日記亦云：「到杭晤馬壽」（即馬一浮）。
1939年　馬57歲　梁47歲 　　2月起，梁漱溟偕友五、六人，由重慶啟程，赴抗日前線視察，出入敵後游擊區八個月，經過六個省八大地區，所歷縣市五十餘、集鎮村莊近二百。十月初回成都，推動團結抗日工作。馬一浮10月15日致函，稱其「仁者形勞天下，比於禹、墨」，並邀梁「出其懸河之辯」，赴復性書院講學。[28]

---

[24] 主要參考書目含：
《馬一浮集》第一、二、三冊；馬鏡泉：〈馬一浮先生年譜〉，《馬一浮評傳》，頁139-140。馬鏡泉：〈馬一浮傳略〉、馬一浮研究所：〈馬一浮年表〉，《中國當代理學大師馬一浮》，頁149-198、198-208。馬鏡泉編校：〈馬一浮先生學術年表〉，《馬一浮卷》，頁745-752。
梁漱溟參考書目除《梁漱溟全集》第七、八卷外，餘同前列「梁漱溟與熊十力學行互動年表紀要」所參資料。

[25] 此係梁漱溟晚年自憶，參梁培寬：〈先父梁漱溟與馬一浮先生〉，《中國當代理學大師馬一浮》，頁108-109。

[26] 詳參〈師友篇〉，《語錄類編》，《馬一浮集》第三冊，頁1096。此係馬一浮弟子所載，或言此為二人初次見面，與前說1921年相距十年之遙，此可視為第二說。（另有主張二人初見於1913年者，參馬一浮研究所：〈馬一浮年表〉，《中國當代理學大師馬一浮》，頁202，此可視為第三說。）

[27] 詳參朱淵明：〈憶馬一浮先生〉，《中國學人》第3期，1971年6月，頁180-181。

[28] 〈梁漱溟一〉，《書札》，《馬一浮集》第二冊，頁703。

1953年9月　馬71歲　梁61歲
召開「政協全國委員會擴大會議」，梁漱溟於會議中發表「九天九地」言論，遭毛澤東嚴厲批判，梁仍堅持觀點，周恩來為圖緩頰，電上海沈尹默，托其赴杭州邀馬一浮來京勸梁，馬拒曰：「我深知梁先生的為人，強毅不屈。如他認為理之所在，雖勸無效。」[29]
1957年　馬75歲　梁65歲
梁漱溟偕黃艮庸赴滬杭，先後拜訪周孝懷、蔣維喬、馬一浮。
1961年　馬79歲　梁69歲
12月，梁漱溟赴廈門參加中醫學術會議，返京途中在杭州暫留，訪馬一浮。
1962年　馬80歲　梁70歲
梁托門下弟子攜所著〈讀熊著各書書後〉就教於馬，馬閱後於4月3日函復：「星賢來，辱手教，見示尊撰熊著書後。粗讀一過，深佩抉擇之精。熊著之失正坐二執二取，騖於辯說而忽於躬行，遂至曾增上慢而不自知。迷復已成，虛受無口，但有痛惜。尊論直抉其蔽而不沒所長，使後來讀者可昭然無惑，所以救其失者甚大。」[30]對熊十力晚年作品，馬亦表達務求理論而忽於實證的偏失之憾。
1967年　馬85歲　梁75歲
6月2日　馬病逝
1980年　梁88歲
6月10日　舉行馬一浮追悼會，梁漱溟輓電：「千年國粹，一代儒宗。」

　　與相識於1929年的馬、熊相較，梁、馬的結識年代更早、歷史更久。先就**馬一浮**此方觀之：馬一浮與熊十力對復性書院師資延聘多有歧見，唯對聘邀梁漱溟則無異議，雖梁集現存資料未見相關回應，然已足見馬對梁學識的認肯；另喻以「禹、墨」，亦顯見其對梁漱溟此社會實踐家的激賞，然對其主持鄉村建設，則有偏重功利之議；再者認為梁漱溟論中國倫理固有精到處，但馬仍強調中國倫理特色在於渾然一體，無人己之別，至於西洋倫理特色則在尊重對方；另對梁以向前、向後、調和三說分別東西文化，評以「非根本之談」。[31]凡此均展現君子之和而不同。至於「強毅不屈」，則是馬一浮對梁漱溟的知音的評。次就**梁漱溟**此方觀之：由於梁的聞慕

29　馬鏡泉：《馬一浮評傳》，頁140。
30　〈梁漱溟二〉，《書札》，《馬一浮集》第二冊，頁704。
31　詳參〈問學私記〉，《馬一浮集》第三冊，頁1132-1202。

請益，開啟雙方長時以來疏而不斷、淡而久遠的交誼，此間馬一浮的贈書，啟其對宋明諸儒的關注，而梁對慎獨工夫的體悟與篤行，於讀近溪作品後尤其有省。梁漱溟除多次撥冗赴杭州向馬一浮就教外，亦時拜讀馬一浮的著作、書札，如重讀馬的《濠上雜著》，咀嚼再三、摘取佳句，並曾加註按語，[32]亦曾捎函雲頌天，請其抄錄馬一浮某書札後贈之，以其讀後深受教益。[33]再者梁漱溟於1980年8月受訪於美學者艾愷時，遂以「通達」二字表述馬一浮的學識造境，並以「這個老先生學問太豐富了，知道的東西太多了，懂的東西太多了，特別中國的老學問。」[34]直宣其服膺之意。也因此，當其對老友熊十力的晚年思想發出評議，完成〈讀熊著各書書後〉一文後，即託王星賢交馬一浮斧正，馬一浮函發「深佩抉擇之精」的迴響，此等認同對梁漱溟意義非凡，特別珍存來函，以驗熊晚年確然有失。[35]

---

[32] 〈重讀馬一浮先生的「濠上雜著」〉，《勉仁齋讀書錄》，《梁漱溟全集》第七卷，頁847-848。

[33] 〈致雲頌天〉，《書信》，《梁漱溟全集》第八卷，頁128。

[34] （美）艾愷採訪 梁漱溟口述：《這個世界會好嗎——梁漱溟晚年口述》（上海：東方出版中心，2007年2月），頁144。

[35] 詳參〈致田慕周〉，《書信》，《梁漱溟全集》第八卷，頁206。

034｜現代儒家三聖（上）——梁漱溟、熊十力、馬一浮的交誼紀實

第三章
現代儒家三聖的履道堅持

　　梁、熊、馬三人交誼深篤、行跡互錯，申述如上。然即便同譽為「現代儒家三聖」，但在學識各擅、性情殊異、應世有別下，其在共相交織的軌道上，由於執著理想、堅持護道，因此亦不免歧見時出、甚而擦槍走火。此間尤以梁、熊間的論學攻難，熊、馬間的辦學磨合，最具典型。

一、梁漱溟與熊十力的學術辯難

　　雖然在行事軌跡上時相交織，在學術認同上方向趨近，然而梁、熊的性格本質迥異、治學焦點有別、文化關切殊異、人生理想不同，在個人理念護持下，二人乃時有交鋒、未遑相讓。究其因如下：

　　首先，性格殊異為梁、熊不契的要因：梁漱溟曾讚熊十力「豪放健談」、「得熊先生一言非常快當」，[1] 而此正亦凸顯二人的質性判然有別，透過熊十力的《十力語要》已彰：

　　　　漱師閱同學日記，見有記時人行為不堪者，則批云含蓄為
　　　　是。先生曰：梁先生宅心固厚，然吾儕於人不堪之行為，雖
　　　　宜存矜憐之意，但為之太含蓄，似不必也。……吾惡惡如
　　　　《春秋》，不能為行為不堪者含蓄，故與梁先生同處多年而

---

[1]　〈懷念林宰平先生〉，《散篇論述》，《梁漱溟全集》第七卷，頁569；〈寄鄭毅生表弟〉，《書信》，《梁漱溟全集》第八卷，頁317。

言動全不一致。……先生昨在曹州，因一事誤疑梁漱溟先生，大怒。梁先生亦不辯。先生蓋久之而後自知其誤，以告陶開士先生。開翁曰：疑而不匿，悟而能改，觀過知仁矣。[2]

熊的爽快直截與梁的仁厚含蓄適成鮮明對比，由此得見。而梁漱溟亦作同樣招認：

蹤迹上四十年間雖少有別離，但由於先生與我彼此性格不同，雖同一傾心東方古人之學，而在治學談學上卻難契合無間。[3]

認為自己行事較為認真、謹守、謹慎，[4]與熊十力開朗、痛快，喜怒形諸於色大為不同。此等性格判別造成二者認知基調的差異與行事作風的不諧。

其次，入世關懷與志趣所在亦頗相出入：先就梁漱溟言：梁漱溟的志業重心置於鄉建運動，秉持思想必須付諸實踐的理念，鄉村建設成為其終極關懷的落腳處，由1928年接辦廣州第一中學，籌辦鄉治講習所起，梁漱溟便執持出家的精神專力於此，長達十年，也因此馬一浮評其「主持鄉村建設偏重功利」，[5]至於熊十力雖曾赴鄒平小住，[6]然對梁的鄉村建設運動鮮少參與，亦乏興趣，僅數度表達一己觀點：

---

[2] 〈高贊非記語〉，《十力語要》，《熊十力全集》第四卷，頁465-466、476。
[3] 〈憶熊十力先生〉，《梁漱溟全集》第七卷，頁523。
[4] 〈附錄——答：美國學者艾愷先生訪談記錄摘要〉，《梁漱溟全集》第八卷，頁1163。
[5] 〈問學私記〉，《附錄》，《馬一浮集》第三冊，頁1134。
[6] 謝石麟：〈往事歷歷如在眼前〉，見中國人民政治協商會議湖北省黃岡縣委員會編：《回憶熊十力》（武漢，湖北人民出版社，1989年2月），頁83。

梁漱溟是能吃苦的人，所以能到鄒平，實行他的主義，實踐他的理想。[7]

梁漱溟先生等的村治運動，誠是根本治計。然我總以為如果國家的政治整個的沒有辦法，村治運動也做不開。因為村治全靠知識份子下鄉去領導，而政治無清明的希望，知識份子根本不能到鄉間去。[8]

又曰：

漱溟願力宏大，思想多獨到處。年來研究鄉村建設問題，不欲問政權，卻慮迂緩難有濟也。[9]

在熊十力看來，梁漱溟固有超凡願力，所提鄉建亦是根本治計，然推動樞紐卻繫乎政治是否清明，從事鄉建而不問政權，恐陷入迂緩而難有進境。**次就熊十力言**，年十七，因讀船山、亭林、梨洲、習齋諸賢大作，感發甚深，痛族類瀕於危亡，而投身反清革命，參加討袁護法，與憂時志士們輾轉奔波於武昌軍學界間，以悲壯激越的豪氣欲爭得剝復之機，當此之時，熊十力對儒、道、釋諸家及漢宋之學等亦初有接觸，並認為學問事功合轍，方為天下第一等人。但其後因嘆黨人競逐權利，革命終無善果，且又自覺一己非事功之才，始慨然棄政而專志於學術，欲藉正見導引人群，從此勤耕不輟，雖研究面向與學術歸趨幾經遞嬗，然而此心既已安立，「任他天翻地覆，吾不離學而從政」。[10]此等逕直表述，正交代其於焉底定的人生方向。由此觀來，一投身鄉建，一留守學術，其軌道終難合轍。

---

[7] 〈要在根本處注意〉，《論文書札》，《熊十力全集》第八卷，頁57。

[8] 〈英雄造時勢〉，《論文書札》，《熊十力全集》第八卷，頁76。

[9] 〈與林宰平〉，《十力語要初續》，《熊十力全集》第五卷，頁202。

[10] 〈與林宰平〉，《十力語要初續》，《熊十力全集》第五卷，頁202。

再者，透過對彼此著作的評議及辯難，亦具現對自我理念的護持：先就梁漱溟之評議熊著以言：友朋於論交過程中談學論議，所見固不盡同，此乃人之常情。惟梁漱溟於1961年7月赴海拉爾避暑，針對熊著《讀經示要》《十力語要》中具真價值者，審擇而成一萬二千字之〈熊著選粹〉，四個月後，續完成長度三倍於前的〈讀熊著各書書後〉，針對其不謂然處提出嚴厲批判，其批判熊十力之重點如下：**其一，為文疏忽錯失**：舉《論六經》四處、《原儒》二處、《讀經示要》三處、《體用論》一處以驗。如《體用論》中言生物進化過程有誤，其短於科學知識，常不求甚解，乃至逞臆妄談。**其二，思路偏差缺欠**：例舉十五條以證，尤其《原儒》中屢言「消滅私有制」、「蕩平階級」、「根本廢除統治」等，在缺乏社會史知識下，自說自話。主觀上欲消滅即消滅之、欲蕩平即蕩平之、欲廢除即廢除之。**其三，發論驚俗駭眾**：如熊依據《大易》《春秋》〈禮運〉《周官》及其他古籍，申說孔子的「革命」、「民主」、「社會主義」以自成其說，既招致各方非笑，梁本身亦未敢苟同。**其四，立場偏側儒家**：如《原儒》讚揚儒家，由「原學統」、「原外王」至「原內聖」，均偏側於儒家立場，作自我肯定、自我表述，而未能與世界各學術文化進行比較對照。**其五，癖好哲學把戲，不事修證實踐**：梁認為哲學源出希臘，西洋人續以發皇，究實而言東方並無此學，倘勉強言有，則印度於宗教生活中、中國於道德生活中，無意而衍出此副產物，而熊則以哲學玄想自雄，不謹於方法，僅憑藉其一得即欲平章各家之學、建立理論體系，試圖將原不尚理論者引至理論之路。在梁眼中，儒家以萃力於踐形盡性之學為路徑，熊雖口口聲聲言「內證離言」、「體神化不測於人倫日用之間」，實則務外而不事修內，偏離真實工夫而空談思想理論，徒以思想家、理論家自居，遂乃淪入歧途。**其六，玩弄佛法理論，未曾出入其間**：考熊由《心書》階段的初涉佛學；繼於1920年赴南京內學院向歐陽竟無問習佛法，深扣唯識經典，從護

法諸師而上溯無著世親，對大乘有宗掌握尤為精切；1922年赴北大教授唯識學；及至1932年《新唯識論》文言文本則融《易》入佛；1944年《新唯識論》語體文本則宗主在《易》；其後諸作已然歸本於儒。研佛歷程百折千迴，然梁卻援引熊十力之自述：「余於佛家夙懷耽玩者，……潛思默究積以歲年，終覺余之所自得者，與印度佛家之說，根本有不能相融處，而與儒學反有默契。故造《新論》自申己意，兼彈佛氏之失，也復融攝其長，固非完全排斥之也。」斷其把弄佛典數十載，立論未甚高明，卻自矜創獲，菲薄佛教，陷於我執，實則始終立於佛法之外，來玩弄理論耳！未嘗體認出世之理。[11]**其七，宇宙論、本體論嚴重失敗**：「吾平生談本體，原主體用不二。」[12]透過熊十力的自我表白，得見其乃傾注全幅生命，以研探此人類及宇宙的終極根源。由《新唯識論》至《體用論》，熊十力對體用哲學的研究與建置始終未歇，然而來自友朋的非議卻始終存在，熊曾於1958年即致書於梁：「我喜用西洋舊學宇宙論、本體論等論調來談東方古人身心性命切實受用之學，你自聲明不贊成。這不止你不贊成，歐陽師、一浮向來也不贊成。……我的作書，確是要以哲學的方式建立一套宇宙論，這個建立起來，然後好談身心性命切實之學。……你有好多主觀太重之病，不察一切事情。……你把《體用論》看成無用物，所以我忍不住氣。」[13]顯見熊的體用哲學始終間隔於群友，而素來氣盛的熊十力因乃發語申辯。至於作為摯友與諍友的梁漱溟，亦一路堅持，否定老友的核心理論。認為本體論盛於西洋人，然西洋人終以其知識欲強盛而從知識的自反批判上打斷本體論，至於中國的《易經》《老子》所言偏向宇宙論，惟印度人以其要求出世而親證本體，乃無意間開出本體論。雖然透過熊十力「吾自悟當下便是見體」等語，可見熊於儒學

---

[11] 詳參〈讀熊著各書書後〉，《勉仁齋讀書錄》，《梁漱溟全集》第七卷，頁761。

[12] 〈明心上〉，《新唯識論》（語體文本），《熊十力全集》第三卷，頁416。

[13] 〈與梁漱溟〉，《書札文稿》，《熊十力全集》第八卷，頁759-760。

確有所窺，然熊雖一度或數度見體，卻缺乏保任工夫，又耽於思想理論而追慕想像中，甚且積重難返，乃終於不救。[14]

次就熊十力對梁著之評議言：始作於1942年，完成於1949年的《中國文化要義》，為梁繼《東西文化及其哲學》《中國民族自救運動之最後覺悟》《鄉村建設理論》之另一力作，透過此部歷史哲學論著，呈現其對中國的歷史與社會自成一家的詮釋，並為傳統文化的實質內涵進行定位，其目標則在「認識老中國，建設新中國」。然而熊十力對該書觀點多未表認同，通過現存1950年致梁的四封專函得以驗證，[15]想梁當時必有回應或申辯，唯資料現已闕如。此四封信函論述重點聚焦如下：**其一**，梁漱溟認為在周孔教化下，中國出現理性早啟、文化早熟的現象，對此熊十力未表贊同，認為中國文化實為「開得早而未成熟」，所謂「開得早」者，謂戰國之前光芒畢現，如《大易》言「裁成天地，曲成萬物」，較諸西洋所言征服或利用自然，內涵尤為宏富；又如《公羊春秋》已不倡大家庭組織；《周禮》之地方政制極為嚴密等。所謂「未成熟」者，指戰國前的殊多成績，其後卻未能紹續發展，「秦後二三千年，祇有夷化、盜化、奴化，何足言文化？」[16]換言之，中國文化僅醒目於發端根芽，而未能持續開花結果。**其二**，梁漱溟強調中國是一個倫理本位的社會，以倫理組織社會，其發端在家庭、培養亦在家庭，因乃強調孝弟、慈愛、友恭，而倫理社會特點即在重視情誼、尊重對方。熊十力卻認為梁係以倫理本位巧避家庭本位之醜，「其實，家庭乃萬惡之源、衰微之本。……無國家觀念，無民族觀念，無公共觀念，皆由此。甚至無一切學術思想亦由此。……有私而無公，見近而不知遠，一切惡德說不盡。百忍以為家，養成大家麻木，養成掩飾，無量罪惡由此起。……余痛此習不改，中國無可

---

[14] 詳參〈讀熊著各書書後〉，《勉仁齋讀書錄》，《梁漱溟全集》第七卷，頁762-780。
[15] 〈與梁漱溟〉等四封，見《書札文稿》，《熊十力全集》第八卷，頁648-660。
[16] 同前註，頁650。

自強。」[17]就家庭的包庇、偏私等各種惡習痛責之。**其三**，梁漱溟認為西洋偏長於理智然短於理性，中國偏長於理性卻短於理智，所謂「理性」要言之即是一種無私的情感，此外梁並認為中國無哲學，只能稱之為主義與思想、藝術。就中西理性、理智之偏勝問題言，熊十力則強調「如本體流行，觸處是全體大用顯發，感情理智絕無偏勝。」[18]因此西人既是理智的、亦是感情的，唯其情為妄情，不自本體流露耳，也因此洞澈心源、識得本體方是關鍵所在。至於中國亦不僅偏勝於理性，理智表現亦有擅場，並例舉古代之天文、數學、物理、工程、造紙、印刷成就以驗，惟科學思想斬絕於秦漢耳。[19]就中國是否有哲學此問題言，熊十力首先提出哲學之界義：「夫哲學者，即指其有根據及有體系之思想而言。非空想，非幻想，故曰有根據；實事求是，分析以窮之，由一問題復引生種種問題，千條萬緒，雜而不越，會之有元，故云體系。思想之宏博精密如是，故曰哲學。」[20]次舉孔子美富之學即為哲學之代表，再者提出哲學與藝術、主義等之區別，復言哲學固為理智思辨之學，然猶不限於此域，終則將梁說與胡適之菲薄傳統——認為老祖宗僅有零碎之學而不足言哲學比觀之，而謂「此等胡說，兄可適與之合乎？」[21]在1950年7月27日函，他更反覆闡說證體之學。倘檢視熊十力學術，亦不外以窮索哲學底蘊、建構本體論、開發體用問題為核軸，凡此均屬哲學領域，今梁卻謂中國無哲學，無怪乎熊乃因之申辯再三、未能認同。**其四**，就民主法治言，梁漱溟認為中國僅有民有、民享，而無民治，熊十力則舉《周官》《春秋》均重法制以申駁之，另如《孟子》《管子》亦涉民治制度，藉茲以駁梁說。

---

[17] 同前註，頁651-652。

[18] 同前註，頁654。

[19] 同前註，頁655。

[20] 同前註，頁657。

[21] 同前註，頁649。

由上觀來，梁、熊在訂交半世紀的歷程中，曾經推心置腹、相互推崇、援為知音，如梁漱溟亦曾褒譽熊胸中灼然，著作屬文直書胸臆，對根本問題出語精闢，令人驚服，而熊十力曾贊誇梁願力宏大、思想獨到，[22]然而彼此卻也曾無所遮掩、直揭無諱、述陳己見，熊十力透過信函對《中國文化要義》中關於倫理本位、文化早熟、中西文化偏勝、古籍中的民治觀、科學思想等問題，進行對談與商榷；至於梁漱溟則藉二篇專文先揚而後貶、輕揚而重貶，針對熊十力的研究立場、方向、內容等具引詳評，嚴詞直抨，尤對熊晚年思想更不假辭色、提出重擊，如曰：「誤用心思，一往不返，隨年力之衰，而習氣愈張，德慧不見也。其用思辨理愈以泥執成碍，不過表見之一端，試看其命筆屬文不既已冗複累贅，雜亂無章，敗徵滿紙乎？」[23]乃至直指為墮落、自毀，而其對老友質變的惋惜與心痛，則藉「執筆興嘆，不勝慘惻於心」的自白得以窺見。[24]至於自己不得不然的心情則透過「要皆忠於學術也。學術天下公器，忠於學術即吾所以忠於先生」表達之，[25]凡此亦顯見梁、熊二人實乃論交於學術、攻難於學術，而其護道心曲亦由是可見。至於熊十力晚年的思想趨向及《原儒》《論六經》《體用論》等作品內涵，除梁漱溟外，其摯友、弟子乃至後學，均各有迴響，或議論或詰難或同情，如牟宗三認為熊是採先行保住孔子的策略；翟志成抨熊十力「以《周官》附會中共的土地改革和公私合營政策」、「以《春秋》附會中共的武裝革命，以《禮運》附會中共的改造思想運動。」[26]郭齊勇則認為「他不是一位嚴謹的史學家，而是以微言大義闡明自己

---

[22] 詳參《梁漱溟全集》第八卷，頁654，1961年6月22日日記；《十力語要》，《熊十力全集》第四卷，頁203。

[23] 詳參〈讀熊著各書書後〉，《勉仁齋讀書錄》，《梁漱溟全集》第七卷，頁785。

[24] 同前註。

[25] 〈憶熊十力先生〉，《散篇論述》，《梁漱溟全集》第七卷，頁524。

[26] 翟志成：〈論熊十力在一九四九年後的轉變〉，《當代新儒學史論》（台北：允晨文化實業股份有限公司，1993年5月），頁279-280。

的政治理想和庶民史觀的思想家。」[27]龔鵬程認為「是因為他採用了《春秋》公羊家的詮釋路徑使然」，[28]在諸說紛紜下，或言其荒謬虛構、穿鑿比附；或言其欲尋求一理想而永恆的理想依托；或言其處乎當時政治情勢下，不得不然的便宜措施。不管真相為何，熊十力後期作品中確乎充斥偌多主觀而創造性的內容，在滿腔孤憤下，鄙視餖飣考據，穿透歷史表象，本著六經註我的態度，欲藉本體宇宙論的開展為根柢，建構出一套理想而完整的政治社會學，此為熊十力用心所在。至於現實感特強、文化願力殊深的梁漱溟，其作品不僅為一套知識理論，亦是一種行動方針，是以身為法，深入社會拓荒墾殖後的具體識見，無怪乎在其眼中的熊十力，所存者盡是缺乏篤實踐履的體用理論、悖離現實的原儒新解、獨樹一幟的唯識觀點。當反身實踐的梁漱溟，遇上理論見長的熊十力；當陽儒陰釋的梁漱溟，遇上捨佛歸儒的熊十力，不同的性格特質、不同的學思涵養、不同的關懷側重，都讓他們四十餘載間得以彼此欣賞、相互激盪，卻又意見相左、扞格不斷，這便是熊、梁間饒富玄機的論交模式。

二、熊十力與馬一浮的辦學歧見

梁漱溟與熊十力交篤於學術，行遠於學術；而熊十力與馬一浮亦肝膽於學術，至其疏離則肇因於樂山辦學之未契。

在歷經1912年蔡元培掌教育部，邀馬任教育部秘書長，馬辭以「我不會做官，只會讀書，不如讓我回西湖」；1917年蔡元培任北大校長，邀馬任文科首長，馬回電「古聞來學，未聞往教」；1929年陳大齊（百年）代理北大校長，力邀馬任教，且託請鄭伯成、鄭

[27] 郭齊勇：〈為熊十力先生辯誣——評翟志成「長懸天壤論孤心」〉，《鵝湖》第19卷第8期，1994年2月，頁19。
[28] 龔鵬程：〈論熊十力論張江陵〉，載淡江大學中文系主編：《晚明思潮與社會變動》（台北：弘化文化事業，1987年12月），頁276-277。

叔成、馬敘倫等勸說，猶難竟其事；1930年復邀蒞北大任研究院導師，未果；1936年浙江大學校長竺可楨兩度登門聘賢，仍因講習會名稱及講者稱謂等因素潰其功；1937年日寇侵華、進逼杭州，攜親眷弟子十五人輾輾流徙的馬一浮，始奔投已遷江西泰和的浙江大學執教，雖其講學不居學職、不列諸科、不在學制之內，略有陸象山講學白鹿洞之況味，然仍不免有「大似生公聚石頭說法，翠巖青禪師坐下無一人」的寂寥。[29]二十餘載間的遯世不出、出而不樂，雖謙言學職未能，然其所以不應世、難應世者，則在於異撰時賢、自立矩度、理想奇高，致世亦難與之應合。及至1938年7-8月，時教育部長陳立夫，圖復古來講學傳統，久仰之，復經馬任職要公的私淑弟子劉百閔、及門弟子壽毅成的舉薦贊議，而馬一浮亦首肯於此棋會難逢——直承宋明書院模式，獨立自由講授儒家義理之學的教育模式，乃同意銜邀，歷半載籌備，復性書院1939年9月17日於四川嘉州樂山烏尤寺終於啟辦。

作為馬之摯友的熊十力，1938年9月其時猶在重慶璧山，壽毅成等邀為書院第一創議人，暨草擬書院緣起書，而1939年3月成立之書院籌備委員會，屈映光、陳果夫、沈尹默、謝無量、熊十力、劉百閔、賀昌群、張曉峰、梁漱溟等任委員，此外馬亦力邀熊十力赴樂山協講，1939年8月熊終踐約蒞達，然1939年10月下旬雙方即因觀點歧異，熊憤而辭返璧山，與梁漱溟等借住來鳳驛古廟西壽寺，自是馬、熊互動趨緩、交誼轉淡，則樂山復性書院的辦學歧異實為此中轉圜關鍵。其間波瀾起伏，於《熊十力全集》線索已疏，而《馬一浮集》則載之較詳，透過該期間內的致熊專函、致友人函及相關文件，尚能尋繹此間線索，捫探爭端所在，現茲就《馬一浮集》中，以1938-1939年資料為縱，以馬一浮於此期間語涉熊十力暨書院庶務的資料為緯，藉縱橫交會之所在（即以下表格一、二），

---

[29] 〈熊十力〉八，《書札》，《馬一浮集》第二冊，頁529。

以釐事件原委及雙方歧異。至於《熊十力全集》載錄之點滴，亦撷拾若干入文（即表格三），配合輔觀：

表一　《馬一浮集》「致熊專函」中有關「雙方辦學交涉」資料一覽表

階段	資料出處	資料名稱	時間	論談重點
熊赴書院前	二530-531[30]	〈熊十力〉九	1938（戊寅10/03）[31]	書院理想、規制、產生方式
	二532-534	〈熊十力〉十	1938（10/17）	書院理想、簡章損益
	二535	〈熊十力〉十二	1939（己卯05/16）	學生津貼、出路、教師延聘、辦學方針
	二535-538	〈熊十力〉十三	1939（己卯05/24）	籌備現況、教師延聘、學生出路、徵選細則、津貼之法、
	二539-540	〈熊十力〉十四	1939/07/01	聞熊允約聯大、書院經費、辦學方向
	二540-542	〈熊十力〉十五	1939/07/12	方位吉凶、盼熊來教、徵生現況
	二542-516	〈熊十力〉十六	1939（己卯07/17）	書院規模、充擴與否、教師延聘
	二547	〈熊十力〉十七	1939/07/20	充擴與否、盼熊來教
	二547	〈熊十力〉十八	1939/08/10	推薦王生
熊居書院時	二547-548	〈熊十力〉十九	1939/09/09	炸傷致歉
	二548-549	〈熊十力〉二十	1939/09/30	教師延聘等
	二549	〈熊十力〉二十一	1939/10/09	扞格後心情表宣
熊離書院後	二549-550	〈熊十力〉二十二	1939/11/05	扞格後心情表宣
	二550-551	〈熊十力〉二十三	1939/12/07	扞格後心情表宣、奉寄修命

---

[30] 指《馬一浮集》第二冊，頁530-531。以下仿此。
[31] （ ）前的時間為《馬一浮集》信函前所列，多為國曆；（ ）內的時間為《馬一浮集》信函後所屬，多為農曆。然似亦未必盡符，因此僅依原文如實呈現。

表二　《馬一浮集》「致熊專函」外有關「雙方辦學交涉」資料一覽表

階段	資料出處	資料名稱	時間	論談重點
熊赴書院前	二825-831	〈張立民〉九	1938（09/29）	熊為創議人、草寫簡章緣起、叢林制度、義學大師
	二831-834	〈張立民〉十	1938（10/23）	熊謂己（馬）陳義過高、書院諸務、地點選擇、熊草寫緣起
	二810-812	〈雲頌天〉七	1939/07/12（05/26）	學生出路
	二812-813	〈雲頌天〉八	1939（06/18）	理念違異、諸事未定、處處有礙
	二446-467	〈葉左文〉十三	1939/07/12	聘熊授哲學
	二907-908	〈壽毅成〉四	1939/07/22	熊將來嘉
	二813-815	〈雲頌天〉九	1939（08/04）	熊即至嘉
熊居書院時	二674-675	〈屈映光〉二[32]	1939/08/27	樂山遭炸、十力足傷、移往烏尤、徵生現況
	二698-699	〈申鳳蓀〉	1939/08/28	樂山遭炸、十力足傷
	二935	〈龔海雛〉	1939/08/31	熊批閱龔來書
	二587-589	〈劉百閔〉二	1939/09/01	熊遭炸傷
	二675-676	〈屈映光〉三	1939/09/03	熊遭炸傷、開講日事宜
	一767	〈致屈文六〉	〔1939/09〕[33]	熊遭炸傷
	二666-667	〈趙熙〉二	1939/09/19	樂山遭炸、附呈熊函
	二677-678	〈屈映光〉五	1939/10/03	熊足傷癒
	二703	〈梁漱溟〉一	1939/10/15	由熊處知梁蹤、邀梁赴嘉
熊離書院後	二705	〈蒙文通〉一	1939/10/17	熊離嘉徙璧山
	二588-589	〈劉百閔〉四	1939/10/26	熊離嘉徙璧山
	三810	〈送熊十力之璧山〉（詩歌）	【1939-1940】	送熊離嘉定、往璧山
	二678-680	〈屈映光〉七	1939/11/09	十力求去、乖隔之因、十力傷足
	二590-591	〈劉百閔〉六	1939/11/13	熊欲更張、觀點歧異、悵悔心情
	二908-909	〈壽毅成〉五	1939/11/13	熊已他去
	二717-719	〈鍾泰〉四	1940/08/24	理念違異
	二837-838	〈張立民〉十九	1944	熊曾持異議
	二771	〈鄧心安〉	1946/01/16	十力棄己

---

[32] 屈映光即屈文六。

[33] 《馬一浮集》中此信函未標註日期，依判應為1939年9月。

階段	資料出處	資料名稱	時間	論談重點
熊居樂山時	四241-264[34]	〈復性書院開講示諸生〉	1939/09/17	書院名稱、書院研究重點、書院地位、書院規制、培養器勢、親師敬長、書院宗旨、書院簡章等
	四265-271	〈與賀昌群〉十	1939	書院簡章細則、學生資格等
	八410-411	〈答龔海雛〉	1939/08	額滿礙難入院
	八411-412	〈答王守素〉	1939/08	歡迎來院學習

　　透過表列及二者全集中的有關資料，得窺二人辦學及教育理念之異同；亦得以觀察熊十力赴樂山前、居書院時及辭離書院後，二人情誼隨事、隨時、隨境的隱微遞嬗；至於二人性格的原始殊異，似亦為二人交誼轉淡因素，姑分三點闡述觀察所得：

（一）教育理想的擦撞磨合

　　民族衰微，振起之道，繫乎學術。——此為熊十力與馬一浮的教育共識。揆諸近代中國大學教育體制，移植西方範式，強調分科治學與專門研究，而傳統國故乃隨之納入哲學、史學、文學、政治學、經濟學等西式學科中，側重融通博學的傳統學術形式，及強調道德價值的學術精神，遂淪為明日黃花。痛於學生以文憑為終南捷徑，師生關係疏漠、道德理想式微的教育實況，另闢體制、辦埋書院，便成為熊十力與馬一浮，既是時際巧會、亦是踐履志業的人生理想。取義「教之為道，在復其性而已矣」的復性書院，[35]即在馬一浮主事、熊十力協助下啟其端緒，然而在披荊斬棘、開物成務的籌辦歷程中，雙方理念卻屢屢軌轍殊別，多異少同：

---

[34] 指《熊十力全集》第四卷，頁241-264。以下仿此。

[35] 〈書院之名稱旨趣及簡要辦法〉，《雜著・其他》，《馬一浮集》第二冊，頁1168。

先**就教育宗旨、內容、方法、目的言**：「以綜貫經術、講明義理為教」，[36]馬一浮在〈書院簡章〉中開門見山即標示設院**宗旨**。而所謂「經術義理」，實不外以傳統儒家經典為根柢，申明蘊含其中之心性義理，換言之，書院教學目的乃在上繼宋明書院的遺規，在於「明道」，在於「復其性」，以進德為首要目的，以期為先聖留一法乳。進言之，**教學內容**以六藝之教為本，而治六藝之學，又以義理為本。馬一浮將六藝之教分列通治、別治二門：「通治明群經大義，別治可專主一經，先通後別，通治門以《孝經》《論語》為一類，孟、荀、董、鄭、周、程、張、朱、陸、王附之，別治門以《詩》《樂》為一類，《爾雅》《說文》附之。《尚書》《三禮》為一類，名、法、墨三家之學附之。《易》《春秋》為一類，道家附之。」[37]由是則諸子、史學、文學均以諸經統攝之。對於西學，馬一浮雖未排斥，亦主張學子應「兼明外學，通知外事」，但對於外國語文、西方科學等的學習，則強調由一般大學、研究院任之，非由書院攬其職。至於**教學方法**則「體驗重於思索，涵養重於察識，踐履重於知解，悟證重於講說」，其**目的**在於藉「讀書窮理，終於窮神知化，踐行盡性。」[38]由此觀來，以深明經術、精研義理、講求德行為本的書院設計型態，正是馬一浮對現代學校「唯重器能」，所提出的補偏之方。

　　至於**熊十力**的理想書院雛型，則透過1939年9月17日之〈復性書院開講示諸生〉一文，得觀其梗概：「今茲書院之設，本為研究哲學與文史諸學之機關。」[39]書院宗旨，當扼重於哲學與文史的研究，尤其研窮宇宙人生根本問題的哲學，更是「一切學問之歸墟，評判一切知識而復為一切知識之總匯。」[40]至於「研究的旨趣自當

---

[36] 〈復性書院簡章〉，《濠上雜著二集》，《馬一浮集》第一冊，頁762。

[37] 同前註。

[38] 同前註，頁763。

[39] 〈復性書院開講示諸生〉，《十力語要》，《熊十力全集》第四卷，頁243。

[40] 同前註，頁241。

以本國學術思想為基本，而尤貴吸收西洋學術思想，以為自己改造與發揮之資。」[41]強調初學者當受科學知識及邏輯訓練，否則侈談哲理與群化治術，此即如築室自當拓基、登梯必須循級，因言「務望於科學方法及各科常識，尤其於生物學、心理學、名學及西洋哲學與社會政治諸學，必博採譯述冊子，詳加研索」、「其於邏輯，宜備根基，不可忽而不究也。」[42]又強調為學之道，內聖固為本根，然未可孤窮性道，而應內聖外王兼及，「承學之士，本實既不可撥，作用尤不可無。實事求是，勿以空疏為可安，深知人生責任所在，必以獨善自私為可恥。置身群眾之外而不與合作，乃過去之惡習；因任事勢所趨而不盡己責，尤致敗之原因。」[43]由是觀來，就**設院宗旨**言，馬以經術義理之學為核軸，目的在培養淑其身以善天下，學以至於聖賢的人才；熊以哲學為根柢，此與馬之「經術義理之學」相近，均不外以儒家六經為本，唯熊側重於儒家義理之哲學化現代化，並兼顧內聖與外王之學，期培養安邦定國的人才。就**教學內容**言，熟諳西學的馬一浮卻以返歸六藝為本，兼及子書、史學及文學等；逕讀西學有礙的熊十力則於中學外，積極主張廣閱西著；馬堅守儒學傳統、熊主張適應新局；馬反對知識主義、對科學的迎納趨於保守，而熊則相對傾向開放。

次就書院規制言：鑒於大學教育的機械、拘滯，**馬一浮**對於書院的定位，始終堅持應超脫於現代教育體制之外，故再三強調：「書院之設，惟專明吾國學術本原，使學者得自由研究，養成通儒，不隸屬於現行學制系統之內」、「譬之佛家之有教外別傳，應超然立於學制系統之外，不受任何制限。」[44]而其理想的教育

---

[41] 同前註，頁243。

[42] 同前註，頁258。

[43] 同前註，頁253。

[44] 〈復性書院簡章〉，《濠上雜著二集》，《馬一浮集》第一冊，頁761-762；〈書院之名稱旨趣及簡要辦法〉，《馬一浮集》第二冊，頁1169。

體制，則取效於**佛教叢林制度**，透過馬致陳立夫函及1938年9月28日、10月3日分致張立民、熊十力函，得觀其對叢林制度的堅持、推崇及取效原因：

> 約有三義：須先陳明：一、書院本現行學制所無，不當有所隸屬，願政府視為例外，始終以賓禮處之。二、確立六經為一切學術之原，……三、願政府提倡此事，如舊時佛寺叢林之有護法、檀越，使得自比方外而不繩以世法。三義若荷容納，不斥其非，則某亦願盡其知之所及，冀可養禪無為之化，否則不如放之林薄，……[45]
>
> 前草簡章，雖係一時觸發，然大體似不可易。欲以佛氏叢林制施之儒家，亦與舊時書院、今時研究院性質不同。吾信熊先生必能深了此意，他人吾未敢必。向者儒者講學不及佛氏出人眾多者，原因有二：一、儒者不得位，不能行其道，故不能離仕宦。其仕也，每為小人所排抑。佛氏不預人家國，與政治絕緣，世之人王但為外護，有崇仰而無畏忌，故得終身自由。二、儒者有世家之累，不能不為生事計。其治生又別無他途，不免徇微錄，故每為生事所困。佛氏無此。叢林接待十方，粥飯不須自辦，故得專心求道。大德高僧安坐受供養。然其法施無窮，饒益眾生不為虛費信施，世俗亦不以為非。因此二端，比儒者緣盛。[46]
>
> 六朝、唐、宋佛寺至今猶有存者，當時出人之盛，儒家實有遜色。叢林制度，實可取法。古德分化一方，學者一任徧參，故禪林尤勝講寺。今雖衰歇，視儒生之徬徨靡託，猶或過之。妄意欲以此法寓之於書院。[47]

---

[45] 〈致陳部長〉，《濠上雜著二集》，《馬一浮集》第一冊，頁757。

[46] 〈張立民〉九，《書札》，《馬一浮集》第二冊，頁827。

[47] 〈熊十力〉九，《書札》，《馬一浮集》第二冊，頁531。

以上三函，馬一浮分別對教育政策的執事者、得意門生、至交老友，申致佛教叢林制度：首封透過約法三章，表達其對此制的堅持；次函闡述其援佛教叢林制，施之於書院的儒家教育，所效習認肯的二大精神；末函再度道及取法此制的決心。要言之，馬一浮對叢林制度並非全套沿承，而取其所契於己的二大神髓：其一，學術自由；其二，經濟獨立，亦即引文所謂「與政治絕緣」、「不為生事計」者。就前者言，書院為純粹研究學術團體，不宜履涉政治，師生不得參加政治活動，而政府對書院僅可保護、未可干涉，以求講論自由；就後者言，書院經費暫由倡議人籌集，長期則宜設基金會籌募，由社會各界捐輸，或政府量予捐助，唯不得由政府行政撥款，按月補助，以免淪為下屬機構，受其制約限制。除此之外，對於**學生**之福利與要求亦明文規範：為使生徒專心向學，「凡在院肄業，不立年限、不納學費，一律酌予生活費。」[48]又凡「來學者須遵守三戒：一不求仕宦，二不營貨利，三不起鬥爭。」[49]凡未剋遵者即遣去。再者書院旨在謀道、不在謀食，為堅定學生向學之心，淨除學生的利欲、染污、習氣，且不以書院為晉身階梯，因此不授予資歷、不安排出路。另就**書院規模與人才遴選言**，馬一浮認為書院初立、經濟吃緊，欲言擴大，其道末由，因此其力主菁英制，人才篩選嚴格，唯求人盡其才，即便成就一二人亦不為少，因此簡章發出後，以文字參加甄選者八百餘人，原預錄三十餘人，實錄者僅二十餘。

　　至於**熊十力**對書院規制，所見則多與馬相左：馬主張書院自主、自立，熊則主張納為國立、比於研究院；馬主張叢林制，熊則認為寺院式教育，趨於理想、遠於事實，在今日勢將窒礙難行；馬主張不為學生定資格、謀出路，熊則主張授予研究院同等

---

[48] 詳參〈書院之名稱旨趣及簡要辦法〉，《雜著・其他》，《馬一浮集》第二冊，頁1170。

[49] 〈復性書院簡章〉，《濠上雜著二集》，《馬一浮集》第一冊，頁765。

資格，由政府安排學生出路，因言：「顧吾儕始事之精神，總不宜以寺院遺規為是，必務順時之宜，得羅高下小大之材，使一般人不以是為畏途而皆願至。材之下與小者多至，而較高較大者，行將出於其間。天道不遺靡草薄物，化育所以宏也。……吾欲予學生以研究院同等資格者，庶幾可以聚天下之才耳。」[50]強調教育拘執於理想，則反為理想縛繫，應與時俱進、順理而行，為學生定資格、謀出路，學生方不致視書院為畏途，各式人才亦方能網羅入院。至於書院規模，馬不欲擴大且力主菁英制，而熊十力則強調務須擴大規模，以利人才培育，認為馬一浮不肯充拓，過於拘滯保守。

　　復就教師延聘言：復性書院講學者多飽學之士，主講馬一浮；下有特約講座，聘熊十力任之；另有都講馬以風、張立民、劉公純、王星賢；講友賀昌羣、沈敬仲；自由講座如謝無量、葉左文等；通信講友如龐松生等。然檢視現存資料，馬、熊於師資延聘仍時有歧見，如由1939年7月17日函，知賀昌羣欲召張真如講授黑格爾哲學、熊十力欲召周淹卿講英文、牟宗三為都講，馬一浮辭以書院經費有限，「無如蹄涔之水易竭，不能供養十方羅漢僧何！且書院力不能購西方參考書，學生並未注重外國文字，使聽黑格爾哲學，亦毫無憑藉，無受教之資，則講者必乏興」、「且書院所講當自有先後輕重，並非拒西洋哲學不講，以西洋哲學學生當以餘力治之，亦非所亟也。」[51]使熊、賀深感不悅，評其狹隘。另9月30日函復語及黃離明任講友事，馬釋以彼此一面之緣，未便驟下聘函，俟日後往來相契，復行邀聘不晚。由此觀來，即便摯友建言，馬一浮於師資衡度，標準已樹，頗見堅持，雙方難契，更添一層。

---

[50] 〈與賀昌羣〉，《十力語要》，《熊十力全集》第四卷，頁265。

[51] 〈熊十力〉十六，《書札》，《馬一浮集》第二冊，頁545-546。

（二）管鮑交誼的跡淡行遠

　　熊、馬於學問造境的相互欣賞、酬為知己，並不能免除其在辦理書院、踐履理想時的彼此扞格、堅執己見，然而在此理念齟齬、見地殊異下，卻又時蘊彼此的真誼篤情、管鮑深交。此間馬一浮複雜隱微的心緒，以史料尚存，尤見斑斑：其初馬欲援仿佛家叢林制精神，於致函張立民時言「吾信熊先生必能深了此意，他人吾未敢必。」[52]大有俞伯牙得鍾子期為知音的自信，熟知知音究竟難覓，好友竟以拘守寺院遺規責之。然馬盼熊來院之心，未嘗稍減，「兄若不來，在書院便空虛無精采。」[53]發語雖簡，倚仗與殷盼深濃。其後猶多次促熊來，誠摯懇切，於7月1日函中道及「知已允聯大之約，將棄書院而就聯大，為悵惘者久之」、「平生相知之深，莫如兄者，兄猶棄之，吾復何望」、「若兄意猶可迴者，願仍如前約，溯江早來。渝嘉間輪船已可直達，此間居處雖未必安適，若以長途汽車入滇，恐亦不勝勞頓。即乘飛機空行，亦不免震盪。恐皆非兄體所宜，幸深察之。現方開始微選學生，其有以文字來者，皆劣機無可錄。乃知俯順羣機，實是難事，亦望兄來共相勘辨。昨電想達，書到立盼飛答。」[54]聞友他赴的惆悵心情無所遮掩，而未肯遽棄、一線猶盼的心情亦盎然紙間。及七月四日接熊函，悉其舉棋不定，復於12日回函勸慰：「兄之來與不來，但當問理，不須問勢。」亦即就現實的勢而言，書院人員稀、資金乏、條件差、前景黯，難吸引人，然就普遍的理、就教育理想的實踐、就雙方根深的交誼而言，熊當排除萬難來輔。此外對熊認為入川方位未合於己的質疑，精通堪輿風水的馬一浮亦析辭破慮、解其憂虞，而「有兄在

---

[52] 〈張立民〉九，《書札》，《馬一浮集》第二冊，頁827。
[53] 〈熊十力〉十三，《書札》，《馬一浮集》第二冊，頁537。
[54] 〈熊十力〉十四，《書札》，《馬一浮集》第二冊，頁539-540。

此，則不患奄奄無生氣」、「書到即盼立復」，又再度傳達力邀之慇切。[55]其後又對書院規制、擴大與否、教師延聘等雙方歧異處詳申細釋，推心置腹，傳達悃悃赤誠，終於打動老友、允其所請，馬聞訊「為之喜而不寐」、「願速駕，勿再淹留。瀕行盼以電告，俾可迎候。相見在邇，不勝引領佇望之情。」[56]馬對熊來院前的引頸翹盼、引為支拄，由是可窺。

1939年7月26日熊十力終由重慶搭船，溯江而上，8月4日輾轉抵及樂山。8月19日，寇機轟炸，樂山煨燼，幾為焦土，幸書院同仁多無恙，唯熊十力則住宅被焚、左足受傷，書院因此移往烏尤寺。而馬一浮對知己的無妄災咎、罹此患苦則深表歉疚，除致熊專函外，於致宗白華、劉百閔、趙熙、屈映光、申鳳蓀等均先後語及，自責甚深。另熊十力亦由是初發歸去念頭，馬一浮於九月九日函以「但望兄切勿萌去志，勿再言去，使弟難為心。」[57]道出自己的忐忑。9月17日書院正式開講，其後9月30日馬致熊函中，一則對熊十力的勤晦益人表達欽服，一則亦見及雙方對郭君的評價不一。10月初，雙方先前已醞的歧見爭端達至極點，「兄言已盡，去就之道決於改革與否，此意難迴。今只能維持現狀，弟亦無詞以留兄」、「至與兄相愛之厚，未嘗有改。」[58]在力主改革與維持現狀的鴻溝之間，馬、熊均難以跨越，也各不退讓，友誼的折損由是難免。約10月中旬，[59]熊乃拂袖他去，而馬一浮亦未及親自送別，在「祝子還家成穩坐，可知天下盡勞人」的祝福中，[60]好友從此分道殊途。

---

[55] 詳參〈熊十力〉十五，《書札》，《馬一浮集》第二冊，頁540-542。

[56] 〈熊十力〉十七，《書札》，《馬一浮集》第二冊，頁547。

[57] 〈熊十力〉十九，《書札》，《馬一浮集》第二冊，頁548。

[58] 〈熊十力〉二十一，《書札》，《馬一浮集》第二冊，頁549。

[59] 馬於1939年10月17日致蒙文通函：「子真先生因災後時苦警報頻煩，不樂住嘉，現已暫住璧山」，語出《書札》，《馬一浮集》第二冊，頁705。

[60] 〈送熊十力之璧山〉，《詩輯佚》，《馬一浮集》第三冊，頁810。

分行後的馬一浮更加不樂，其抑鬱由1939年11月5日函可觀：「所憾者，弟德不足以領眾，學不足以教人，才不足以治事，遂使兄意不樂，去我如此其速，然自返於心，實未嘗敢有負於兄也。悵惘之懷，靡言可喻」、「兄去後空山寂寥，……霜寒風急，益令人難為懷也。」[61]面對書院瑣務、氣象不振、經費無著，而好友蹤跡杳遠，益有千山獨行的寂寥。12月1日接十力函，「乃知獲罪於兄者甚大。凡兄所以見妬者，皆弟之疏愚所不及察」、「至兄誤聽流言，以為弟於兄妄有所訾議，使兄不能不亟去，此則弟所萬萬夢想不到者」、「今亦不須申辨，久之兄當有自悟之時。然念兄雜毒入心，弟之誠不足以格之，亦深引以為戚。今兄雖見惡絕，弟卻未改其初心也。」[62]既見二人骨鯁之深、心結難解；亦見馬面對破局難圓的氣悶與無奈。其後於致屈映光、壽毅成、鄧心安等人信函中，語及熊十力乃至賀昌羣的決然而去，猶有不勝唏噓之慨。其後雙方交誼轉趨疏淡，而書院則以經費未足、機緣未具等因素，難以維繫，轉向刻書志業。及至十年後，即1949年時，馬一浮一首「眼前雲物須臾變，唯有孤山晚更輕。」[63]埋隱已久的情誼才又表述於文字；而1951年熊十力向當局建議恢復浙江智林圖書館，由馬一浮主其事，亦為老友再度發聲；1954年熊年七十，馬以詩「剎海風光應似舊，可能重泛聖湖船」賀壽，[64]……此間偶有往來聯繫，唯多雲淡風輕，蘊深於淺。

（三）性格理念的究竟殊別

　　由上觀來，居處西湖其時，彼此相知甚深；復性書院辦學，理念睽違疏隔，熊十力與馬一浮因學術聚合、因辦學離異，究其因，

---

[61]　〈熊十力〉二十二，《書札》，《馬一浮集》第二冊，頁550-551。

[62]　〈熊十力〉二十三，《書札》，《馬一浮集》第二冊，頁551。

[63]　〈寄懷熊十力廣州〉，《蠲戲齋詩編年集》，《馬一浮集》第三冊，頁500。

[64]　〈寄懷熊逸翁即以壽其七十〉，《蠲戲齋詩編年集》，《馬一浮集》第三冊，頁561。

在於理念未諧，而理念未諧，又繫乎性格：熊平民鄉土味十足，馬
則文人士大夫氣息濃郁；熊如平原大野，馬則如泰山喬嶽；熊豪放
不羈，馬則舉態祥和，錢穆曾道及二人的差異：

> 一浮衣冠整肅，望之儼然。而言談間，則名士風流，有六朝人
> 氣息。十力則起居無尺度，言談無繩檢。一飲一膳，亦惟己
> 所嗜以獨進為快。同席感不適亦不顧。然言談議論，則必以聖
> 賢為歸。就其成就論，一浮擅書法，能詩，十力絕不近此。十
> 力晚年論儒，論六經，縱恣其意之所至。一浮視之，轉為拘謹
> 矣。但兩人居西湖，相得甚深。殆以當年，兩人內心同感寂
> 寞，故若所語無不合。及在復性書院，相從講學者逾百人，於
> 是各抒己見，乃若所同不勝其所異，睽違終不能免。[65]

雖無所言逾百人的講學盛況，但二人性格的殊別是實。再者熊十力
關心現實成敗，欲兼及外王理想與事功，馬一浮則著重於超越理想
及內聖之道的追求，強調普遍真理的達成，淡化世俗實情與利益；
熊十力對寒儉枯淡的生活難以適應；馬一浮則習慣隱逸生活，對於
枯禪高僧式的生活安之若素。又二人治學方向不同，對現代儒學轉
型的施力點不同、側重面不同，在在使彼此難契。至於杭州訂交，
相契無間；樂山辦學，齟齬時見，則錢穆所言，確能一語中的：前
境適值彼失意、同感寂寥之時，因而易生同情之心，符契相對容
易；及至辦學得意之時，不免躊躇滿志而旁若無人，當所異勝於所
同，這一場辦學的紛擾糾葛、睽違衝突，已然難免。

---

[65] 錢穆：《師友雜憶》（台北：聯經出版事業公司，1998年5月，《錢賓四先生全集
51》），頁247。

第四章
現代儒家三聖的學術網絡

　　廣結益友、彼此切磋，得以開拓視野、觸發思路、增益聞見，就梁漱溟、熊十力、或馬一浮，其學養的蔚成，除個人的資聰慧敏、篤學勤習外，時人、友朋或弟子的酬對候教、問學析疑乃至魚雁往返，均不無激盪、開廣之功。若就三人分觀之，其所築就的學術網絡則各有朋好且廣闊綿密；倘合觀之，其所組織的學術社群往往縱橫交錯、互有重疊。而三聖除彼此間交誼甚篤外，其在各自的人際網路中，亦自有交契知己。

一、梁漱溟的論交梗概

　　其交游論學面向亦甚廣，現《梁漱溟全集》中收錄書信372件，多為1949年以後者，倘搭配日記檢視之，則其書信數量當年計百件以上，可見信函已多數佚失。其函往對象如羅努生、周新民、章伯鈞、黃炎培、張瀾、毛澤東、周恩來、林伯渠、熊十力、徐名鴻、張申府、陳仲瑜、陳樹谷、葉石蓀、陳亞三、黃艮庸、張俶知、雲頌天、馬仰乾、馬慧明、李樸生、王星賢、朱謙之、何絳雲、唐君毅、唐至中、岳美中、孟憲光、李淵庭、徐樹人、田慕周、吳顧毓、嚴寅、胡應漢、馬秋帆、周植曾、袁鴻壽、盧廣綿、李任夫、陶天白、黃席群、陳道傳、陳志彪、董泮清、曹慕樊、盧資平、吳秀峰、公丕文、錢緒道、李二水、張拱卿、鮮繼恆、竇桂枝、董乃強、陳維博、陳維志、關愛仙、雷子震、王敬止、黃河清、單培根、葉篤義、吳滔、艾愷、林琪、蕭敬春、劉雨濤、言申夫、李士釗、朱據之、郭齊勇、萬亦吾、梁平甫、崔有志、鄭毅生

等，……[1]至於其筆下述及的人物如毛澤東、周恩來、蔣介石、閻錫山、韓復榘、孫科、蔣百里、李大釗、梁任公、蔡元培、黃炎培、熊十力、林宰平、伍庸伯、嚴立三、朱蘊山、陶知行、王國維、陳寅恪、黃遠庸、廖福申、郭人麟、甄元熙、彭翼仲、曾琦、杜月笙、盧作孚等。[2]另透過今人作品亦得觀其交游論學之概況。[3]

由上述見知梁漱溟友朋甚夥，茲擇**伍庸伯**（觀淇，1886-1952）與其交誼始末簡陳：軍旅出身的伍庸伯，就學於將弁學堂、保定軍官學校、陸軍大學等，後留陸大任教官，兼任參謀本部某局第三科科長。為務安心立命所在，於1915年春辭教官、1916年秋辭科長，專力向學，精研儒家學說。梁漱溟與伍庸伯1919年初識於林宰平處，其後梁主動訪求談學，往來漸密，伍其後並成為梁之妻兄。梁曾兩度——一為三十六歲、一為五十九歲時，欲師事伍庸伯，均為所拒。1950年梁趁伍晚年閑暇，偕同學諸友請伍庸伯講授《大學》，兼及《中庸》《孟子》，自1950年12月1日至次年4月21日止，與聞者含陳亞三、黃艮庸、馬仰乾、李淵庭等人，梁等曾就其所講編錄〈禮記大學篇解說〉，又著有〈禮記大學篇伍氏學說綜述〉等文，現《梁漱溟全集》第八卷日記多載錄其時其事：「入城聽伍先生講」（多處）、「頗動念拜伍先生為師」、「午前同伍先生散布，聽其講慎獨。時時慎即是時時喜怒哀樂之未發，時時是精神集中貫注到意上」（4月4日）、「聽伍先生講慎獨，……仔細而精到，有所領會。仍感難於入手。聽講『身心相交』之意，信其得儒家真旨。」（4月21日）及1952年伍辭世，梁即提筆為擬傳略，歷20餘年，數易稿，終於1977年9月完成〈伍庸伯先生傳略〉，梁

---

[1] 詳參《書信》，《梁漱溟全集》第八卷，頁69-386。
[2] 詳參馬勇編：《名人筆下的梁漱溟　梁漱溟筆下的名人》（上海：東方出版中心，1998年1月），219-428。
[3] 如黃河清：〈梁漱溟與當代名人〉，《黃河清文集》（上、下），網路文章，見http://boxun.com/hero/2006/huangheqing/15_1.shtml. 分政界、學人、其他三類介紹；另如《梁漱溟先生紀念文集》，亦得窺其交游之一隅。

於文前自述：「伍庸伯先生應該是我心裡最折服的人，他在我心目中的重量更無人得相比并」、「我確認中國古人在世界學術上最大的貢獻無疑地就是儒家孔門那種學問，而伍先生在此學的貢獻則有足以補宋儒明儒之所未及者。」[4]另梁漱溟1980年接受（美）艾愷訪問時，提及對自己生活及思想影響最大的友人：一是林宰平、一是伍庸伯，尤其推崇後者的腳踏實地，學問工夫篤實，為一醇正儒家，因此梁以替伍弘揚其學問為己任。[5]由此觀來，伍庸伯既是梁漱溟的妻舅，更是良朋、益友兼導師，伍純正的儒家治學方向與涵養，為梁漱溟所深心景仰並效習。

二、熊十力的交游景況

透過《十力語要》《十力與要初續》中相與論學者之夥，得窺交游概況，以《十力語要》為例，其間所輯相與論學而知其名姓者如：張季同、張申府、敖均生、湯錫予、雲頌天、謝石麟、賴振聲、燕大明、王維誠、張東蓀、李華德、高礀莊、鄧念觀、袁道沖、薛星奎、劉公純、韓裕文、周開慶、朱進之、滿莘畬、唐君毅、馬格里尼、劉樹鵬、李景賢、張德鈞、賀昌群、劉冰若、任繼愈、鄧子琴、牟宗三、張默生、薛偉猷、蒙文通、梅居士、謝幼偉、周通旦、陳亞三、張君勱、謝子厚、沈有鼎、胡世華、林同濟、陳從之、謝隨知、陶闓士、江易鑄、賀自昭、孫穎川、李四光、曹慕樊、黎滌玄、劉晦九、王準、高贊非、林宰平、梁漱溟、嚴立三、彭雲谷、梁任公、陳真如、張俶知、馬乾符、張立民、黃存之、王平叔、黃艮庸、郝心亮、李敬持、高佩經、宋莘耕、張諟言、文德揚、胡炯、余越園、胡展堂、韓侔生，等近百人。此外，

4　〈伍庸伯先生傳略〉，《禮記大學篇伍嚴兩家解說》，《梁漱溟全集》第四卷，頁175。

5　詳參〈附錄——答：美國學者艾凱先生訪談記錄摘要〉，《梁漱溟全集》第八卷，頁1165。

其書札、文稿所及對象，扣除前述者外，尚有羅志希、胡適、馬一浮、柯莘麓、王星賢、龔海雛、王守素、黃本初、葉石蓀、朱孟實、呂澂、張北海、柯樹平、徐復觀、王孟蓀、丁實存、盧南喬、黃焯、張其昀、王世高、頌喬、陳雪屏、唐至中、陶子欽、殷海光、程兆熊、張丕介、錢穆、萬幼璞、胡秋原、劉靜窗、劉述周、陰法魯、柯家驊、徐令宣、胡蓮蕉、王致中、董必武、賈亦斌、譚吟瑞、張清和、高秀屏、劉任先、劉震先、沈德純等。[6]除友人、時賢、門生外，亦有政界乃至海外人士，其交游觸角深廣，由是可見。至於其人生各階段的交友對象、往來動態，透過今人郭齊勇相關作品亦得略窺梗概。[7]

上述熊十力的交游群體中，姑擇林宰平（志鈞，1878-1960）與熊之交誼簡介：中學思想傾向王陽明心即理，西學則博攝兼收，並於佛學頗有研究的林宰平，僅有文學作品《北雲集》傳世。雖無系統哲學著作存世，但任教北大期間，與熊十力問學析疑，最是相契。熊十力與林宰平締為談學之友，係透過梁漱溟引介，其後熊十力與梁任公晤談，居北海快雪堂松坡圖書館讀書等，均由林宰平熱心代為安排。熊、梁、林互動頻密與交篤景況，得由熊十力書札中專致梁漱溟函，而函間亦語及林；或專致林宰平函，而函間亦語及梁；或發一信函而同屬梁林二人而窺其概要。[8]素來眼界極高的熊十力，曾發語道：「人須要立志，志不立起，百事沒辦法。吾在三十以前與世俗人亦無大異，三十以後乃發真心。這一念之

---

[6] 詳參〈作者生前已發表過的論文書札〉及〈作者生前未發表過的書札文稿〉，《熊十力全集》第八卷，頁1-896。

[7] 詳參郭齊勇：〈與群賢切磋學術〉，《熊十力與中國傳統文化》，頁22-29。郭齊勇：《天地間一個讀書人——熊十力傳》。

[8] 例舉之如〈與梁漱溟〉函二封，《書札文稿》，《熊十力全集》第八卷，頁653、758；〈與林宰平〉函二封，《書札文稿》，《熊十力全集》第八卷，頁717、757；〈與梁漱溟、林宰平〉函三封，《書札文稿》，《熊十力全集》第八卷，頁761-762、764-765、769-772。

真，其力量真不可思議。直令人澈頭澈尾改換一副面目，與前者判若兩人。這境界、這意味，吾雖道得起勁，汝等實不知吾昔嘗為梁漱溟、林宰平兩先生道之，他們兩人便知道這意味。」[9]除道出立志發心的神奇力量外，亦呈現三友間勝於常人的貼契與共鳴。若單就林宰平其人其詩，熊十力則評曰：「兄之詩應當作，清幽之思致，純潔之性行，皆於詩中表現得分明。比之孟浩然，吾兄似遠過之矣。太白尊敬浩然，而不甚尊杜公，獨惜今無太白能識北雲耳。……宰兄一生德行無纖毫損所從來，此足為宰兄欣慰。」[10]詩勝孟浩然，德無纖毫損，此是熊十力對宰平老友發出的衷心禮讚。

另林宰平七十壽誕時，熊十力曾為文祝嘏，文間除推崇林之行誼與學問外外，並憶述昔日密切交游狀況及林宰平對他學術內涵的準確了解：

> 宰平行誼，居夷惠之間，和不流，清不隘，夷惠未之逮也。宰平學問，方面極寬，博聞而尊疑，精思而喜攻難。二十年前，余與宰平及梁漱溟同寓舊京，無有睽違三日不相晤者。每晤，宰平輒詰難橫生，余亦縱橫酬對，時或嘯聲出戶外。漱溟默然寡言，間解紛難，片言扼要。余嘗橫論古今述作，得失之判，確乎其嚴。宰平戲謂曰：老熊眼在天上。余亦戲曰：我有法眼，一切如量。……余與宰平交最篤。知宰平者，宜無過於余；知余者，宜無過於宰平。世或疑余為浮屠氏之徒，唯宰平知余究心佛法而實迥異趣寂之學也；或疑余為理學家，唯宰平知余敬事宋明諸老先生而實不取其拘礙也；或疑余簡脫似老莊，唯宰平知余平生未有變化氣質之功。……宰平常戒余混亂，謂余每習氣橫發而不自檢也。世

9　〈熊逸翁先生語〉，《書札文稿》，《熊十力全集》第八卷，頁389。
10　〈與梁漱溟、林宰平〉，《書札文稿》，《熊十力全集》第八卷，頁771-772。

或目我以儒家，唯宰平知余宗主在儒而所資者博也；世或疑余《新論》外釋而內儒，唯宰平知《新論》自成體系，入乎眾家，出乎眾家，圓融無礙也。[11]

一席語言除生動道出三人的交絡景象，亦處處透顯著知己近觀遠鑑的智慧觀照。「老熊眼在天上」確實道出熊十力為學的自信與霸氣。出入眾家，自成一體，熊十力的圓融與無礙，老友知之最深。再者《新論》文言本得以順利成書，林宰平亦有問詰助益之功，熊曾稱：「余於斯學，許多重大問題，常由友人閩侯林宰平志鈞時相攻詰，使余不得輕忽放過。其益我為不淺矣！」[12]可見友人的問學候教，確是熊十力學術思想臻向圓熟的一大推手。1960年林宰平故去之際，熊十力以輓聯「德備清和，先生既聖；學究天人，當世幾人」，再度表達對其人其學的至高尊崇。

三、馬一浮的交誼概觀

與馬一浮交互往來者，透過《馬一浮集》第二冊之《書札》，可略窺梗概。此中往來之親戚師友如魯同、沈尨民、何稚逸、謝無量、邵廉存、田程、田毅侯、許季上、洪允祥、王鍾麒、陳獨秀、葉左文、陶吉生、湯壽潛、陸輔平、蔡元培、沈上道、馬敘倫、曹赤霞、李叔同、宗白華、陳大齊、王子餘、熊十力、豐子愷、竺可楨、陳立夫、劉百閔、賀昌群、孔祥熙、張君勱、謝子厚、梅光迪、張其昀、沈敬仲、屈映光、梁漱溟、蒙文通、朱光潛、鍾泰、于斌、蔣介石、王輔丞、嚴立三、袁道沖、沈尹默、陳毅、蘇淵雷、夏承燾、丁輔之等。至於學生晚輩則有彭味辛、烏以風、雲

---

[11] 〈紀念北京大學五十年並為林宰平祝嘏〉，《十力語要初續》，《熊十力全集》第五卷，頁27-28。

[12] 〈緒言〉，《新唯識論》文言文本，《熊十力全集》第二卷，頁9。

頌天、張立民、李笑春、王培德、袁心粲、蕭仲劼、吳敬生、壽毅成、王紫東、徐廣陶、劉克生、許息卿、陳啟明、張國銓、金景芳、壽勉成、李春坪、周伯銘、張聿聲、龔海雛、謝振民、熊伯楚、張善述、張德鈞、李淨生、王心湛、王準、薛正清、孫國輔、劉錫嘏、林鏡平、馬鏡泉、劉世南等。[13] 又知友摯交多以類從，如以詩相會之友有謝無量、馬君武、周孝懷、陳獨秀、賀昌羣、張真如、程千帆、王靜伯、蘇淵雷等；以詞切磋之友有沈尹默、夏承燾；講論易學者如曹子起、彭遜之；研探佛經者如鄭伯誠、李叔同、龔松生；論議哲學者如熊十力、梁漱溟；與言歷史者如葉左文；以藝術、美學論交者如朱光潛、豐子愷；論樂之友如張味真；熟擅西方文學之友如梅迪生、蘇曼殊；方外之友如慧明、萬慧、廣洽住持；另有中醫舊交如王邈達、王仲奇、葉熙春等。至於弟子亦各階段散布：如抗戰前接納者有袁心燦、王培德、烏以風、壽毅成、張立民、雲頌天、劉錫嘏等；浙大講學時期者如王駕吾；復性書院時期有金景芳、吳林伯、張德鈞、王敬身、王紫東等；解放後所納者有蔣蘇庵、龔慈受等。[14]

上述馬一浮的交游群體中，茲擇**謝無量**（1884-1964）與其交誼簡述之：治學謹嚴、文采燦然、學識淵博，唯生活放縱、不喜拘束的謝無量，與馬一浮同樣為傳統文化的研究先驅，於詩詞、書法、文史研究、文物鑑賞等領域均學有專精、成就斐然，現存著作有《中國大文學史》《中國婦女文學史》《古代政治思想研究》《朱子學派》等廿餘種，另有豐富詩作。至於書法則超逸不凡、自樹一格，其結體聽其自然、不受拘束，運筆如行雲流水，天趣盎然，被譽為歸真返璞的孩兒體。謝無量與馬一浮乃總角之交，謝早年即受業於馬之岳丈湯壽潛，馬謝二人於未冠前，即因談詩而相識訂交，

---

[13] 詳參《書札》，《馬一浮集》第二冊，頁345-1049。
[14] 詳參馬鏡泉：《馬一浮評傳》，頁59-68；畢養賽主編：《中國當代理學大師馬一浮》，頁140-143。

後共研學術，同赴上海習外文，創辦《二十世紀翻譯世界》，其後謝赴日求學、馬赴美留學，馬於此曾書「天南一星光萬丈，我所思兮謝無量」詩句憶友，每至書肆，觀得好書，亦必購贈摯友。其後馬回國，未久再次東渡日本與謝共學，1905年後二人回國，共隱居於鎮江焦山與杭州西湖，一面讀書，一面從事翻譯與著述。1916年蔡元培欲聘馬任教北大，馬辭任並舉謝代，謂其「淹貫眾學，理無不融，浮不能及。先生若為諸生擇師，此其人也。」[15]抗戰期間，兩人均在四川，一住樂山，一居成都，時有信函通達、詩作唱和。1942至1945年，馬詩作尤盛，每成，屢寄謝無量，及至晚年亦時相關懷。

　　平生莊嚴溫厚、清冷高潔的馬一浮，遇上瀟灑放浪、不拘小節的謝無量，卻仍能水乳相融、惺惺相惜。透過《避寇集》中的謝序：「僕於湛翁把臂服膺始於童冠，忘形悅義垂老彌篤，誠如盧生之於伯玉，四海之內，一人而已。」[16]得見謝確引馬為契交，至於馬亦曾抒「共抱蟬蛻塵埃之志，老而不改」，及喻以「史遷爽然於屈賈，晦翁託慕於《參同》」的知音之言。[17]又曾以「平生所遇友朋之間，天才之高，莫能先之。」[18]讚譽友人的才氣，尤其對謝超妙自然、空靈動蕩的詩作，直以殆無匹儔譽之。由《馬一浮集》第二冊所錄致謝無量信箋111封，及第三冊《蠲戲齋詩前集》《避寇集》《蠲戲齋詩編年集》等大量致友詩歌，均顯見二人交誼篤厚，彼此互為解人。

15 〈蔡元培〉，《書札》，《馬一浮集》第二冊，頁453。
16 〈避寇集序〉，《避寇集》，《馬一浮集》第三冊，頁59。
17 《避寇集》，《馬一浮集》第三冊，頁105。
18 〈師友篇〉，《語錄類編》，《馬一浮集》第三冊，頁1086。

四、交織互錯的學術群體

　　透過前述，得略窺各人交友或師弟往來梗概，梁、熊、馬間互為知己，而三人間又各有人際網路，各有知交契友，如梁漱溟之崇仰於伍庸伯、熊十力之熟譜於林宰平、馬一浮之貼交於謝無量。倘**交會以觀**，則彼此間或熟或疏，如熊十力固與林宰平深交，然梁漱溟與林宰平亦為交篤舊識，二者初識於1917年，其時梁漱溟正任職司法部，林因偶閱梁之〈究元決疑論〉，遂囑部中參事居間致意介紹，持以虛懷、主動請益。1918年梁漱溟受聘北大，因講授佛家唯識學，並有《印度哲學概論》一書出版，而林宰平亦時默坐澄心、留意佛典，兩人益契。至於梁漱溟之交識梁任公，則係1910年林宰平引梁任公、林百里偕訪，再者梁得識伍庸伯，乃至結為姻婭，亦因林宰平之故。而透過梁漱溟引介，熊十力與林宰平亦成談學之友，寓京時三人往來不輟，熊林侃侃縱橫、唇槍舌戰，梁則偶發片言，生命氣象大不同，略如前述。「先生平素關心國事時局者極切摯，既與彼時組織政黨活動的梁任公一派系人物相熟稔，卻謝不參加。然先生雖立身高潔不可企及而世人唯覺其態度和藹可親，曾不察覺其衷懷之嚴肅。」[19]梁漱溟筆下的林宰平形象，可謂學政分明、有為有守、內嚴外和、分寸切宜。也因此亦博得梁任公敬重與信任，辭世前囑身後著作、手稿，全委林審定出版。梁漱溟除撰專文懷念林宰平，日記中時見關乎熊、林記事外，1980年梁漱溟接受艾凱專訪，亦例舉影響自己最深之二位友人，其一是伍庸伯，其二則林宰平，「林先生是我很佩服的，思想上，乃至為人都是我尊敬、很佩服的」、「林先生這個人人品最高了」、「他長於我十四歲，其人品之可欽敬，其學識之可佩服，為我一生所

---

[19] 〈懷念林宰平先生〉，《散篇論述》，《梁漱溟全集》第七卷，頁570。

僅見。」[20]透過梁漱溟的白描，直接表述了對林的欽服。另梁漱溟1961完成的議熊作品〈讀熊著各書書後〉，雖有馬一浮和鳴之，然「所最缺憾者即不及奉此文以請教於林先生」，[21]凡此亦具現林老在梁漱溟心中的特出地位。至於梁漱溟推崇的伍庸伯，透過梁的引介，伍庸伯與熊十力亦成為談學之友，《十力語要》中並載及偕遊赤壁事，然究以兩家為學路數迥異，因此卒難彼此請益。又馬一浮熟識的謝無量，以熊、梁專以研究哲學文化為軸，少涉詩詞，因此少有互動往來。

雖然如此，然倘就三**聖兩兩會觀**，亦見其同儕或師弟多有雷同，以梁、熊為例：二者生平時相過從，既曾同住共學、亦曾同往辦學，因此其所交結之友人或從學之門牆，亦輾轉牽繫、多見重疊。此由梁漱溟撰作之〈略記當年師友會合之緣〉〈略記當年師友會合之緣〉（續）等二文得見一斑。[22]如張難先、陳真如等原為熊友，經介紹亦成為梁之談學契友；如林宰平、伍庸伯先識梁，後因乃識熊；如黃艮庸、王平叔、陳亞三、李淵庭、張俶知、鍾伯良、劉硯僧、徐名鴻等弟子原先事梁、後亦並同事熊；又如為學懇切的雲頌天，1924年投梁，而《十力語要》中亦屢及之；另隨熊十力多年的高贊非，亦是梁漱溟投身鄉村建設的得力助手；他如馬一浮、林宰平、梁任公、嚴立三、石瑛、陳銘樞、曹慕樊、唐君毅、牟宗三等，均兼識二人，在熊梁之間共相往來的友朋、門生、同僚、舊識可謂多矣！

如就三**聖同時並觀**，亦時有疊出，如熊十力曾長時間由春至秋留置北方，寄居梁宅；冬赴杭州避寒，與馬為伴，又先後至馬、梁所辦書院協辦教育，因此如賀昌群、鍾泰原為馬友，後為熊友；

<hr>

20 〈附錄──答：美國學者艾凱先生訪談記錄摘要〉，《梁漱溟全集》第八卷，頁1164；〈略記當年師友會合之緣〉，《散篇論述》，《梁漱溟全集》第七卷，頁412。
21 〈略記當年師友會合之緣〉，《散篇論述》，《梁漱溟全集》第七卷，頁412。
22 《散篇論述》，《梁漱溟全集》第七卷，頁410-422。

張立民原為熊之弟子，後為馬之助手；雲頌天、劉公純、李笑春原為熊弟子，後為梁、馬弟子；王星賢、袁心粲、王伯尹、張德鈞先從馬、後事熊；高贊非、謝石麟、周通旦則並尊三者為師。透過三位主角領軍，自然發展出一種結合生活、學問與道德的文化共同體，在時相問學、彼此扶掖的氛圍下，衍生出現代學術史上的一段佳話。

第五章
結語

　　同樣身居當代新儒家的開疆健將，梁漱溟、熊十力與馬一浮在時代的因緣際會下所開展而出的交誼，以及伴隨其半世紀交誼衍伸而來的殊多支脈，得提供吾人對三者的學術內涵、周邊的學術同儕、時代的學術氛圍以及後世的學術影響等，進行更細膩的關照與勘察。以上透過四大面向的初步索探，以見其人、其學、其志、其道以及其文化群落梗概，既窺其生命的殊象，亦見其學行的交錯；既見其理念的護持，亦略見其密織的學術網絡。要言之：

　　其一，就個人的生命氣象言：梁漱溟誠懇篤實、自律謹嚴、儉樸耐苦、執事認真、彬彬有禮，謹守六度五戒，又志切中國、栖栖遑遑，其風骨錚錚、無畏強權；熊十力談笑風生、自信不羈、主見極深、霸氣十足、聲勢懾人，不規行矩步、不遮掩矯飾、不沾染習氣、不趨炎附勢；馬一浮則白髯垂胸、學殖深厚、語雅意深、沖和閑靜、幽棲泉林、孜矻好學、才華洋溢。三者間無論性格、為人、處世或治學均各有特色：**專就性格特質**言，梁「既是駱駝，又是獅子，平時誠恕，關鍵時能作獅子之吼」，熊「抉發痛快，動輒罵人」，馬則「含蓄溫存，宅心固厚」；梁外剛內柔，熊耿直乏柔，馬外柔內剛；梁和中有傲，熊氣傲，馬則氣和；熊傾向外放，馬、梁趨於內斂；若梁為狷者，熊相對為狂者，則馬為隱者。就**言詞**言，梁「洗練、準確」，熊「滔滔不絕，無所不言，情感外露」，馬「言辭簡短，意在言外」。就**墨寶**言，梁不善書法，然「筆力遒勁，書面整潔，一絲不苟」，熊順手拈來，「既無天地頭腳，又無左右間隔」，馬為書法大家，「寓沉雄於靜穆之中」。就**政治態度**言，均曾參與反清革命，梁其後仍關懷時政、積極入世，熊由事功

轉入學術，與政治保持距離，馬遠離塵囂、隱逸淡出。就**知識根柢與學術路徑**言，三人都融攝佛學、西學與儒學，而以發皇中學為鵠的。梁內佛外儒，捨佛揚儒，熊先佛後儒、改佛入儒，馬則以佛證儒、融佛入儒；梁通曉英文，熊不諳外語，多藉譯本掌握哲學要義，馬兼擅多國語言；三人均重宋明諸子，梁、熊偏陸王而馬兼重朱子；梁以世界三期說聞名，為文化哲學進行拓荒，熊以樹立體用思想為軸，著力於傳統儒學的理論改造，馬以儒家六藝論為歸，為系統開展儒家現代教育的第一人；梁於儒學重實踐、熊重改鑄、馬重傳承；熊容納百家，批判性最猛，梁其次，馬批判性、創造力較弱。綜言之，則誠如徐復觀所言：「熊先生規模宏大，馬先生義理精純，梁先生踐履篤實」，[1]三人的學術各有專擅，視野各有攝納，生命各具格調，合之則為幕幕殊堪品賞的景致。

其二、就兩兩的學行互動言：先言梁、熊：透過1913年熊十力於《庸言》雜誌發表的〈健庵隨筆〉，以及1916年梁漱溟於《東方雜誌》發表的〈究元決疑論〉為媒介，牽繫出二人半世紀以來或契或離、或志同或道殊的論交過程。熊十力入內學院習佛、執教北大均因緣於梁漱溟；梁漱溟赴山東曹州、赴北碚金剛碑等辦學，熊十力均協助參與；至於透過北京西郊永安觀、什剎海東梅廠胡同、萬壽山大有莊勉仁齋等處的同處共勵、講道論學，因茲增益聞見、精進所學；然而亦有一專注學術、一投身鄉建，各自分屬、不相交涉之時。及至1968年熊十力病逝，兩人和而不同的交誼韻事仍蔚為話題。**次言熊、馬：**自1929年，熊透過《新唯識論》講稿就教於馬，開啟爾後雙方的莫逆交旅，由馬為《新論》文言文本等題籤作序、代撰文章、力邀赴復性書院執教共事、多次贈詩，及現遺多封信函，均朗現馬對知己的高度評譽及倚重；由熊對馬的主動請益，

---

[1] 徐復觀於馬浮：《爾雅臺答問》（台北：廣文書局，1979年3月）代序中所言。另關於三人比較，得參郭齊勇：《天地間一個讀書人——熊十力傳》，頁174-176。

評馬「能百家之奧」等，及對序文回以「再無第二人能序得」，均顯見熊對馬「人不可及、學不可及、詩不可及」的膺服。**再言馬、梁**：與馬、熊如烈酒猛飲、痛快淋漓，內傷難免的論交模式相較，馬、梁的交誼則仿如醇水徐進、持之久長。自梁聞慕訪賢後，即開啟二人疏而不斷、淡而久遠的長時交誼，而「形勞天下，比於禹墨」，是馬對梁的貶評，「千年國粹，一代儒宗」，則道出梁對馬的尊崇。透過三人《全集》中彌足珍貴的第一手資料——或專文、或書信、或隨筆、或論學資料、或專訪、或日記，具體譜寫出三人學行互動的梗概。

　　其三、就彼此的履道堅持言：由於性格特質殊異、治學焦點有別、教育理想不一、履道方向不同，素來交篤的梁、熊、馬三人，面對論題，始終各有堅持、未能密契，甚至互有攻難，**首就梁、熊的學術辯難言**：如梁漱溟則於1961年完成〈熊著選粹〉〈讀熊著各書書後〉二文，先揚後抑，揚次抑主。針對熊十力諸作，尤其是晚期作品《原儒》《體用論》《論六經》等，提出為文疏忽錯失、思路偽差缺欠、發論驚俗駭眾、立場偏側、癖好哲學不事修證、玩弄佛法卻未曾出入其間、宇宙論及本體論失敗等迳直且嚴厲的批判，檢視熊十力的作品中確有殊多主觀而創造性的內容，究為鄙視餖飣考據？秉持六經註我態度？抑或採用公羊加詮釋路徑？撇開眾家說解，單視梁漱溟對老友的直擊，則確乎其嚴。而熊十力則透過1950年的四封專函對梁漱溟《中國文化要義》的中國理性早啟、文化早熟、倫理本位、短於理智，乃至哲學、民主、法治等觀念提出回應、澄清或申駁。**次就熊、馬的辦學歧見言**：西湖論學的志同道合，落於復性書院的辦學實踐卻軌轍不一，馬的辦學宗旨在深明經術、精研義理，培養現代聖賢，熊則扼重於將傳統學術轉化為現代哲學，並培養內聖外王兼具之才；馬的教學內容以六藝為依歸，熊則中學為主、西學為輔；馬重承膺傳統、熊重開鑿新局；馬主取效佛教叢林制度，熊認為寺院寺教育與時代脫節、拘隘難行；馬主張

不授學生資歷、不安排出路，熊主張為學生定資格、謀出路；馬主精英制不欲擴大規模，熊主張充拓書院、網羅多方人才；他如師資延聘，亦各有定見、不相協同。經馬懇摯函邀，熊終來院，然歧見未消，終致分道揚鑣、交誼轉疏，此等履道堅持，繫乎性格與理念的差殊及環境的變異，十年後，繫鈴雖解，景境已遷。

其四、就整體的學術網路言：由梁、熊、馬，綿密複雜的學術交游，得觀三人在彼時學術社群中領袖群倫的特出地位。透過三者《全集》中各式信函、隨筆、日記、雜文、語要等，得彙觀三人交友或從學者梗概，又三者各有知交契友，例舉之，如熊十力與林宰平、梁漱溟與伍庸伯、馬一浮與謝無量，而交錯以觀，亦多互有交涉，如原僅為一方之友朋門生，終成為雙方或三方之摯友弟子者，透過三者領軍，發展出一種結合生活、學問與道德的文化共同體，在時相問學、彼此扶掖的氛圍下，衍生出現代學術史上的一段佳話。雖然二者因個性上語默動靜、傾向不一；學術上是非嚴明、不苟同、不求異；理事上秉持原則、不徇私情；做人則確乎不拔、不為勢移，因此往往意見相左、時有交鋒，然而三者的論交歷程卻又如是悠長綿遠與耐人尋味，若以「結交澹若水，履道直如弦」狀三者之交誼，應屬允切。

下篇

第一章
《梁漱溟全集》之熊、馬記事

一、《梁漱溟全集》中有關熊十力記事

　　《梁漱溟全集》第一卷、第五卷、第六卷中語及熊十力之文章各1篇，第七卷中載及熊十力之專文計5篇，另語及熊十力之文章有5篇。第八卷語及熊十力之短語1處；收〈熊十力〉專函1封；語及熊十力之信函17封；《日記》現存者，由1947至1979三十餘年間，載及與熊十力互動，或與其人其事其作相關者約238處，另附錄〈答：美國學者艾愷先生訪談紀錄摘要〉一文中語及熊十力者3處。茲表列如下：[1]

資料屬性	《梁漱溟全集》卷次	書名・篇名	頁次	時間或補述
論著	第一卷	《究元決疑論》	3-22	1916
論著	第五卷	《散篇論述》〈主編本刊（《村治》）之自白〉	17	1930
論著	第六卷	《散篇論述》〈我的過去〉	70-71	1940
論著	第七卷	《散篇論述》〈五四運動前後的北京大學〉	188	1969
論著	第七卷	《散篇論述》〈今天我們應當如何評價孔子〉	271	1974

---

[1]　此間惟〈熊著選粹〉與〈讀熊著各書書後〉二文，以篇幅甚長，未錄於此。此二文收錄於《梁漱溟全集》第七卷，頁714-733、734-786，得逕參之；另亦見梁漱溟：《憶熊十力先生》（台北：明文書局，1989年12月），頁5-106；再者〈讀熊著各書書後〉一文亦收錄於《熊十力全集》（附卷上），頁715-777。

論著	第七卷	《散篇論述》〈東方學術概觀〉（昔年未完舊稿）	386	1975
專文	**第七卷**	**《散篇論述》〈略記當年師友會合之緣〉**	**410-418**	**1976**
論著	第七卷	《散篇論述》〈憶入北大任教事〉	462	1978
專文	**第七卷**	**《散篇論述》〈補記熊十力先生之為人及彼此交游之往事〉**	**474-477**	**1979**
專文	**第七卷**	**《散篇論述》〈憶熊十力先生〉**	**522-524**	**1983**
論著	第七卷	《散篇論述》〈懷念林宰平先生〉	569-570	1985
專文	**第七卷**	**《勉仁齋讀書錄》〈熊著選粹〉**	**714-733**	**文長未錄**
專文	**第七卷**	**《勉仁齋讀書錄》〈讀熊著各書書後〉**	**734-786**	**文長未錄**
短語	第八卷	《思索領悟輯錄》〈輯錄之四〉	40	
專函	**第八卷**	**《書信》〈致熊十力〉**	**95-96**	**1950後**
信函	第八卷	《書信》〈致陳仲瑜〉	104	1973
信函	第八卷	《書信》〈致陳亞三〉	112	1950
信函	第八卷	《書信》〈致張俶知〉	115-116	1979/05/16
信函	第八卷	《書信》〈致雲頌天〉	128-129	1979/03/31
信函	第八卷	《書信》〈致馬仰乾〉	130-132	1971/01/09
信函	第八卷	《書信》〈致田慕周〉	183	1975/02/02
信函	第八卷	《書信》〈致田慕周〉	183-184	1975/03/02
信函	第八卷	《書信》〈致田慕周〉	187-188	1976/04/19
信函	第八卷	《書信》〈致田慕周〉	195-196	1978/02/11
信函	第八卷	《書信》〈致田慕周〉	205-206	1984/03/25
信函	第八卷	《書信》〈致田慕周〉	206-207	1984/09/13
信函	第八卷	《書信》〈致田慕周〉	209-210	1985/08/03
信函	第八卷	《書信》〈致胡應漢〉	248-249	1984/12/23
信函	第八卷	《書信》〈致胡應漢〉	249-250	1985/12
信函	第八卷	《書信》〈致郭齊勇〉	312	1984/03/11
信函	第八卷	《書信》〈寄鄭毅生表弟〉	317	1930/11/15
信函	第八卷	《書信》〈寄鄭毅生〉	319	1947/10/16
日記	第八卷	《日記》1則	419	1947
日記	第八卷	《日記》1則	426	1949
日記	第八卷	《日記》4則	434-442	1950
日記	第八卷	《日記》5則	459-465	1951
日記	第八卷	《日記》2則	468-469	1952
日記	第八卷	《日記》16則	478-511	1953
日記	第八卷	《日記》22則	516-548	1954
日記	第八卷	《日記》14則	550-612	1956

日記	第八卷	《日記》19則	615-628	1957
日記	第八卷	《日記》113則	639-670	1961
日記	第八卷	《日記》3則	675-676	1962
日記	第八卷	《日記》7則	682-701	1963
日記	第八卷	《日記》6則	703-741	1966
日記	第八卷	《日記》6則	773-777	1967
日記	第八卷	《日記》1則	792	1968
日記	第八卷	《日記》1則	864	1970
日記	第八卷	《日記》3則	944-946	1973
日記	第八卷	《日記》1則	1034	1976
日記	第八卷	《日記》2則	1054	1977
日記	第八卷	《日記》11則	1100-1116	1979
訪談	第八卷	〈附錄〉〈答：美國學者艾凱先生訪談記錄摘要〉	1152-1153	1980/08/14
訪談	第八卷	〈附錄〉〈答：美國學者艾凱先生訪談記錄摘要〉	1155	1980/08/15
訪談	第八卷	〈附錄〉〈答：美國學者艾凱先生訪談記錄摘要〉	1163-1164	1980/08/17

　　以下依表格所列，節錄《梁漱溟全集》中有關熊十力記事如下：[2]

2　此間唯第七卷先擇錄有關熊十力之專文，再節錄與熊十力相關之記事，其餘各卷悉依表列順序呈現。

《梁漱溟全集》中有關熊十力記事

《梁漱溟全集》第一卷

《究元決疑論》（節錄）

……

究元第一　佛學如實論

欲究元者，略有二途：一者性宗，一者相宗。性宗之義，求於西土，唯法蘭西人魯滂博士之為說，仿彿似之。吾舊見其說，曾以佛語為之詮釋。……

決疑第二　佛學方便論

既究元者，則知無有中，幻有世間。所謂忽然念起，因果相續，遷流不住，以至於今。此遷流相續者魯滂所謂變化無休息。……

……向所明如來如實之教，乃至此之遮遣世間百家之義，一法不立，凡小聞之莫不驚怖而失守。以是頗生其違拒之念，如此土凡夫**熊升恆**云：「佛道了盡空無，使人流蕩失守，未能解縛，先自逾閑，其害不可勝言。」不知宇宙本無一法之可安立，彼諸不了義之教，假設種種之法，有漏非真，今日已不厭人心。如所謂「現代思潮不以宗教倫理為目的」者（遠生《想影錄》），正此有漏非真之窮露，而不復為人所信。假使非有我佛宣說了義，而示所依歸，則吾人乃真流蕩失所，莫知所依止耳！歸依云何？出世間是。出世間義立，而後乃無疑無怖，不縱浪淫樂，不成狂易，不取自經，戒律百千，清淨自守。彼世間德行尚不能比擬其萬一，更何逾閑之可得？……（頁3-22）

《梁漱溟全集》第五卷

《散篇論述》

〈主編本刊（《村治》）之自白〉（節錄）

　　……疑悶解決了，主意打定了，我便偕同王平叔、黃艮庸於十六年五月南游。先於上海會到陳真如先生。他特意陪我們到西湖南高峰上住得幾日，為是好談話。記得當時同談的，還有**熊十力**先生，嚴立三先生（嚴重），張難先先生等。我們所懷的意思亦大體表露得一些。隨即南去，到廣州，晤會李任潮先生。……（頁17）

《梁漱溟全集》第六卷

《散篇論述》

〈我的過去〉（節錄）

……我講印度哲學的第二年，又特別添授唯識法相和因明。但我對於唯識法相學沒有多大研究，懂得的不夠。曾用白話文編有一部《唯識述義》，是藉西洋科學哲學的道理來說明唯識的意思。我知道我的解釋一方面能使人對於唯識法相容易明了，而一面也有錯誤的地方。我在印出第一本之後，原本計畫編印第二冊，但後來就沒有編印了，這種學術不能隨便寫，恐怕錯誤我也就沒有繼續寫下去。後來我介紹**熊十力先生**到北大講唯識，**先生**的學問很好。同時我又講授儒家思想的中國哲學，即孔孟之學。這是在民國六年至十三年的時候。在這講儒家思想時，也就放棄了出家的思想。……（頁70-71）

《梁漱溟全集》第七卷

【有關熊十力之專文】

《散篇論述》

〈略記當年師友會合之緣〉（節錄）

〈讀熊著各書書後〉一文寫完輒引起四五十年往事之回憶，因略記當年諸師友會合之緣於此。

我與**熊先生**初不相識，約在民國八年（1919）忽接得其從天津南開中學寄來一明信片。內容大意云：你寫的〈究元決疑論〉，我讀到了；你罵我的那些話卻不錯，希望有機會晤面仔細談談。彼此相交往即由此開端。〈究元決疑論〉是我所寫一篇談佛理的文章（今天看起來實在是亂談一氣），先在民國四年夏季各期的《東方雜誌》上刊出（商務印書館出版），後來又收入《東方文庫》為小冊，我於文中有批評到**熊先生**的幾句話。因先時他在《庸言》（梁任公主編的定期刊物）上發表過札記式的文章，屬名**熊升恆**（此為其本名，字**子貞**），代表宋明儒的思想，有反對佛家之語，所以引起了我對他的批評。他信片所云即指此。

不久他就從天津到了北京，住西四牌樓廣濟寺西院（當時寺僧以餘屋出租給客人住）。彼此一見如故，從此，時相過從談學。他并於離京時，介紹張難先（義痴）先生與我相識，討論當時的新思潮問題，以後彼此亦成了很好的朋友。

次年（1920）我到南京訪歐陽竟無先生於內學院，盤桓經旬。我特向歐陽先生介紹**熊先生**來內學院求學。此時他正在江西德安

鄉間，經我寫信敦促，他即到內學院，問佛學於歐陽先生，一住三年。

熊先生之到北京大學講唯識論，亦是經我介紹的。我在北大哲學系先講授印度哲學，寫有《印度哲學概論》（商務出版），嗣後又添講佛家唯識學，寫有語體文的《唯識述義》，先後出過兩薄冊（京華印書館印行）。第三冊卻未敢付印。蓋自覺對於唯識學不全明白。要講此學，只有請內院的人來講才行。我先勸請呂秋逸（澂）先生來北京任教。他不肯來，大約歐陽先生亦不放他來。於是改邀**熊先生**。**熊先生**之到北大，似在民國十一年冬了。

他此番到京，即來在地安門內吉安所（街道名稱）和我及一些朋友同住。這裡離北京大學不遠。這些朋友亦多是北大同學，且多為北大哲學系的同學，如陳亞三、黃艮庸、朱謙之、王顯珠等。

關於我之到北大哲學系講課，⋯⋯

再回頭來敘述吉安所的事。我到北大，正是「五四」運動前夕，國人接受西洋近代思潮（代表資產階級的）似較以前為深入，而現代思潮（代表無產階級的）則適於此時發端，整個學術界風氣是極其菲薄東方固有學術的。我既傾心東方古人之學，在精神上自感受到一種壓迫，必須在自己思想上求一解決。此即《東西文化及其哲學》一長篇演講的由來。先開講於北大，由同學陳仲瑜（政）筆錄，後講於山東暑期演講會，由同學羅常培（莘田）筆錄。演講中提出再倡中國古人講學之風與近代的社會運動結合為一的主張，所以要聚合一些朋友同志，而當時亦就有人響應我這一號召。除北大三五同學外，還有從四川遠道來投我的王平叔（維徹）、張俶知等。在吉安所租得的房屋，即為這些朋友同住共學之處。這些朋友論年齡均略小於我，而**熊先生**則長於我八歲。他們大都以師稱我，因而亦稱**熊先生**為師。後來凡是從我問學或隨我作事的朋友大都亦算**熊先生**的學生，且往往有結下多年密切相關者。尋其端倪蓋在此時。

熊著各書中多次提到的林宰平先生（〈志鈞〉），亦是因我之介紹而後他們才相識，以至成為數十年交契至好的。我寫〈讀熊著各書書後〉一文既竟，所最感缺憾者即不及奉此文以請教於林先生。林先生逝世迄茲經年矣。他長於我十四歲，其人品之可欽敬，其學識之可佩服，為我一生所僅見。（憶**熊**輓林聯語云：德備清和，先生既聖；學究今古，當世幾人。）然而我之得以親近林先生，卻還由他先有納交之意。他正亦是為看了〈究元決疑論〉，乃囑托余越園（紹宋）致意於我，而後約會見面的，那時是民國五年（1916），越園與我同在司法部任職，固朝夕間易相得見也。

《十力語要》中一次說及偕游赤壁的伍庸伯先生（觀淇），更是因我的關係而來。但伍先生和我的關係，卻又由林先生居間介紹來的。林伍兩先生相熟在先，大約民國八年他托林先生約我相會於林家，向我問佛法。第一次會面談話，殊不投契。然我實心服其人之真切不苟，斷斷不肯放過，屢次訪他，卒成至交。**熊先生**與伍先生因之遂亦成為談學之友。

此外如夏溥齋先生（繼泉）、梅擷雲先生（光羲）亦均是看到我的〈究元決疑論〉而引起納交的。其人皆佛法中所謂大善知識，我從而受益不少。

因《東西文化及其哲學》之演講而引起結交的朋友更多。而關係最深，蹤迹至密，幾於畢生相依者，則為王平叔、黃艮庸、陳亞三。

平叔畢業於四川高師，依中等學校教書為生，而當「五四」運動前後，思想煩悶不得解決，幾於自殺。既得讀《東西文化及其哲學》，決心從游於我。不顧家人生計，辭去教職。路費無所出，則盡賣去其書物。其事至足感人。**熊**書《十力語要》中所見有張俶知、鍾伯良、劉硯僧等姓名，蓋皆平叔在高師同學友好，有動於平叔之風，亦先後北來從我，並同問學**熊先生**者。惜伯良、硯僧故去均早。——似均不足四十歲。而平叔之故（1940年）亦只四十二三

歲而已。平叔在吾儕朋友中最具有主動力，恆能主動幫助人，無論同輩後輩莫不身受其益。回憶我所得朋友的幫助，屈指而計，必首推平叔也。

後生如盧瀚、文德陽并因平叔而接近我。

艮庸、亞三同我的關係皆以北大同學之故而略先於平叔。然北大同學多矣，彼此之接近固自更有緣由。憶「五四」運動後，北京學生界（特別是北大同學間）各種群眾性運動甚多，曾有一種「反宗教同盟」，而「少年中國學會」則發起作討論宗教問題之講演。其時屠正叔（孝實）在北大講授宗教哲學，我則講印度哲學（其內容大抵出於宗教），因而首先被邀；此外則邀請有李石曾等多人。演講場在第三院大講堂（容量最大），愚講演長達三四小時之久，頗涉及人生問題。艮庸坐聽，似深深觸動其衷懷，次日訪我於家。此即彼此結交之始。當時愚所講實為後此《東西文化及其哲學》長篇演講之一部分。

當時與艮庸一同坐聽者尚有葉石蓀（麟），爾後亦多接近往還。葉、黃在彼時青年界中蓋同為傾向無政府主義者。因艮庸而接近我者有其友雲大琦。雲非北大同學，而是當時北京法專學生，在《十力語要》中屢見有雲頌天之名，頌天蓋即大琦之弟。頌天為學懇切為己，師友儕輩無不欽重其人。自1942年遠從廣東海南島北來投我，同學共處數十年，愚自忖受朋友之益，必不能不念及頌天也。

說到亞三，則必先說山東王鴻一先生（朝俊）。觀於鴻一先生之為人，愚往昔有〈悼王鴻一先生〉一文宜參看。以今日眼光看去則其思想正富於人民性，其人正富於革命精神，其內蘊之俠義骨氣直可干雲。然先生於中國古人為己而盡倫之學獨能體會而力行之。清末之革命既為其先驅，對於「五四」運動新思潮之興起復深感興味。顧於深感興味之中，復大有所不安。不安於其菲薄固有學術文化也。恆謂時人之一意歐化或俄化者皆思想上之奴化云。亞三為鴻一先生之得意學生。民國九年亞三在北大聆愚所為《東西文化及其

哲學》之演講，暑假返魯為鴻一先生述之。先生大喜，謂頗能解決其思想上之問題，即來京相晤，並邀愚次年赴濟南講演。《東西文化及其哲學》一書即成於此。其後民十三（1924年）為籌備曲阜大學而先辦曹州中學高中部（預備學生）及重華書院（預備師資），民十八（1929年）出版《村治》月刊，皆由鴻一倡議而愚贊成之，兩人合作。時時居間聯繫並為愚助手者則亞三也。愚在曹州雖不過半年時間（其事當另詳），然其草創頗費一段功夫，聚合一些朋友，且因招收學生而引進一些青年，有自此相從數十年不離者，如武紹文、李淵庭、席朝杰、呂烈卿等是。

熊先生亦當時同赴曹州共事之一人。《十力語要》最初輯錄出於高贊非（佩綸）之手，題曰《尊聞錄》。贊非之從游**熊先生**即始於曹州。先是贊非之父高磵莊先生聞愚辦學曹州，特遣贊非兄弟自郯城來從學。愚審其資質及學歷未令入高中部，而令其專從**熊先生**。贊非既隨**熊先生**多年，磵莊由是亦與**熊先生**時時通信問學而相熟。今《十力語要》所存者不過其書信之一二。其後在鄉村工作中，贊非為愚得力助手之一。

《十力語要》中又見有馬乾符之名，乾符蓋其時曹州高中教員。當時高中教員親近**熊先生**者非止乾符一人，不過未見於《語要》而已。

1924年尾愚一人先離去曹州，乃囑同人繼續維持至次年暑期，滿一學年而後退出（唯亞三仍留於其間）。曹州高中暨重華書院為彼時聚合朋友，引進青年之一緣會。此一緣會既失，**熊先生**仍回北大授課，徐名鴻（艮庸之友）仍回師大附中，馬乾符仍回山西，鍾伯良則經愚介紹至南開中學任教，……其餘大都類是。唯愚及平叔、艮庸等數人益切志於學，不謀職業，則賃屋於十剎海東煤廠以為共學聚處。此處離北大不甚遠，**熊先生**仍同住。曹州新收學生武紹文，呂烈卿等，以平叔之啟發，向學情殷，亦相從不離，雖知此間無畢業文憑可得，不計也。

是年（1925）年尾，平叔、艮庸、名鴻偕同去廣州，旋即隨陳真如（銘樞）參加國民革命軍北伐之役。而愚同**熊先生**摯諸生則於1926年遷居西郊萬壽山大有庄一處大房內（其時尚有西友衛西琴先生同住）。

平叔等三人之去廣州，蓋由於其時廣州李任潮、陳真如、張難先三公迭次來信勸我暨**熊先生**南下（共事革命，勿閉戶講學），而我等則推平叔等先往。關於我與李、陳、張三公結緣緣由，就此簡略一敘：愚之識李，係1920年在伍庸伯先生講學座上，詳愚所為伍先生傳略中。識陳則由1923年夏秋間（**此時熊先生**住緱子胡同我家），陳北來訪我於家。陳在歐陽先生門下學佛，曾與**熊先生**同住南京內學院相熟，從而知我也。識張則由**熊先生**之介紹，已見前。又經愚之介紹而張、伍遂相交好，張亦於伍先生講會上而熟李，李在粵任兩江督辦時，邀張共事；李平定南路後，推荐張出任瓊崖民政廳長。1925年正是大革命前夕，革命空氣緊張熱烈，三公既投身其中，亦以革命大義責我等也。其後1927年愚乃應邀前往（平叔、艮庸偕行），則政治空氣既已大變矣！

熊先生與我有頗長一段時間分手，即在我赴粵以及我在河南、山東從事鄉村工作之十年間（1927-1937），抗日戰爭起後，彼此先後入川復相聚。然愚為抗戰奔走，殊少寧息，除在璧山來鳳驛西壽寺同住一時而外，蓋亦不多見面也。

我兩人間雖不多見面，其時平叔、艮庸、俶知、頌天以及其他諸友正亦籌辦勉仁中學，先則聚於璧山城內或來鳳驛，後則移至北碚，**熊先生**固時時與諸友相依而處，彷彿過去在北京聚處時。我偶得寧息，亦必回至其間，與**熊先生**及諸友盤桓數日也。蓋自1935年8月先室黃靖賢身故，兩兒皆在入學年齡，我自己既難照料，大抵皆依靠諸友為我照顧之。朋友聚處即是我的家。

附識一：艮庸為我二侄女培昭之婿，富眉生（介壽）為我表
　　　　妹張敬孚之婿。兩兒失母後，皆嘗得昭侄、敬孚及
　　　　平叔夫人陳慧卿女士之照料。

附識二：如上所說，1927年我南下到粵即與熊先生長時分
　　　　手，抗戰入川乃始有時會合。此時熊先生思想猶
　　　　未大變，偶爾談學不契，亦不強求同。解放後聚
　　　　首北京者三四年，各自有其所事，殊少深談。及
　　　　至1954年熊先生移住上海之後，其《體用論》、
　　　　《明心篇》、《乾坤衍》各書陸續出版，種種怪論
　　　　乃著見其間，則莫能救失。愚為讀熊著書後一文所
　　　　以未用與熊先生通信論學方式，蓋深知此中是非難
　　　　可與共商榷，只好不出以相示。此或者落於姑息而
　　　　非君子愛人之道乎？抑亦勢所不得不然邪？愚切莫
　　　　能明審之矣。

　　以上為1962年舊稿，今1976年偶得便續寫其他各友關係於另
紙，恐有疏漏不周。年逾八十後，精力漸漸不逮也。（頁410-418）

〈補記熊十力先生之為人及彼此交游之往事〉

　　1962年我曾寫有〈略記當年師友會聚之緣〉一文，既已略及**熊
先生**事，茲回憶往事覺得有更補記一些情況之必要。**先生**原為湖北
黃岡縣人，而家居江西之德安。1919年在北京訂交後他即回德安。
1920年我介紹他入南京支那內學院從歐陽大師治佛家唯識法相之
學。1922年我在北京大學講印度哲學之外，增講唯識之學，先後寫
有《唯識述義》第一、二冊出版（惜第二冊今手中無存）。要進而
寫第三冊，覺得於了解此學尚有未敢自信者，經蔡校長同意訪求明
師於內院。原想延請呂秋逸（瀓）先生北來，而歐陽先生不許可，
乃改請**熊先生**。此時**熊先生**住內院首尾有三年，我意料其當能傳述

歐陽之學，而歐陽則是能祖述古印度此宗之學者。——唐代玄奘游印度那爛陀寺傳來此學，窺基秉承奘師撰《成唯識論》，歐陽則近代嚴謹勤懇地治此學而宏揚之者。

事情出我意料之外，而且與我希望者大相背反。**熊先生**接任北大講席，竟然撰《新唯識論》一書，悍然改造古學，於其間名詞術語且多杜撰。事已至此，我亦無可奈何！（附注：南京內院曾寫出〈破新唯識論〉，**熊先生**又寫有〈破破新唯識論〉。

中國現行學校制度始自清季之摹仿歐美日本，凡所有哲學、自然科學、社會科學諸名堂皆因襲於外國，而固有之儒、釋、道各家之說則均納入哲學範疇，改變生命上的反躬修養功夫而為口耳四寸間的空談戲論，實可哂又可哀之事。

然而當今世界因尚處於人類第一期文化，人生態度以對物為主的時代，中國人正被籠罩在近代西洋風氣下，其勢固宜如是耳。必待最近未來世界轉入社會主義社會，亦即是以人對人為主的時代，從而中國文化乃復興起來，則風氣自當一變也。——中國文化一向特重講求人們相安相處的情誼關係，而人對物（大自然界）的控制利用問題將退居次要，其時學術風尚勢將丕變。蓋古中國文明實為人類第二期文化之早熟者，如我夙昔所指出。

熊先生於民國十一年（1922年）冬應邀北來；其時我正聚合一些北大同學如朱謙之、陳亞三、王顯珠、黃艮庸等及遠從四川北來投我的王維徹（平叔）諸友在景山東街吉安所巷內賃屋同住共學，他抵京便一起同住。1923年他及艮庸等幾人則移至崇文門纓子胡同我家同住；旋移居西郊清華園附近之永安觀內（憶是年有日本東京大地震事）。1924年夏我辭退北大講席赴山東曹州主持重華書院兼第六中學高中部事。**熊先生**又偕同講學其間，收有郯城高贊非等學生。其後《尊聞錄》一書即高生所筆錄者。1925年我們偕諸友退出曹州回京，在什剎海東煤廠賃屋同住一時期。1926年春初我們又一同移居西郊大有庄內一處大宅院（院內最後

一層北房則西友衛西琴居住）。1927年5月我偕同王叔平、黃艮庸去廣州，**熊先生**去杭州借住西湖某寺院，於是分手者數年。然而當我南游時，路經上海，曾偕陳銘樞游西湖，仍與**熊先生**一度晤會作別也。

1929年春初我離粵北上，先在輝縣河南村治學院，後在鄒平山東鄉村建設研究院，致力鄉村運動，奔走四方，不遑寧處，**熊先生**則安居講學著書，為各事其事之時。及至1937年日寇入侵，彼此均退處西蜀，乃又有合併機會。雖有合併機會，然我方團結兩大黨合力抗戰，而致力於民主同盟之組織，除在璧山來鳳驛西壽寺有時聚首一談外，仍極少晤面也。

我既以國事奔忙，或不詳**熊先生**行止，或彼時知道，而今記不得。今可得而言者，則**熊先生**一度應聘於復性書院之事。先是**熊先生**旅居西湖時，馬一浮先生曾為《新唯識論》撰序文，彼此談學相得。其後抗戰期間，馬先生入川，應聘講學，有復性書院之成立，1939年8月**熊先生**亦被邀到院。不意日寇飛機投彈轟炸波及**熊先生**寓居之處，受輕傷，復因與馬先生一時感情不洽，10月間即離去。

此時張俶知、黃艮庸、雲頌天以及其他諸友適在重慶北碚成立勉仁中學，諸友往時固嘗與先生同處而聆受教誨者，**熊先生**亦樂就諸友談學著書。此一講會自不屬中學之事，乃別有勉仁書院之稱。在中學方面諸友之外，當時一同聽講受教者似尚有周通旦、鄧子琴、曹慕樊諸君。——其時中學和書院雖名義上均由我負責，但因我身不在北碚，以上敘述可能有些錯誤。

據王星賢云，**熊先生**1946年8月到五通橋黃海工業化學工業社。此社由孫穎川主持，與**熊先生**談學甚相得，特於社內成立哲學部，請**熊先生**主持其事，**熊先生**意欲擴大規模，而勢不可能。1947年卒亦離去，日期記不清。離去後之行蹤可能是到北碚與艮庸等熟友相聚。——以上敘述不敢確定，姑供參考。

全國解放之前，**熊先生**曾一度應邀居住廣州新造細墟黃艮庸家。解放後，應董老必武之邀北上入京，住西城大乘巷某號。此時有熊仲光隨侍。仲光原姓池，既為**熊先生**義女，從而易姓名熊仲光云。（頁474-477）

〈憶熊十力先生〉

1919年我任北京大學講席時，忽接得**熊先生**從天津南開中學寄來一明信片，略云：你在《東方雜誌》上發表的〈究元決疑論〉一文，我見到了，其中罵我的話卻不錯；希望有機會晤面仔細談談。不久，各學校放暑假，先生到京，借居廣濟寺內，遂得把握快談──此便是彼此結交端始。

事情的緣起，是民國初年梁任公先生主編的《庸言》雜誌某期，刊出**熊先生**寫的札記內有指斥佛家的話。他說佛家談空，使人流蕩失守，而我在《究元決疑論》中則評議古今中外諸了百家，獨推崇佛法，而指名說：此土凡夫**熊升恆**……愚昧無知云云。

因此，見面交談，一入手便是討論佛氏之教，其結果便是我勸他研究佛學，而得他同意首肯。不多日，**熊先生**即出京回德安去了。

1920年（民國九年）暑期我訪問南京支那內學院，向歐陽竟無大師求教，同時即介紹**熊先生**入院求學，**熊先生**的佛學研究由此開端。他便是從江西德安到南京的。附帶說，此次或翌年，我還先後介紹了王恩洋、朱謙之兩人求學內院。朱未久即離去；王則留下深造，大有成就，後此曾名揚海外南洋云。

我入北大開講印度哲學始於1917年，後來增講佛家唯識之學，寫出《唯識述義》第一第二兩小冊。因顧慮自己有無知妄談之處，未敢續出第三冊。夙仰內學院擅講法相唯識之學，徵得蔡校長同意，我特赴內學院要延聘一位講師北來。初意在聘請呂秋逸（澂）君，惜歐陽先生以呂為他最得力助手而不肯放。此時**熊先生**住內學

院約計首尾有三年（1920至1922年），度必飫聞此學，我遂改計邀**熊先生**來北大主講唯識。

豈知我設想者完全錯了！錯在我對**熊先生**缺乏認識。我自己小心謹慎，唯恐講錯了古人學問，乃去聘請內行專家；不料想**熊先生**是才氣縱橫的豪傑，雖從學於內院而思想卻不因襲之。一到北大講課就標出《新唯識論》來，不守故常，恰恰大反乎我的本意。事情到此地步，我束手無計。好在蔡校長從來是兼容並包的，亦就相安下去。

熊先生此時與南京支那內學院通訊中，竟然揭陳他的新論，立刻遭到駁斥。彼此論辯往復頗久，這裡不加敘述。我自審無真知灼見，從來不敢贊一詞。

計從1922年**熊先生**北來後，與從游於我的黃艮庸王平叔等多人，朝夕同處者歷有多年。1924年夏我辭北大，應邀去山東曹州講學，**先生**亦辭北大同往；翌年我偕諸友回京，**先生**也是同回的。居處每有轉移，**先生**與我等均相從不離，其事例不必悉數。然而蹤跡上四十年間雖少有別離，但由於**先生**與我彼此性格不同，雖同一傾心東方古人之學，而在治學談學上卻難契合無間。**先生**著作甚富，每出一書我必先睹。我讀之，曾深深嘆服，摘錄為《熊著選粹》一冊以示後學。但讀後，心有不謂然者復甚多，感受殊不同。於是寫出〈讀熊著各書後〉一文甚長，縷縷陳其所見！

如我所見，**熊先生**精力壯盛時，不少傳世之作。比及暮年則意氣自雄，時有差錯，藐視一切，不惜抵斥昔賢。例如《體用論》、《明心篇》、《乾坤衍》，即其著筆行文的拖拉冗復，不即徵見出思想意識的混亂支離乎。吾在〈書後〉一文中，分別的或致其誠服崇敬，又或指摘之，而慨嘆其荒唐，要皆忠於學術也。學術天下公器，忠於學術即吾所以忠於**先生**。吾不敢有負於四十年交誼也。

1983年4月23日於北京

（頁522-524）

《勉仁齋讀書錄》

〈熊著選粹〉，頁714-733（略）

《勉仁齋讀書錄》

〈讀熊著各書書後〉，頁734-786（略）

《梁漱溟全集》第七卷

【專文外與熊十力有關之記事】

《散篇論述》

〈五四運動前後的北京大學〉（節錄）

（1969年）

　　……我在北大，隨後又開講一門唯識哲學，自己編寫了《唯識述義》三冊，次第付印（今已無存）。對於唯識學，我後來有些不敢自信，建議蔡先生由我去南京支那內學院請人來講。初意打算請呂秋逸先生（澂），未成事實，改請了**熊十力先生**。**熊先生**來到北大，即有《新唯識論》之創作。他卻是勇於自信而不信古人的。1920年我提出「東西文化及其哲學」作了一個月的演講，不在哲學系課程之內。然卻由此在哲學系添講儒家哲學一課。到1924年暑期我自己去山東辦學，辭離北大，計在校共有六個整年。（頁188）

〈今天我們應當如何評價孔子〉（節錄）

（1974年）

　　……為了進行這一評價工作，在方法思路上我將不同於亡友**熊十力先生**（已故政協委員、曾任北大教授）之所為。**熊先生**在解放後著有《原儒》一書（上下兩冊約共三十萬言，1956年中國科學院為之印行，新華書店曾有售）。書中不少援引民主主義社會主義的話，乃至採用馬克思主義觀點的說話，來宏揚孔子的內聖外王之

學，其實完全是失敗的。從「五四」運動「打倒孔家店」以來，思想界一直把中國古學當學術研究資料看待，儒家曾未得到公認共許的價值，而**熊先生**卻一開頭便先肯定下來，全然不顧人家聽不進去，說到臨末人家還是不承認，這怎麼能行？（頁271）

〈東方學術概觀〉（昔年未完舊稿）（節錄）

（1975年）

　　……《老子》有「為學日益，為道日損」之語，友人**熊十力先生**嘗舉以為近代科學與東方古人之學一大分別，亦自不差。（頁386）

〈憶入北大任教事〉（節錄）

（1978年）

　　……附識：……又**熊十力先生**（原名**升恆字子貞**）亦係經我介紹入內院者，其時似在前一年，即民國九年。（頁462）

〈懷念林宰平先生〉（節錄）

（1985年）

　　……

　　（七）《北雲集》有賦贈**子真**南歸詩。**子真**者黃岡**熊君升恆**也。為人豪放健談，亦是經我介紹乃與先生為談學之友者。**熊君**著述甚富，有《原儒》上下卷及《佛家名相通釋》等多種，皆署名**十力**，世人率多稱之曰**熊十力先生**。

　　上文所敘之伍君庸伯亦經我介紹曾與**熊君**晤會交談，然兩家為學路數截然不同，彼此卒難取益。

（八）前曾說先生年長於我十四歲，伍熊二君雖年長於我各六七歲不等，然比於先生仍少六七歲也。……

（九）……然先生雖立高身高潔不可企及而世人唯覺其態度和藹可親，曾不覺察其中衷懷之嚴肅。其後熊十力於先生之逝世，曾為輓聯云：德備清和，先生既聖；學通古今，當世幾人。表達其欽佩之心情。（頁569-570）

《梁漱溟全集》第八卷

《思索領悟輯錄》

古人每言學問只在求個下落；如何是下落去處？曰：當下自身受用得著，便是有下落。若只懸空說去，便是無下落。——此為**熊十力先生**之言，我同意。（頁40）

《書信》

〈致熊十力〉（專函）

力兄如晤：

連得一片兩信，知兄動氣。（苦哉）。弟前信未及陳出此見，一面實是忙碌，欲寫而未成。一面正為　兄年高，怕有所刺激；不謂寥寥一二語竟亦使兄動氣。推想或是宰平先生有信提及我如何、如何邪？若宰平果已提及而　兄今又迫我必須說出，我再不說那就更不好了。今於開會忙中寫信，乞　兄教之。我今問兄：　兄將謂　兄玄想（此詞本出體用之「空」）與般若經「照見五蘊皆空」是一事抑否耶？菩薩照見之空度一切苦厄，　兄玄想之空果曾除得自己身心痛苦否？我以為一則當真證會本體，一則猶在六識緣影之中，遠遠不可相比。然　兄似乎竟把佛家亦看同在作玄想，於是賞之曰奇慧，斥之曰詭辯。當然我不否認佛徒末流（印度論師在內）亦有修證實際不足，而從玄想構思來作幫補者，但總是末流，未可代表佛家；是佛家之所賤，非其所尚。縱然　兄之玄想構思有

勝於此輩，亦何貴？而兄顧高談大覺自居於佛之上，明明還是個凡夫，何能令人心服？弟竊謂　兄於書中對佛家偏處（注：我不覺其偏），若委婉以申其疑問，最合自己身份，而且較之劍拔弩張之凶狠詞句亦更有力量。未知　兄認為如何也。至成物章中有昧於科學常識處似不一其例。弟之科學知識正不多於兄，自不能備舉。蓋事屬科學範圍而以推論出之，猶自己說「這個推論或不至遠離事實」（見原書），豈不難哉！成物一章之失敗在此。匆復不盡。

弟漱溟

注：著者與熊**十力**先生交往數十年，書信往返甚多，現僅此一件因
　　著者自留草底而得以保存。草底上無年月，據著者回憶，似寫
　　於1950年後不久。

（頁95-96）

〈致陳仲瑜〉（節錄）

（1973年）

　　……弟所熟知如谷錫五，如羅莘田，身體都好，皆僅及六十，或未及六十。馬先生少病，亦只八十五。**熊**先生多病竟亦八十四。我自度未必能及九十。然必要的寫作當可基本完成，平生大願基本上可了也。……（頁104）

〈致陳亞三〉（節錄）

（1950年）

　　茲於10日午後抵漢。……聞張難先先生從北京來此，今晚可到，擬即候晤，再行北上，或者亦去武漢大學一看。**熊**師母亦將去看；能否在此，尚不知，餘不盡。

漱又及

（頁112）

〈致張儊知〉（節錄）

（1979年）

儊知老弟：

　　久未通音信，近聞上海追悼**熊先生**會上有弟所致輓詞，頓憶及於弟。我今年八十有七，度弟亦當年近八旬邪！近況如何？盼回信告我。……

漱溟

1979年5月16日

（頁115-116）

〈致雲頌天〉（節錄）

（1979年）

頌天弟如晤：

　　3月26日信收閱。……最近上海方面準備為**熊十力先生**開追悼會昭雪，而熟悉**先生**事情者莫過於我。幼光、世菩、田慕周迭有徵詢，均需一一作復。弟處諒得有通知。我拙於文辭，不能撰作，只托慕周代送花圈而已。……

漱溟再拜

1979年3月31日北京

（頁128-129）

〈致馬仰乾〉（節錄）

（1971年）

仰乾老兄：

　　傾收得七一年元旦　兄回我的信，……

　　　　　　　　　　　　　　　梁漱溟

　　　　　　　　　　　　1971年1月9日

　　兄問及**熊先生**，**熊先生**早故去兩年多了。漱身體精神如常，唯內人多病耳。

　　　　　　　　　　　　　　　（頁130-132）

〈致田慕周〉（節錄）

（1975年）

　　……聞淵庭云，**熊先生**身故之前常念往生咒，又云曾退回政協薪資數次，我不甚信。弟知其詳乎？……

　　　　　　　　　　　　　　　漱溟

　　　　　　　　　　　　　　　2月2日

　　　　　　　　　　　　　　　（頁183）

〈致田慕周〉（節錄）

（1975年）

　　2月28日寄來各信件均收得無誤。信中敘述**熊師**逝世前後情況，讀之感謂良深。幸而先批孔運動而去，否則，其情懷更不知如何也。我則異於是。遭遇不可謂不慘：先曾祖、先祖、先父三代書畫軸冊兩大皮箱盡被焚毀，內人被捶打以致脊背血透內衣，被拉去開鬥爭大會，我未被打而亦罰跪一次。……然我胸次只小小不愉快而已。床鋪沒有了，席地而睡。半個月不能出門買菜，只就所存米糧度日。紅衛兵且占據北屋近二十天之久。然出事在8月24日，9月6日我便操筆為文，寫出《儒佛異同論》一、二、三短篇。心情不失常度。……**熊師**缺乏學養，我更無學養（只在知見上稍勝），殆稟賦之不同也。**熊師**晚年著作如《體用論》《明心篇》《乾坤衍》

皆詆斥佛法，何意乃有誦往生咒之事，頗不可解。我崇信佛法，老而彌篤，卻只誦般若心經，不念往生咒也。匆復不盡。

漱溟
3月2日
（頁183-184）

〈致田慕周〉（節錄）

（1976年）

　　……我從來自己認為負有歷史使命──溝通古今中西學術文化的使命。全國解放後安居北京，各重要著作先後寫成，所餘零星文債一年二年似不難清償，則吾可以去矣。年前艮庸去廣州，因病入醫院，我寫信給他，說他生命力已衰，或將先我而去。我亦不出一二年，至多三年耳。蓋人生壽命畢竟有限。張表方先生八十四歲，鮮特生先生八十四歲，**熊十力先生**八十四歲，馬一浮先生八十五歲……。我雖身體精神俱佳，壽命仍然多少差不離此數。沈衡山、陳叔通二老之壽九十者，非我敢企及者。然是再活幾年一任自然，只估量不遠耳。其主要點即在我使命完畢，可以去矣。……吾自是一「非常人物」，莫以俗人看我也。弟為我盡力不少。此不獨我兩人間的關係。我的著作將為世界文化開新紀元。其期不在遠，不出數十年也。以我自信力之強，詎有所謂消極、積極乎？笑話！笑話！總之一句話：負有使命而來，使命既完，便自去耳。

　　其他不盡。

1976年4月19日
老僧手答
（頁187-188）

〈致田慕周〉（節錄）

（1978年）

　　春節午後一信收閱。因我前寄林宰平先生《北雲集》一冊，引起弟少年時期之回憶，甚有味。我年二十左右亦仰望林公，然與公之交往卻先由公主動。……然**熊十力先生**經我介紹於公，**熊**固有其豁朗之一面，相交甚歡，公輒呼云**"老熊"**。……

漱溟

1978年2月11日

（頁195-196）

〈致田慕周〉（節錄）

（1984年）

慕周弟：

　　……重印**熊先生**著作事，潘兄尚未談及，但江西德安縣志局曾向我詢求，我曾答復一函。近者武漢大學哲學系亦來函向我詢求，我回信請其派人來面談，蓋有非面談不能盡其曲折者。我曾有〈讀熊著各書書後〉一文，十分重要。曾囑一友攜交馬一浮先生閱之，求指教。馬老閱後有回信答復我，甚表同意。此信珍存，以見**熊先生**晚年多失。……

漱溟手復

1984年3月25日

（頁205-206）

〈致田慕周〉（節錄）

（1984年）

……世菩之婦我曾見其人兩次，一次在北京隨**熊先生**來京開會時，一次在上海青雲路他家。……

漱溟手復

注：付郵日戳為1984年9月13日

（頁206-207）

〈致田慕周〉（節錄）

（1985年）

慕周7月15日信中說上海將為**熊先生**紀念徵文我所應持的態度，只宜敘述彼此相交之厚，而於學術見解不同處暗示容後另詳之，甚是，甚是。但我不知道上海何時何地開紀念會。找若為紀念文應如何寄付，抑或即郵寄於　弟轉交邪？希便中復示是幸。……

漱溟

8月3日

（頁209-210）

〈致胡應漢〉（節錄）

（1984年）

一、《紀念時賢文集》事：

1現再寄去衛西琴先生傳略。

……

4寫有〈略記當年師友會合之緣〉一文，約七千字。其中記有**熊十力**、王平叔、陳亞三、黃艮庸、林宰平、雲頌天、王鴻一、羅

膺中、王星賢、朱謙之、張雲川、梁仲華諸位。可作為此書附錄。
待抄寫後寄去。

　　5 此書是否可名為《回憶昔日師友》。

……

漱溟白

1984年12月23日

（頁248-249）

〈致胡應漢〉（節錄）

（1985年）

　　一、〈略記當年師友會合之緣〉及其續文，隨信寄去。

……

梁漱溟印

注：寄達日戳為1985年12月11日

（頁249-250）

〈致郭齊勇〉

（1984年）

　　來函閱悉。**熊先生**著籍黃岡，而家居江西德安。德安修縣志，將為**熊先生**立傳，曾向我徵詢**熊先生**的生平事迹，我具以所知奉答。自己有無存稿卻因年老記不得了。此外我曾寫有〈讀熊著各書書後〉一文，又《熊著選粹》一冊。如承足下來京面談，自當奉舉以請教也。專此敬復　郭齊勇同志

梁漱溟手啟

1984年3月11日於北京

注：郭齊勇，武漢大學哲學系青年教師。信中所說曾以熊先生生平
　　事迹答德安縣，指〈憶熊十力先生〉一文（見全集卷七）。

（頁312）

〈寄鄭毅生表弟〉（節錄）

（1930年）

毅弟左右：

　　惠函收到。銓敘問題真如對張說話恐無益。張公脾氣最大，
不可使在位有力者與之說話。與之說話有效者莫若**子真先生**；得**熊
先生**一言非常快當，但對**熊先生**亦不宜由我寫信。弟揣度有此必要
時，徑到西湖廣化寺一訪之可也。……

兄漱再拜
11月15日
（頁317）

〈寄鄭毅生〉

（1947年）

毅弟如晤：

　　我因二小兒培恕借**熊先生**錢交學費，特囑一滬友，兌八十萬
還**熊先生**。兌款由弟收轉。今聞**熊先生**有離平之說，乞弟收到時即
交付小兒輩（寬或恕）手收為幸，不必退轉。以省往返之勞。餘不
盡。即問
秋安！

漱溟再拜
10月16日
（頁319）

《日記》

1947年

2月　十力先生自五通橋來勉仁，小住匝月。某次談話，**先生**
語我云：「發願」與「見體」是吾人一生最要緊的事。
愚當下甚有警省。吾人一生若於此二者皆無有，則只有
下墜，一生不如一生。因而時時念及之，不能忘。（頁
419）

1949年

9月9日　得**十力先生**信。（頁426）

1950年

7月2日　譚、郭、陳伯君、**十力**來。（頁434）
7月31日　答**十力**論《中國文化要義》未完。（頁436）
9月23日　訪**熊十力**，談曾子傳、孟子、漢初公羊傳等問題。
（頁439）
11月5日　入城，訪**熊**。（頁442）

1951年

9月8日　午後入城飯於郭家。座有**熊**、張、彭、張等。（頁459）
10月6日　閱**熊**著《論六經》。（頁460）
11月23日　訪**熊**先生，談不少。（462）
12月6日　訪林宰翁遇**熊先生**。（頁463）

3月31日	午夜醒來，思索反復，不能自已，覺悟必從伍先生所指示功夫入手行之。因憶及「省身如不及，修辭立其誠」之聯語。又憶及**熊先生**往年語我以「發願」、「見體」為兩大事；實則發願正應當在這裡發願，見體亦應當在這裡見體，外此皆不切。頗動念拜伍先生為師。（頁465）

1952年

1月31日	囑艮庸看伍先生、**熊先生**。與**熊**同會於林先生家。（頁468）
2月12日	入城到嘉興寺為伍先生送葬。寺中晤任潮、宰平、**十力**、亞三、淵庭等。（頁469）

1953年

2月18日	又**熊先生**轉來朱某一信。（頁478）
2月19日	答**熊先生**信。（頁478）
2月26日	午後**熊**幼光持其父書來，為作證明一函。（頁479）
2月27日	**熊先生**散步到此。（頁479）
5月8日	鍾永寧持鄭、陳、**熊**各信來見。（頁487）
5月12日	到**熊先生**處，歸途一同散步到後海盡頭。（頁487）
8月19日	收**熊先生**信論理智理性問題。（頁498）
8月21日	答**熊先生**信。（頁498）
8月24日	收**熊先生**信。（頁499）
8月28日	送鄭念觀5萬元，托艮庸交**熊先生**。（頁499）
9月28日	遇**熊先生**即步至銀碇橋而回。（頁502）
10月30日	艮庸送來**熊先生**信。頭微不爽，安裝冬爐。閱**熊**《新唯識論》最近版本，頗覺不能佩服。（頁506）

10月24日	恕兒來，午後同恕等散步至後海，遇**熊先生**。划船於後海，又去**熊先生**處。（頁545）
11月24日	收**熊先生**論呂秋逸著作一信。（頁548）

1956年

4月12日	閱**熊**著《新唯識論》。（頁550）
4月16日	閱《新唯識論》，有可取處。（頁550）
4月29日	閱**熊**著《摧惑顯宗論》，感慨甚多。（頁553）
7月9日	收**熊先生**信，言移居甚滿意。（頁577）
7月10日	發**熊先生**及蔣竹老各一信片。（頁577）
7月23日	收**熊先生**一信。（頁579）
7月26日	發上海**熊先生**、張三姨各信。（頁580）
9月20日	寫答**熊**信交菜攜回城付郵。（頁592）
9月30日	訪林宰翁不值，取來**熊**著《原儒》下冊。（頁594）
10月1日	翻閱**熊**著《原儒》下卷，不滿足之至。（頁595）
11月3日	遇林宰翁、李一平，聞**熊先生**移回家中，且有來京消息。（頁602）
11月20日	收**熊先生**片信。（頁605）
11月21日	以**熊**信片、我答片付艮庸轉亞三閱。（頁605）
12月23日	展閱李逸、**熊先生**、徐桂昌各信。（頁612）

1957年

1月9日	九時張雲川來談**熊先生**生活改善及其他。（頁615）
1月10日	寫致**熊先生**信。（頁615）
1月11日	補充**熊**信發去。（頁615）
1月16日	收**熊先生**長信，囑轉徐昌玉擬加周助。（頁616）
1月17日	收**熊先生**一信片，答一信片。（頁616）

1月19日　**熊先生**長信分交艮、淵□□攜去。（頁617）

1月23日　收徐昌玉信、上海張三姨信、昆明何□堯信，又**熊先生**一信片。當以昌玉信寄**熊先生**。（頁617-618）

1月26日　收**熊先生**（劉代）信片。（頁618）

2月18日　晚十時看艮庸，聞**熊先生**新補政協委員。（頁622）

2月23日　□朋友舊信（平叔、康濟、雪峰、**熊先生**等）。（頁623）

2月24日　收**熊先生**轉囑馬一浮先生信。從其信中知其遣去劉功純，實非善策佳兆。（頁623-624）

2月25日　晚飯後到前門□□訪馬浮老（交去**熊**信）黃省三。（頁624）

2月26日　發**熊先生**一信，勸其召回劉功純。（頁624）

3月2日　收**熊先生**信片，拒絕劉功純再回。（頁625）

3月7日　以**熊先生**信轉董。（頁625）

3月13日　艮庸送來**熊先生**信及《參考消息》（五天的）。（頁627）

3月15日　收**熊先生**寄來轉董信二件。（頁627）

3月16日　轉去**熊**信三件於董。（頁627）

3月19日　收**熊先生**一信片。（頁628）

1961年

3月16日　收王星賢轉來**熊先生**的4件信，囑轉同人看。（頁639）

3月17日　又寫答**熊先生**一信發去。（頁639）

3月18日　收**熊**仲光信及轉來**熊先生**信。（頁639）

3月27日　開始閱**熊**著《原儒》，有意寫〈讀**熊**著各書書後〉一文。（頁641）

3月28日　閱**熊**著《原儒》緒言及原學統各篇，問題殊多，嘆息無已。（頁641）

3月29日　閱**熊**著上冊〈原外王〉等篇完，甚惜其書之糟。（頁641）

3月31日　閱**熊**著《原儒》卷下。（頁641）

4月1日　閱《原儒》。（頁641）

4月3日　繼閱《原儒》附錄。（頁642）

4月4日　閱**熊**著《體用論》等各書。（頁642）

4月5日　閱**熊**著各書。……淵庭送來月薪，及**熊**著《讀經示要》。（頁642）

4月6日　閱**熊**著《讀經示要》。……八時去北海習拳，艮庸、大中先後到，淵庭最末來，送到《新唯識論》一本。……晚飯後閱**熊**著及《參考意見》（頁642）

4月7日　閱**熊**著摘取其有用者。（頁642）

4月8日　閱**熊**著《讀經示要》。……午飯後大中送來**熊**著《論六經》一本。（頁642）

4月9日　**熊**仲光來，送到《新唯識論》語體文本及《讀經示要》三冊（南京印），又留紙索書。（頁643）

4月10日　閱《讀經示要》完，又閱《論六經》亦完，但尚待摘取其間語句。……又收星賢一信附**熊**著書目，當答一信片，索借其《語要》等二種。（頁643）

4月11日　閱《體用論》至71頁。（頁643）

4月12日　閱《體用論》。（頁643）

4月13日　十一時回家午飯，小休息去政協看**熊**著《體用論》並摘記，購水果，用晚飯。去訪王星賢取來《十力語要》及歷史講話等一大包。（頁643）

4月14日　閱《十力語要》加以摘取。……又富順壽信言慕周病及**熊先生**回青雲路。（頁643-644）

4月17日　閱《體用論》加以摘取完。（頁644）

4月20日　十一時回家。閱《十力語要》。（頁645）

4月21日　閱《十力語要》。（頁645）

4月23日　閱《十力語要》卷三。（頁645）

4月24日　閱《新唯識論》文言本，觸發有悟，語體文本頗有改變於舊。（頁645）

4月26日　閱《新唯識論》（文言本）（頁645）

4月28日　寫〈**熊**著書後〉一稿。（頁646）

5月3日　熊仲光來取去其對聯，與我談同**熊先生**相交因緣。（頁647）

5月4日　閱《語要》及《參考消息》。（頁647）

5月5日　閱《語要》有可取處（頁647）

5月6日　晚飯後再閱《語要》，思索如何寫法。（頁647）

5月7日　午飯後閱《語要》作札記。（頁647）

5月8日　閱《語要》作札記。（頁647）

5月10日　為《語要》卷三加簽。（頁648）

5月12日　閱《示要》卷二摘記。（頁648）

5月13日　閱《示要》卷三。（頁648）

5月14日　閱**熊**著各書。（頁648）

5月15日　翻閱《示要》《語要》各書。（頁648）

5月16日　發**熊先生**及王煥武各一信。（頁648）

5月23日　六時去北海習拳，淵、艮、亞三人到，談我寫評**熊**著稿，適有**熊先生**新來一信傳閱。……收**熊先生**答我七言絕句信。訪艮庸付以**熊**信。（頁649）

5月26日　到故宮前習拳，以**熊先生**及羅爾莊各信付郵。……晚飯後翻查**熊**著覓材料。（頁650）

5月28日　五時艮庸、仲光、大中先後來。仲光交到**熊先生**極長信論其新舊各著。發**熊先生**一信片。（頁650）

5月30日　收**熊先生**一信片。（頁650）

6月1日　收馬仰乾信，約今早八時會於五龍亭，計其來到，我恰走了，並附來他致**熊先生**信，甚長。……六時回家晚飯。以**熊先生**信片付艮庸閱。（頁651）

6月2日　淵取去**熊先生**長信。（頁651）

6月4日　八時馬、陳、黃、李四人來，傳閱各信，泛談**熊先生**各書及愚近寫之文。（頁651）

6月7日　午飯後去訪艮庸取閱《參考消息》及**熊**著《乾坤衍》，閱之甚久，大致如其舊著耳。（頁651）

6月22日　大約在**熊先生**胸中確有其灼然的然（？）見到處，故其著作屬文時見有直書胸臆，從主觀演繹下來，對於一些根本問題斷言其如何如何，出語精闢，令人驚服。（頁654）

7月5日　開始選取**熊**著。（頁656）

7月6日　選錄**熊**著。（頁656）

7月7日　閱**熊**著，選抄之。（頁656）

7月8日　選抄**熊**著。（頁656）

7月9日　抄選**熊**著。七時半早餐後小睡，再抄稿。十二時午飯後小睡，睡起再抄**熊**著，引起反省自問自勘，真志未立也。（頁656）

7月10日　抄**熊**著未得其當，又刪之。（頁656）

7月11日　思索抄選問題。補完昨日家信，發郵。抄**熊**著不多。（頁656）

7月18日　六時抄稿一段。（頁657）

7月19日　將所抄**熊**著各書排次序，即此為止。（頁657）

7月21日　寫發**熊先生**一信。（頁657）

8月10日　到北海與大中、亞三、淵庭相會；亞交來**熊先生**信。（頁659）

8月12日　就《十力語要》初讀選錄一段。（頁659）

8月16日　又收仲光轉來**熊先生**信一件。（頁660）

8月29日　看**熊**著《明心篇》，思索寫稿。（頁661）

9月1日　午後看**熊**著思寫稿，未敢下筆。（頁661）

9月2日	收亞轉來**熊先生**信，八時回家。艮庸將上半年**熊先生**萬言長信交來。（頁661）
9月4日	晴。早起寫稿，……寫發**熊**信，寄還其長信。（頁661）
9月5日	寄還**熊**長信。（頁661）
9月7日	八時到北海習拳，回家午飯，小睡，寫稿。（頁661）
9月8日	午飯後寫稿。（頁661）
9月12日	思索未能寫稿。（頁662）
9月13日	晴。寫稿，改稿。收**熊先生**、頌華各信片分別答之。（頁662）
9月15日	早寫稿。（頁662）
9月18日	寫稿。（頁662）
9月22日	對稿思索，難於下筆。（頁662）
9月23日	早起改稿。（頁662）
9月24日	八時回家，寫稿。（頁662）
9月25日	早起決定毀稿改寫（自29頁）。……十時回家改稿（頁663）
9月26日	思索改稿不得其路。（頁663）
9月27日	早四時起改稿。……午後再改稿。（頁663）
9月29日	早到北海習拳，回家改稿。（頁663）
9月30日	終日陰，下午小雨，改稿。……車上人多，奇擠。改稿（頁663）
10月2日	閱**熊**著思索改稿。（頁663）
10月3日	閱**熊**著。（頁663）
10月4日	改稿有成。（頁663）
10月5日	改稿。（頁663）
10月6日	改稿。（頁663）
10月10日	午後改稿。（頁664）

10月13日	早四時後起閱翻**熊**著，思索寫稿。（頁664）
10月14日	看**熊**著思索改稿。（頁664）
10月19日	思索改稿。（頁665）
10月20日	午後續改稿。（頁665）
10月21日	早起寫稿。（頁665）
10月22日	昨稿仍須再改，而後知其事難。……思索改稿，有得於心，甚喜。（頁665）
10月23日	早改稿未出。（頁665）
10月26日	午飯後小寐，再寫稿。（頁665）
11月1日	……寫稿。……午後寫稿。（頁666）
11月2日	寫稿。（頁666）
11月6日	早寫稿未出。（頁666）
11月7日	早寫稿未出，……寫稿。（頁666）
11月8日	早寫稿未出。（頁666）
11月10日	早起寫稿。（頁666）
11月11日	寫稿。（頁666）
11月12日	早起寫稿。（頁666）
11月13日	□□□寫稿。（頁666）
11月14日	今日未寫稿，似須再改寫末段也。（頁666）
11月15日	寫稿改稿。（頁666）
11月17日	寫稿。（頁667）
11月18日	早起寫稿。……十一時回家。寫稿。（頁667）
11月20日	**熊**著書後稿寫完，自己裝訂。……□**熊**論……稿□艮庸閱。（頁667）
11月22日	早起寫〈記師友之緣〉。（頁667）
11月25日	寫稿。（頁667）
11月27日	寫稿。（頁667）
12月24日	又訪**熊**先生於淮海中路，談至十二時。（頁670）

12月28日　原約馬仰乾及陳、郭、李等同談，而亞三未得〔來〕，只略讀南中見到馬、**熊**二老先生事，改明早再談。（頁670）

1962年

2月10日　寫〈師友會合之緣〉。（頁675）

2月13日　早起寫〈師友之緣〉一稿（續）。（頁676）

2月14日　早起寫稿。（頁676）

1963年

3月25日　閱《佛家名相通釋》。（頁682）

3月26日　閱《十力語要》講老子一段，決改我所寫稿（頁682）

7月23日　途遇亞三以**熊**先生信片交付閱看並轉各同人。（頁694）

8月9日　〔發〕淵庭一掛號信內附兩小孫稿及致**熊**先生信。（頁696）

8月18日　寫發家中及**熊**先生各信片。（頁697）

9月1日　閱〔聞〕**熊**先生回京。（頁699）

12月20日　寫發頌天一信，並寄去讀**熊**著一稿。（頁701）

1966年

1月12日　收**熊**先生信片，云跌倒三次之多，殊為可念。（頁703）

2月23日　閱**熊**著《佛家名相〔通釋〕》一書。（頁708）

2月25日　閱《佛家名相通釋》。（頁708）

10月26日　檢出舊作批評**熊**書之文閱之，為寫〈儒佛論〉之參考也。（頁735）

12月12日　抄寫〈讀**熊**著書後〉舊稿。（頁741）

12月13日　抄**熊**著書後不多。（頁741）

1967年

10月24日　檢出評**熊**著一稿核閱，擬以寄田。（頁773）

10月26日　寫致慕周信，以評**熊**稿掛號寄去。（頁773）

11月18日　取出《**熊**著選粹》閱看甚久，郵寄田稿抄寫，同時發一信。（頁775）

11月26日　仲光以其姐妹信述**十力兄**老態見示。（頁776）

11月28日　收田信，知所寄〈**熊**著選粹〉稿已到。（頁776）

12月4日　訪申府以評**熊**著稿付閱。（頁777）

1968年

5月24日　陳維博來通知**十力老兄**在滬病故（似是昨日事）。（頁792）

1970年

9月30日　陳維志等候於家，為之說**熊**、陳與我交往經過。（頁864）

1973年

7月16日　囑維博送批**熊**稿與艮庸。（頁944）

7月21日　艮庸來，送回批**熊**稿。（頁944）

8月9日　星賢、功純偕來，借去合印敘、編錄、綜述及**熊**著選粹各稿。（頁946）

1976年

11月1日　抄致**熊**信舊稿。（頁1034）

1977年

6月28日　晚間檢理**熊先生**手迹。（頁1054）

6月29日　早起繼續檢理**熊先生**手迹加批注。（頁1054）

1979年

1月10日　熊幼光、徐碧宇來商談為**熊十力先生**事寫信政協領導之事，坐久乃去。（頁1100）

2月24日　星賢來視菜病，贈食品，詢及**熊十力**生前事迹。（頁1104）

3月7日　收上海田信，云上海市政協將〔為〕**十力先生**開追悼會，即答一信發去，旋收世菩一信。（頁1105）

4月3日　睡前閱舊作〈師友會合之緣〉。擬寫**熊十力先生**事。（頁1107）

4月4日　寫**熊先生**事。（頁1107）

4月14日　寫雜稿（關於**熊先生**事）星賢來坐，隨發星賢一信詢**熊先生**事。（頁1108）

4月17日　收上海田信報告**熊先生**追悼會事。收星賢答我信（**熊**事）。（頁1108）

4月22日　早起寫稿（**熊先生**）不多。（頁1108）

4月28日　續寫**熊先生**事一文。（頁1109）

5月13日　早起寫雜稿（**熊先生**）為答一程君也。（頁1110）

8月30日　午後李春生來，以呂秋逸講稿交其抄錄，並談及**熊先生**、田鎬等事。（頁1116）

〈答：美國學者艾凱先生訪談記錄摘要〉（節錄）

1980年

8月14日　艾：「你覺得牟宗三、唐君毅，在香港的儒家思想家對現代的孔孟之道的發展和闡明有沒有貢獻？」梁：「有貢獻。」艾：「他們的著作，你看過沒有？」梁：「我這裡有的就是唐君毅的，有六本。沒有看見牟的。」艾：「唐君毅的怎麼樣呢？」梁：「他還好，對儒家所見還正確。」艾：「一般的來說，就是大體上你贊賞他的儒家看法嗎？」梁：「我覺得他對儒家還是了解的，可惜唐已經故去了，牟還在。」艾：「是，他還在，他們算是**熊十力**的學生吧？」梁：「牟算是，唐好像跟**熊**沒有關係。牟是親近過**熊先生**，他稱**熊先生**為老師。」艾：「**熊先生**也是在北大教過書？」梁：「**熊先生**同我在一起有四十年」艾：「那你在山東的時候，他也去了？」梁：「在山東他同我在一起是有一段時間，沒有始終跟著我。民國十三年，我到山東去辦學，我們同去的。從山東回到北京，又是在一塊同住。有一段我去廣東的時候，他去杭州西湖。有那麼二年分開，分手。後來抗戰起來，退到四川，又在一起。」艾：「以他的著作來說呢，算不算接近你自己的思想，哲學方面的……？」梁：「他可以稱得起是一個儒家，他始終是一個儒家思想。旁人誤會他是個佛家，以為他是一個講佛學的，其實不是。」（頁1152-1153）

8月15日　「我們現在就回到講**熊先生**。**熊先生**他錯誤在什麼地方？他一個凡人，這個中國叫『凡夫』，凡夫就是普通人。他沒有做過實際的修養工夫。他要去討論人家工夫上的事情，這個是不

行的。……**熊先生**一個凡夫，一個外行人，他要改造唯識學，所以他那個《新唯識論》，一方面呢，也采取一些個印度古人的東西，但是他也摻加很多自己的意見，改造它，這個事情我認為是胡鬧。可是我已經從南京把他請到北京大學，那麼沒有辦法了。他要講新唯識論，還是給他去講了。附帶說一句話，**熊先生**這個人跟我的朋友交情還是很好，因為他這個人對人很開朗，他喜歡大聲說話，喜歡大笑，有時候他也發脾氣，但是由於他很開朗，所以朋友的關係還是很好。」（頁1155）

8月17日　艾：「你和**熊十力先生**之間思想上最大區別在哪裡？」梁：「可以說是作風不同，我是比較很認真，比較謹守，很謹慎。」艾：「思想上面最大的不同。」梁：「他排斥佛教，被人認為是一個講佛學的人，實際上不是。」……「比如伍先生……**熊先生**都是因為我的關係與林先生（指林宰平）相好。林先生管**熊先生**叫『老熊』。**熊先生**後來有什麼著作都要請林先生看。」（頁1163-1164）

二、《梁漱溟全集》中有關馬一浮記事

　　《梁漱溟全集》第七卷中語及馬一浮之文章、讀書筆記各1處，第八卷中載及馬一浮之信函計6封，另語及馬一浮之日記約21則。[3]全集之外另加附美艾愷採訪、梁漱溟口述之《這個世界會好嗎——梁漱溟晚年口述》中與馬一浮相關文字1則。茲表列如下：

資料屬性	《梁漱溟全集》卷次	書名・篇名	頁次	時間或補述
論著	第七卷	《散篇論述》〈補記熊十力先生之為人及彼此交游之往事〉	474-477	1979
讀書筆記	第七卷	《勉仁齋讀書錄》〈重讀馬一浮先生《濠上雜著》〉	847-848	
信函	第八卷	《書信》〈致徐名鴻等〉	96-100	1925
信函	第八卷	《書信》〈致陳仲瑜〉	104	1973
信函	第八卷	《書信》〈致雲頌天〉	128	1978/12/28
信函	第八卷	《書信》〈致李淵庭〉	166	1972/11/16
信函	第八卷	《書信》〈致田慕周〉	187-188	1976/04/19
信函	第八卷	《書信》〈致田慕周〉	205-206	1984/03/25
日記	第八卷	《日記》1則	393	1933
日記	第八卷	《日記》3則	473-487	1953
日記	第八卷	《日記》1則	548	1954
日記	第八卷	《日記》2則	620、624	1957
日記	第八卷	《日記》5則	643-670	1961
日記	第八卷	《日記》1則	678	1962
日記	第八卷	《日記》2則	759-760	1967
日記	第八卷	《日記》2則	780、804	1968
日記	第八卷	《日記》1則	1038	1976

---

[3] 日記中稱「馬先生」者多指馬仰乾，僅少數指稱馬一浮（如1957/02/03、1967/05/23），自1952～1980年，日記中另有43次稱「馬先生」者，研判應指馬仰乾，故未收錄於此。

日記	第八卷	《日記》1則	1058	1977
日記	第八卷	《日記》1則	1099	1978
日記	第八卷	《日記》1則	1132	1980
口述		《這個世界會好嗎》——梁漱溟晚年口述（節錄）（美艾愷採訪　梁漱溟口述　上海東方出版中心）	144	非全集內文字，附錄於此供參

《梁漱溟全集》中有關馬一浮記事

《梁漱溟全集》第七卷

〈補記熊十力先生之為人及彼此交游之往事〉（節錄）

......我既以國事奔忙，或不詳熊先生行止，或彼時知道，而今記不得。今可得而言者，則熊先生一度應聘於復性書院之事。先是熊先生旅居西湖時，**馬一浮先生**曾為《新唯識論》撰序文，彼此談學相得。其後抗戰期間，**馬先生**入川，應聘講學，有復性書院之成立，1939年8月熊先生亦被邀到院。不意日寇飛機投彈轟炸波及熊先生寓居之處，受輕傷，復因與**馬先生**一時感情不洽，10月間即離去。......

（頁474-477）

〈重讀馬一浮先生《濠上雜著》〉

重讀馬一浮先生《濠上雜著》，摘取一些，略加按語，以志敬佩。

一、「儒佛等是閑名，心性人所同具。（下略）」

漱按：此語真好！儒也，佛也，都是不相干的名詞或稱謂。但生而為人，如果想要明白人心人性是如何的，卻不妨向古儒家古佛家去探討探討。假如資借古人而有得於己，那麼，這些悟透便是自己之所有，更不須說佛說儒；──當然說儒說佛亦自不妨耳。如我夙日所指出東西學術是分途的，近世西洋人站在人生立場向外察物，發展了利用厚生之學；而古東方人如中國如印度卻反躬內省

乎人類生命，分別成就得儒學和佛學。為後此學術發展
之先導。質言之，他們都是人類未來文化之早熟品。他
日學術風氣轉變發達，對於人類生命有深澈認識之時，
古儒家古佛家所發明之學理及其應用，將逐一為世所公
認且加發展，而儒佛之明卻不須存矣。

原文在「儒佛等是閑名，心性人所同具」之下，再摘取
數語：

> 「古來達德莫不始於知性，終於盡性；眾庶則囿於氣
> 質，蔽於習俗，不能知性故不能率性，謂之虛生浪死。
> 唯知性而後能率性（原注：循理由道，不隨習氣）。率
> 性而後能踐形（原注：極聰盡明，不存身見）；踐形而
> 後能盡性（原注：察倫明物不限時劫），如此則庶幾
> 矣。」

漱按：孔門之學無他，只是踐形盡性而已。如我所了解，一切
事物時時在變化發展中，人的心性形體舉莫能外也。所
不移不易者則向上奮進是已。從乎社會文化之遷進，將
來繼儒學而興者佛學也。

二、「從上聖賢別無他道，只能一性純真，應物無失而已。（原
注：上句是廓然而大公，下句是物來而順應。）」

三、「（上略）然此非意識能緣境界，縱饒會得亦只是義解，不中
用。」

漱按：眾生大惑在第七緣識第八識深隱的俱生我執上，而流俗
每以第六意識上不存我念便為無我，那是很不夠的。唯
識法相家言在**馬先生**著作中未見談及，然類如此處所說
則能祛俗病，通於唯識學理。

四、「時時住於正念則雜念無自而生。尋常以雜念為患者，只是心無主宰。（略）凡讀書不得力者，只為務多聞而不求義理耳。聖人之學無他，只是氣質清明，義理昭著，逢緣遇境一切時皆作得主，不被他人惑亂耳。時人大患莫過於氣昏，障礙自心虛靈，遂使義理無從顯現。能祛得一分昏蔽，必還得一分清明。此乃心體之本然，不從外得也。」

漱按：近世西方學術以增多外界知識為務，正如這裡所云唯務多聞者是。古中國古印度的學術固非同路而反躬於自身生命，其所務在深澈心體，如這裡所云「逢緣遇境一切時均作得主」者卻有些相類近。在人生踐履上西方人皈依宗教奉行教誡，正不外孟子所謂「行仁義」而非「由仁義行」，以義理為外在，從不曉得率性之謂道。東西學術之分異即在偏內偏外不同上。

《大雜記本》（七），第137-140頁

（頁847-848）

《梁漱溟全集》第八卷

《書信》

〈致徐名鴻等〉（節錄）

1925年

⋯⋯漱溟到曹以後與本地人士暨軍人官吏等相周旋，頗覺此來未免自己太輕率，作事不知分寸。而尤以往返京曹途中所感受者最有啟悟。往在民國初年北京大學聘請**馬一浮先生**任講席，**馬先生**謝曰：禮聞來學不聞往教。當時聞之頗以為是笑話，今乃深悟古語之所謂。而我之於曹正所謂往教也。⋯⋯漱溟再拜。

三月二十九日
（頁96-100）

〈致陳仲瑜〉（節錄）

1973年

仲瑜老弟如晤：

星賢轉來手書甚慰懷想。⋯⋯

⋯⋯弟所熟知如谷錫五，如羅莘田，身體都好，皆僅及六十，或未及六十。**馬先生**少病，亦只八十五。熊先生多病竟亦八十四。我自度未必能及九十。然必要的寫作當可基本完成，平生大願基本上可了也。⋯⋯

〈致雲頌天〉

1978年

頌天弟：

　　馬一浮先生書札我曾於暑期中從劉公純手存者得讀之，深受教益。其中有不少寫給頌天者，皆可寶，曾承公純抄錄給我。但惜缺少一篇最長亦我最欽重的，未及抄取，而公純今既南歸杭州，計弟手必保存有之，煩　弟抄寫賜我，或托人抄寫，或弟慢慢抄之，不計時日。專此奉托。順祝

安好！

漱溟白
1978年12月28日
（頁128）

〈致李淵庭〉

1972年

淵庭：

　　茲以**馬先生**、黃先生先後到京，特約舊友王星賢、郭大中十九日星期天午前一十時在西單素榮館會晤，希望你能來相會。其他不盡。

〈致田慕周〉（節錄）

1976年

　　……我從來自己認為負有歷史使命——溝通古今中西學術文化的使命。全國解放後安居北京，各重要著作先後寫成，所餘零星文債一年二年似不難清償，則吾可以去矣。年前民庸去廣州，因病入醫院，我寫信給他，說他生命力已衰，或將先我而去。我亦不出一二年，至多三年耳。蓋人生壽命畢竟有限。張表方先生八十四歲，鮮特生先生八十四歲，熊十力先生八十四歲，**馬一浮先生**八十五歲，周孝懷先生八十五歲，蔣竹莊先生八十五歲。若林宰平先生，夏溥齋先生則各八十二歲。我雖身體精神俱佳，壽命仍然多少差不離此數。沈衡山、陳叔通二老之壽九十者，非我敢企及者。然是再活幾年一任自然，只估量不遠耳。其主要點即在我使命完畢，可以去矣。……吾自是一「非常人物」，莫以俗人看我也。弟為我盡力不少。此不獨我兩人間的關係。我的著作將為世界文化開新紀元。其期不在遠，不出數十年也。以我自信力之強，詎有所謂消極、積極乎？笑話！笑話！總之一句話：負有使命而來，使命既完，便自去耳。

　　其他不盡。

1976年4月19日

老僧手答

（頁187-188）

〈致田慕周〉（節錄）

（1984年）

慕周弟：

　　……重印熊先生著作事，潘兄尚未談及，但江西德安縣志局曾向我詢求，我曾答復一函。近者武漢大學哲學系亦來函向我詢求，我回信請其派人來面談，蓋有非面談不能盡其曲折者。我曾有〈讀熊著各書書後〉一文，十分重要。曾囑一友**攜交馬一浮先生**閱之，求指教。**馬老**閱後有回信答復我，甚表同意。此信珍存，以見熊先生晚年多失。……

漱溟手復

1984年3月25日

（頁205 206）

《日記》

1933年

　　8月4日　　到杭晤**馬壽**。（頁393）

1953年

　　1月21日　　早起飯後檢裡羅膺中箱子，原思□□**馬一浮**各書，竟不可得。（頁473）

　　5月10日　　王星賢來交回稿本並送來**馬先生**書7本。……閱**馬氏**書，有摘記。（頁487）

　　5月12日　　閱**馬氏**書。（頁487）

1954年

11月22日　王星賢來小坐，述**馬一浮**詩「和光存獨操，兼聽示忘言。」（頁548）

1957年

2月3日　王星賢來小坐，取去**馬先生**書（我借王的）。（頁620）

2月25日　晚飯後到前門□□訪**馬浮老**（交去熊信）黃省三。於馬處遇李□人。（頁624）

1961年

4月13日　在星賢處，得見**馬一浮先生**來信。（頁643）

12月21日　至蔣莊訪**馬老**不值；晤劉公純。……愚當再赴蔣莊辭謝不獲□□**浮老**定明早談話。（頁669）

12月22日　十時**馬老劉**□□，為述我在廈門講話大意。（頁669）

12月28日　原約馬仰乾及陳、郭、李等同談，而亞三未得〔來〕，只略讀南中見到馬、熊二老先生事，改明早再談。（頁670）

12月30日　早起寫發馬仰乾一〔信〕、陳可冀一信，又題寫**馬一浮**為郭大中索得條□。（頁670）

1962年

4月12日　以**馬浮老**信付艮庸閱看。（頁678）

1967年

5月23日　王星賢來，聞**馬先生**病，胃出血。（頁759）

6月6日　王星賢來過，未得見面，收其十三經白文及索引，得知**馬湛老先生**故去矣。（頁760）

1968年

1月13日　閱列寧文，又檢**馬**文。（頁780）
9月19日　回家閱**馬**集。（頁804）

1976年

12月21日　午後訪王星賢，借**馬**氏雜著。（頁1038）

1977年

8月8日　午後星賢來坐，談**馬**〔一〕**浮先生**詩句，推敲生死問題。（頁1058）

1978年

12月28日　早起寫發頌天信，索**馬一浮**書札文。（頁1099）

1980年

6月6日後至13日匯記　杭州市為**馬一浮先生**開追悼會，先去一信，又發一電報。（頁1132）

附錄：《這個世界會好嗎》——梁漱溟晚年口述（節錄）

（美艾愷採訪　梁漱溟口述　上海　東方出版中心）

梁：……我說到這個地方，我就想起來一個人，我忘記說了，這個人是一個我很佩服的（梁先生給艾寫姓名）。

艾：是，**馬一浮**，他我是知道的。

梁：講中國的老學問，讀書非常的多，特別是中國的老書，他見的多，並且熟悉，很通達，並且他是……剛才我說的「通達」兩個字，他對東方的學術，儒家了、道家了、佛家了，他好像都很通。**馬先生**可以說是我很佩服的一個人。

艾：您和他有什麼關係呢？

梁：我僅僅是佩服他，向他請教。他一直住杭州，我也去到杭州去見他，向他領教，不止一次。抗日戰爭起來了，他也是撤退到西南，到四川，他的朋友請他講學，成立一個叫做「復性書院」，他在復性書院裡頭一方面收學生，他講，一方面就是刻書。中國喜歡用木板科書，他刻了幾種他認為是儒家的要緊的書，其中包括我剛才提到的羅汝芳——羅近溪的書，羅近溪的文集，楊慈湖——楊簡的文集。這個**老先生**學問很豐富，知道的東西太多了，懂的東西太多了，特別中國的老學問，他故去了。（頁144）

第二章

《熊十力全集》之馬、梁記事

一、《熊十力全集》中有關馬一浮記事

　　《熊十力全集》第二卷中有關馬一浮之書序1篇、論著5處、信函1封；第四卷中語及馬之講詞1篇、信函5封；第五卷《十力語要初續》《論六經》中語涉馬者各1處；第六卷則書序、論著各1；第七卷語及馬之論著1處；第八卷語及馬之論著2處、詩序1篇、專函2封、信函18封、記語1處。茲表列如下：

資料屬性	《熊十力全集》卷數	書名・篇名	頁次	時間或補述
書序	第二卷	《新唯識論》（文言文本）〈新唯識論文言文本〉序	6-7	馬浮作
論著	第二卷	《新唯識論》（文言文本）〈緒言〉	8-9	
論著	第二卷	《新唯識論》（文言文本）〈明心上〉	93-94	
論著	第二卷	《新唯識論》（文言文本）〈明心卜〉	125-131	
論著	第二卷	《破破新唯識論》〈破徵宗〉	158	
論著	第二卷	《破破新唯識論》〈破破計〉子項	164	
信函	第二卷	《十力論學語輯略》〈答某君〉	263	
信函	第四卷	《十力語要》卷一〈答王生〉	144	
信函	第四卷	《十力語要》卷二〈答唐君毅〉	195	
信函	第四卷	《十力語要》卷二〈與友人〉	232-235	
講詞	第四卷	《十力語要》卷二〈復性書院開講示諸生〉	241-264	1939/09/17
信函	第四卷	《十力語要》卷二〈與賀昌群〉	265-270	
信函	第四卷	《十力語要》卷三〈答張君勱〉	340-342	

論著 （文章）	第五卷	《十力語要初續》〈命仲女承二姓記〉	43-44	1948/06
論著 （原為 信函）	第五卷	《論六經》〈與友人論六經〉	774-775	1951
書序	第六卷	《新唯識論》刪定本〈新唯識論語體文本壬辰刪定記〉	22	1952中秋
論著	第六卷	《新唯識論》〈附錄〉	296	
論著	第七卷	《存齋隨筆》〈略釋十二緣生〉	872-873	
信函	第八卷	《論文書札》〈通訊：易、道、佛〉 （熊十力與張申府）	78-79	
論著	第八卷	《論文書札》〈文化與哲學〉	101	
信函	第八卷	《論文書札》〈科學真理與玄學真理〉 （答唐君毅）	144	
論著	第八卷	《論文書札》〈新唯識論問答〉	231	
專函	**第八卷**	**《書札文稿》〈復馬一浮〉**	**387-388**	**1931/01/02**
專函	**第八卷**	**《書札文稿》〈復馬一浮〉**	**388**	**1932/09-10**
記語	第八卷	《書札文稿》〈熊逸翁先生語〉	390-392	1932/12/27 等
信函	第八卷	《書札文稿》〈致王星賢〉	406-407	1937/04/16
信函	第八卷	《書札文稿》〈答王星賢〉	410	1938/11/30
信函	第八卷	《書札文稿》〈與朱孟實葉石蓀〉	467-468	1943/08/03
信函	第八卷	《書札文稿》〈致胡適〉	497-498	1947/07/29
信函	第八卷	《書札文稿》〈鈔寄劉公純等〉	514	1948/11/10
詩序	第八卷	《書札文稿》〈清聞齋詩稿序〉	516	1948/11/26
信函	第八卷	《書札文稿》〈與徐復觀〉	553	1949/04/ 中下旬
信函	第八卷	《書札文稿》〈與唐君毅、錢穆、徐復觀、胡秋原、牟宗三、張丕介〉	603-608	1949/09/19
信函	第八卷	《書札文稿》〈熊重桄致唐君毅〉	631	1949/10/24
信函	第八卷	《書札文稿》〈哀文〉	712-713	1955/03/22
信函	第八卷	《書札文稿》〈與劉靜窗〉	713	1955/04/04
信函	第八卷	《書札文稿》〈與林宰平〉	716-717	1955/04/22
信函	第八卷	《書札文稿》〈復劉靜窗〉	728	1955/06/18
信函	第八卷	《書札文稿》〈致劉靜窗〉	731	1955/10/01
信函	第八卷	《書札文稿》〈與梁漱溟〉	758-760	1958/06/25
信函	第八卷	《書札文稿》〈復陳亞三〉	785-786	1959/07/02

| 信函 | 第八卷 | 《書札文稿》〈致唐至中轉唐君毅、牟宗三〉 | 828-829 | 1962/06/05 |

以下茲依卷次節錄《熊十力全集》中的馬一浮相關記事如下：

《熊十力全集》中有關馬一浮記事

《熊十力全集》第二卷

《新唯識論》（文言文本）

〈新唯識論文言文本〉序（馬浮作）

　　夫玄悟莫盛於知化，微言莫難於語變。窮變化之道者，其唯盡性之功乎。聖證所齊，極於一性。盡己則盡物，己外無物也；知性則知天，性外無天也。斯萬物之本命，變化之大原，運乎無始，故不可息；周乎無方，故不可離。《易》曰：「乾道變化，各正性命。」性與天道，豈有二哉？若乃理得於象先，固迥絕而無待；言窮於真際，實希夷而難名。然反身而誠，其道至近，物與無妄，日用即真，睽而知其類，異而知其通，非天下之至精，其孰能與於此！惑者纏彼妄習，昧其秉彝，迷悟既乖，聖狂乃隔，是以誠偽殊感，而真俗異致。見天下之頤，而不知其不可惡也；見天下之動，而不知其不可亂也。遂使趣真者顛沛於觀空，徇物者淪胥於有取，情計之蔀不袪，智照之明不作，哲人之憂也。唯有以見夫至頤而皆如，至動而貞夫一，故能資萬物之始而不遺，冒天下之道而不過，浩浩焉與大化同流，而泊然為萬象之主，斯謂盡物知天，如示諸掌矣。此吾友熊子十力之書所為作也。十力精察識，善名理，澄鑒冥會，語皆造微。早宗護法，搜玄唯識，已而悟其乖真。精思十年，始出《境論》。將以昭宣本跡，統貫天人，囊括古今，平章華梵。其為書也，證智體之非外，故示之以〈明宗〉；辨識幻之從緣，故析之以〈唯識〉；抉大法之本始，故攝之以〈轉變〉；顯神用之不

測，故寄之以〈功能〉；徵器界之無實，故彰之以〈成色〉；審有情之能反，故約之以〈明心〉。其稱名則雜而不越，其屬辭則曲而能達，蓋確然有見於本體之流行，故一皆出自胸襟，沛然莫之能禦。爾乃盡廓枝辭，獨標懸解，破集聚名心之說，立翕闢成變之義，足使生肇斂手而咨嗟，奘基撟舌而不下。擬諸往哲，其猶輔嗣之幽讚《易》道，龍樹之弘闡中觀。自吾所遇，世之談者，未能或之先也。可謂深於知化，長於語變者矣！且見晛則雨雪自消，朝徹則生死可外，誠諦之言既敷，則依似之解旋折。其有志涉玄津，猶縈疑網，自名哲學，而未了諸法實相者，睹斯文之昭曠，亦可以悟索隱之徒勤，亟迴機以就己，庶幾戲論可釋，自性可明矣。彼其充實不可以已，豈曰以善辯為名者哉？既謬許予為知言，因略發其義趣如此，以竢玄覽之君子擇焉。馬浮（頁6-7）

〈緒言〉（節錄）

　　本書擬為二部，部甲曰〈境論〉。所量名境，隱目自性，……自性離言，……假興詮辨，故有〈境論〉。部乙曰〈量論〉。……量境證實，……或不證實，應更推詳，量為何等，……故次〈量論〉。……

　　〈境論〉文字，前半成於北都，後半則養疴杭州西湖時所作。十年病廢，執筆時少，息慮時多，斷斷續續，成茲〈境論〉，故文字精粗頗有不一致者。自來湖上，時與友人紹興**馬一浮浮**商榷疑義，〈明心章〉多有資助云。〈明心上〉談意識轉化處，〈明心下〉不放逸數，及結尾一段文字，尤多採納**一浮**意思云。……（頁8-9）

〈明心上〉（節錄）

　　……或乃任意構畫，戲論狂馳，哲學家談體者，大抵逞其意想，構畫萬端。雖條理茂密足以成說，而其去真理也則愈遠。徒以

戲論度其生涯,而中藏貧乏,無可救藥。紹興馬浮一浮曰:「哲學家不自證體,而揣摩想像,滯著名言,有如《淮南》所謂遺腹子上塋,以禮哭泣,而無所歸心。」此言深中其病。……(頁93-94)

〈明心下〉(節錄)

……吾友馬一浮曰:「留惑潤生之義,至為深隱。」經言:「菩薩不住無為,不盡有為。」蓋以安住寂泊,則不能繁興大用,譬如死水不藏蛟龍。然雖迴真入俗,而智用精純,亦如猛火不巢蟲蚋。……

信者清淨相,與無慚、無愧渾濁相正相翻故,渾濁至於無慚、無愧而極。故說信於無慚、無愧為正對治。於決定境印持而不疑者,世之所謂信也。實則但是印持而非即信。蓋所謂信者,唯是自明自識而起自信。《易》所謂「默而成之,不言而信,存乎德行」是也。吾友馬一浮曰:「此云自信,即宗門所云自肯。」妙哉斯言!自肯之言深矣遠矣,必須自明自識才有自肯。到此境地便已壁立萬仞,一切擾他不得,一切奪他不得,大雄無畏者以此。然而世人都是自暴自棄,如何識得自肯二字。……(頁125-131)

《破破新唯識論》

〈破徵宗〉(節錄)

……夫取精用弘,學問斯貴,博覽遍觀,唯虞孤陋。吾友**馬湛翁**與人書曰:「恥為一往之談,貴通天下之志。」此言若近,而有遠旨。……(頁158)

〈破破計〉子項（節錄）

……**馬湛翁**先生〈新論序〉曰：「睽而知其類，異而知其通，非天下之至精，其孰能與於此？」……（頁164）

《十力論學語輯略》

〈答某君〉（節錄）

……《新論》本不曾言攝聚與墜退有必然關係。攝聚畢竟是健行之所資藉，所謂「闢以運翕，翕以顯闢」是也，全書實以此意為骨子，賢者顧未之察何耶？昔在杭州與一二友好談及，今人讀書大抵不務理解人家意思，只立意欲揀取人家壞處，而其結果，則見謂人家壞處者，倒成自家壞處了，迂拙不敢以此度賢者。然來難於著者意思，未免疏忽過甚，此何故耶？……（頁263）

《熊十力全集》第四卷

《十力語要》

卷一〈答王生〉

　　章太炎先生平生不肯任大學教席，**馬一浮氏**亦然。雖或失之隘，要未可厚非。今之大學教育茫無宗旨，政府奴畜師儒，而教授流品亦極猥雜，不學無行，濫竽者眾。自好者宜視庠序為污途。然吾獨在其間者，一等於世尊行乞之義，二為自修與冀接引一二善類計。吾寧隨俗浮沉，期有以自盡也。君子當濁世，雖隨俗，亦當有一尺寸在。吾常閉戶，不敢妄謁學校當局，不敢交接諸名流，守其孤介，無所攀援，無所爭逐，兢兢業業，不敢負所學，以獲罪於先賢聖也。和光同塵，別有義在。假以媚俗，老氏能無痛乎？（頁144）

卷二〈答唐君毅〉（節錄）

　　……友人**馬一浮**〈新論序〉曰：「窮變化之道者，其唯盡性之功乎。」此意從來幾人會得。我常說，科學上安立了物，而玄學上雖一方面隨順科學，予他安立物界的基地，但其根本態度和方法卻要把一切物層層剝落，乃至剝落淨盡，才識得科學真理的基地之真相。談至此，科學之真理不得與玄學真理同為真理，當可豁如。……（頁195）

卷二〈與友人〉（節錄）

……又《通釋》大意中有魏晉融佛於三玄則失其蹤云云。賢者以為未妥，**湛翁**亦有是言。……總之，謂魏晉玄家便已參入佛家思想，此說似稍過，但若謂其完全不有佛家思想，恐又不得無過。（頁234-235）

卷二〈復性書院開講示諸生〉（節錄）

吾以主講**馬先生**之約，承乏特設講坐，得與諸生相聚於一堂，不勝欣幸。今開講伊始，吾與諸生不能無一言。唯所欲言者，決非高遠新奇之論，更不忍為空泛順俗之詞，祇求切近於諸生日用工夫而已。朱子〈伊川像贊〉曰：「布帛之言，菽粟之味，知德者希，孰知其貴？」願諸生勿忽視切近而不加察也。

書院名稱雖仍往昔，然今之為此，既不隸屬現行學制系統之內，亦決不沿襲前世遺規。論其性質，自是研究高深學術的團體，易言之，即扼重在哲學思想與文史等方面之研究。吾國年來談教育者，多注重科學與技術而輕視文哲，此實未免偏見。就學術與知識言，科學無論發展至若何程度，要是分觀宇宙，而得到許多部分的知識。至於推顯至隱，窮萬物之本，澈萬化之原，綜貫散殊，而冥極大全者，則非科學所能及。世有尊科學萬能而意哲學可廢者，此亦膚淺之見耳。哲學畢竟是一切學問之歸墟，評判一切知識而復為一切知識之總匯。佛家所謂一切智智，吾可借其語以稱哲學。若無哲學，則知不冥其極，理不究其至，學不由其統，奚其可哉？故就學術言，不容輕視哲學，此事甚明。次就吾人生活言，哲學者所以研窮宇宙人生根本問題，能啟發吾人高深的理想。須知高深的理想即是道德。從澈悟方面言之，則曰理想；從其冥契真理、在現實生活中而無所淪溺言之，則曰道德。陽明所謂「知之真切篤實處即

是行，行之明覺精察處即是知」，亦此意也。吾人必真有哲學的陶養，注意一「真」字。有高遠深微的理想，會萬有而識其原，窮萬變而得其則，極天下之至繁至雜而不憚於求通也，極天下之至幽至玄而不厭於研幾也，極天下之至常至變而不倦於審量也。……孰有哲學而遠於人事可謂之學哉？人者不能離社會而存，不能離政治而生。從來哲學家無不於社會政治有其卓越的眼光、深遠的理想。每一時代的大哲學家，其精神與思想橫足以感發其同時與異世之群眾，使之變動光明，此在中外史實皆可徵也。……今茲書院之設，本為研究哲學與文史諸學之機關，但研究的旨趣自當以本國學術思想為根本，而尤貴吸收西洋學術思想，以為自己改造與發揮之資。主講草定書院簡章，以六藝為宗主，其於印度及西洋諸學亦任學者自由參究。大通而不虞其睽，至約而必資於博，辨異而必歸諸同，知類而必由其統，道之所以行，學之所以成，德之所由立也。諸生來學於此，可不勉乎？綜前所說，則書院為何種研究機關，既已言之甚明，來學者當知所負之使命也。至書院地位，則相當於各大學研究院，而其不隸屬於現行學制系統之內者，此有二意：一欲保存過去民間自由研學之風。二則鑑於現行學校制度之弊。剖欲依古準今，而為一種新制度之試驗。書院雖襲用舊稱，而其組織與規制實非有所泥守於古。書院地位雖準各大學研究院，而亦不必採用時制。總之，書院開創伊始，在**主講**與吾等意思，亦有欲專憑理想以制定一切規章，唯欲隨時酌度事宜，以為之制。如佛家制戒，初非任一己一時理想以創立戒條強人所範也，唯因群弟子聚處而隨其事實，因機立戒，久之乃成為有統系的條文。故其戒條頗適群機，行之可久也。書院創制立法，亦當如是。今後教者學者。俱各留心於學業與事務各方面之得失利弊等等情形，隨時建議，毋或疏虞，庶幾吾人理想之新制度將有美善可期矣！外間於書院肇創之際，多不明瞭，或疑此制終不可行，**主講**與吾等時存兢業，亦望諸生厚自愛，期有所樹立。……

昔人有言，士先器勢而後文藝。今學校教育，但令學子講習一切學術，易言之，即唯重知識技能而已。……擴充器勢，必資義理之學，涵養德性而始能。**主講**以義理為綜，吾夙同符。諸生必真志乎此學，始有以充其器勢，器勢充而大，則一切知識技能皆從德性發用。器勢如模，知能如填彩；模不具，則彩不堪施。諸生顧可逐末而亡本乎？

學者進德修業，莫要於親師。師嚴而後道尊，師道立則善人多，舊訓不可易也。……

次於親師而談敬長。凡年輩長於我者，必以長者體之，年輩長於我而又有學行可尊者，吾禮敬之不盡其誠，又何忍乎？……

學者以窮理為事，……如何而得窮理？窮理工夫，非深心不辦。……查本院簡章分通治別治二門：

通治門，以《孝經》《論語》為一類，孟荀董鄭周程張朱陸王諸子附之。別治門，《尚書》三《禮》為一類，名法墨三家之學附之；《易》《春秋》為一類，道家附之。

凡此皆所以養通材也。……

本院簡章，舉一切學術，該攝於六藝故學者選修課程，應各擇一藝為主，而必兼治其相類通者。如所在《易》，則餘藝如《春秋》等，等者謂《詩》、《書》、三《禮》及四子書等。諸子學如道家等，等者謂自漢迄宋明諸師。及印度佛學與外道，皆所必治，即西洋哲學與科學，尤其所宜取資。如所主在《春秋》諸藝，則其所應兼治之諸學，亦各視其所相與類通者以為衡。夫學術分而著述眾，一人之力，何可窮搜？故治學者，有二義宜知。每一種學問皆有甚多著述，唯擇專家名著而詳加玩索，其餘可略，此一義也……。

學問之道，由淺入深，由博返約。初學必勤求普通知識，將基礎打疊寬博穩固，而後可云深造。其基不寬則挾陋而不堪上進，其基不固則浮虛而難望有成。初學若未受科學知識的訓練，而欲侈談

哲理與群化治術等等高深的學問，便如築室不曾拓基，從何建立？登梯不曾循級，必患顛躓矣……。

……《論語》曰：「篤信好學，守死善道。」諸生求學於此，願辦一個信心，毋輕自用也。

前月十九日，寇機來襲嘉。吾寓舍全燬於火，吾幾不免，幸所傷僅在左膝稍上，一僕擁持，得脫於難。然痛楚纏綿，已歷多日。茲值開課，念天未喪予，益不得不與諸生共勉。以上所言，本無倫次，然要皆切於諸生日用，譬之醫家治病，每下毒藥，然其出於救人之真心，則無可疑也。諸生幸諒余之心焉。

中華民國二十八年九月十七日熊十力

附記：復性書院創建於二十八年夏，院址在四川嘉定烏尤寺。余應聘不多日，以病辭職，然存此講詞，以備來者參考。十力記。（頁241-264）

卷二〈與賀昌群〉（節錄）

才發一信，附轉陶求人院函。鹿場又送到惠書，文字甚好。**馬先生**過渝時，為吾稱美左右不已。得此函，益信其然也。所云簡章、細則等件均未見到，郵遞稽遲，尤以包封之件為甚，未是失落耳。吾與**馬先生**所商，不必就目前辦法而言，足下似未深察也。吾豈欲於此時弄一大的架子者乎？草創之初，不能多集生徒，吾何嘗不知耶？顧吾儕始事之精神，總不宜以寺院遺規為是，必務順時之宜，得羅高下大小之材，使一般人不以是為畏途而皆願至。材之下與小者多至，而較高較大者，行將出於其間。天道不遺靡草薄物，化育所以宏也。……吾欲予學生以研究院同等資格者，庶幾可以聚天下之才耳。即此時不欲遽更章則，要當蓄意徐圖之，否則如少數和尚住廟。……

馬先生道高識遠，吾非慮其有所拘也。前見所擬書院草案，歸本六藝。吾國諸子百氏之學，其源皆出六藝，**馬先生**所見甚諦。今後如欲新哲學及新文化之啟發，雖不得不吸收歐化，要當滋植固有根荄，方可取精用物。吾於**馬先生**大端上無甚異同，唯書院應採何種辦法始堪達到吾儕期願，恐**馬先生**猶將執古之道以御今之有，未得無礙耳。關於學生資格問題之諍，吾〈答劉公純〉一函，極為扼要，**馬先生**以世情議之，過矣。此信仍便陳**馬先生**一看。（頁265-270）

卷三〈答張君勱〉（節錄）

　　聞主張書院制較學校為優。弟則謂兩者不容偏廢。凡自然科學之研究，需有宏大之規制與設備，自非有大學及研究院不可。若文哲、歷史、政治、社會諸學科，則儘可於大學文法諸學院之外，得由踐履篤實，學術深醇之儒別立書院，以補大學教育之不及。蓋今之大學，教授與生徒之關係太疏膜，此為根本病。向在〈復性講詞〉中曾略言之。……

　　附記：抗倭戰事期間，曾有試辦書院者。其初頗為社會所屬望，後以其少成績也，遂甚漠視之。近時至不喜談書院二字。吾謂書院之名，今或不必沿用，然其意義，則不外民間自由講學而已。今之私立學術機關如黃海化學工業研究社之類，亦與古者書院意義相近，未嘗無成績也。是在主其事者堅苦不拔，而又必社會各方面有以扶助之耳。復性書院近注重刻書，此事極重要，亦望其能支持永久。（頁340-342）

《熊十力全集》第五卷

《十力語要初續》

〈命仲女承二姓記〉（節錄）

　　仲女本姓池，名際安，安陸世家子也。……孟蓀時向余稱際安有異稟，宜有以撫教之，余因函際安徵其意向。際安答書得體，深中理趣，余喜其穎悟，言皆有據，以示友人馬一浮先生。一浮許其有拔俗之資，余遂函際安，允撫為吾女。……學慚伏老，傳經無待於男；道愧龐公，聞法居然有女。此又天心之不可測也。隆此天緣，遂為之記。三十七年六月吉日（頁43-44）

《論六經》

〈與友人論六經〉（節錄）

　　又在過去私立講學機關宜恢復者約有三：一、南京內學院。此為歐陽竟無居士所創辦，實繼承楊仁山居士金陵刻經處之遺業。楊公道行，猶在眾口。歐翁一代大師，不煩稱述。譚瀏陽在清季為流血之第一人，即與歐翁同受佛法於楊公者也。同盟會中鉅子如章太炎等皆與楊公、歐翁有關係。南京佛學研究機關對革命人物不無相當影響。歐翁雖下世，而其弟子呂秋逸居士克宏前業，當請政務院函商南京省市政府覓一房屋為內學院院址，邀秋逸主持，暫聚生徒數名，由公家維持其生活，以後徐圖擴充。吾於佛學本不完

全贊同，世所共知，然佛法在中國究是一大學派，確有不可顛仆者在。內學院為最有歷史性及成績卓著之佛學機關，如其廢墜，未免可惜！其次，杭州**馬一浮先生**主持之智林圖書館。**一浮**究玄義之殊趣，綜禪理之要會，其學行久為世所共仰。抗日時，曾在川主持復性書院，不許某黨干涉教學，而院費卒無著，當世知其事者不少，尚可查詢。**一浮**以私人募資，選刻古書，皆有精意卓裁，於學術界大有貢獻，後改立智林圖書館，絕無經費。清季以來，各書局翻印古籍，甚多錯誤，保存木刻，不失古代遺法，似亦切要，擬請政務院函杭州省府、市府酌予資助其刻書事業，並得聚講友及生徒數名，存舊學一綫之延。**一浮**之友葉左文先生，博文約禮之醇儒也，同居講學，實為嘉會。其三，梁漱溟先生主持之勉仁書院。在民國十年左右，彼與北大哲學系諸高材生有私人講習之所，曰勉仁齋，青年好學者頗受影響。抗日時，始在四川北碚成立勉仁書院。漱溟方奔走民盟，余時棲止勉院，曾以《大易》《春秋》《周官》三經教學者。漱溟本非事功才，以講學為佳，愚意擬請政府準予資助其恢復勉院，規模不必大，使其培養舊學種子可也。中國文化在大地上自為一種體系，晚周學術復興運動此時縱不能作，而搜求晚周墜緒、存其種子，則萬不可無此一段工夫。中國五千年文化，不可不自愛惜。……余確有中夏興復之信念，故對文化，欲效獻曝之忱，今奉書左右，至希垂察，並懇代陳毛公賜覽，未知可否？書中所請設立中國哲學研究所與恢復內學院、智林圖書館、勉仁書院等辦法，懇代達政務院，是否有當，伏候明教！辱在相知，故敢相瀆。伯渠必武沫若諸先生，統希垂鑒。

（頁774-775）

《熊十力全集》第六卷

《新唯識論》刪定本

〈新唯識論語體文本壬辰刪定記〉（節錄）

　　……文言本〈明心章〉下，談善心所相用一段，昔年就正友人**馬一浮湛翁**，語體本依舊無所改，以識輔仁之誼。……（頁22）

〈附錄〉（節錄）

　　……《新論》原本印行時，民國二十一年。南京支那內學院刊布《內學》第六輯，曰《破新唯識論》，其書詆《新論》甚力。吾時作《破破新唯識論》，曾答之云：夫取精用弘，學問斯貴；博覽遍觀，唯虞孤陋。吾友**馬一浮**與人書曰：恥為一往之談，貴通天下之志。此言若近，而有遠旨，融攝諸家，詎為吾病。前過漢上，曾遇人言：佛家與此土諸宗，理當辨異，無取融通。余曰：自昔有三教融通之談，吾亦唾之夙矣，其所謂融通，非融通也，直拉雜耳、比附耳。習比附者絕望於懸解，喜拉雜者長陷於橫通，今古學人免此者寡，如斯之流，公所弗尚，吾何取焉？若乃上智曠觀百家之學，雖各有條例、各成系統，而如其分理不齊斯齊，會其玄極同於大通，故乃涵萬象而為宰。……（頁296）

《熊十力全集》第七卷

《存齋隨筆》

〈略釋十二緣生〉（節錄）

……生命祇須遇有發育的條件，便如旭日在海隅峻嶺之下，突耀而升於太空耳。五十年前，吾養疴杭州，盛暑時登南高峰。五更，望見旭日從海隅峻嶺之下飛躍而上升於天。真奇景也！余平生不能詩。友人馬湛翁、林宰平俱能詩，而未同遊，莫有詠此奇景者。設若生命非太始本有，則今之有生命和心靈，便是無中生有。時或單舉生命，而心靈亦包舍在內。……（頁872-873）

《熊十力全集》第八卷

《作者生前已發表過的論文書札》

〈通訊：易、道、佛〉（熊十力與張申府）（節錄）

　　……又清末以來談佛學者雖盈天下，據吾平生師友，其站在考籍整理的立場，確寧古義而不移者，則唯有宜黃歐陽大師與丹陽呂君秋逸，唐以下未嘗有董理如此其精審者也。湯錫予、林宰平治古義，皆守繩墨，不為浮濫，亦未易得。若乃踐履純實，理解圓澈，則**馬一浮湛翁**一人而已。穎悟高而有其獨到，梁漱溟不可薄也。讀書不求甚解，清言時見善悟，李證剛是其選也。……（頁78-79）

〈文化與哲學〉（節錄）

　　……又就吾固有學術而言，今之治國學者，以西人有考古學，又且以考據方法，強托於科學方法，於是考據之業，又繼乾、嘉諸老，而益稱顯學。問有究心義理者乎？此事殆絕已絕迹。雖有踐履敦實義解深微如**紹興馬一浮氏者**，舉世且不知其名字，則斯學之無人問津，蓋可知已。……（頁101）

〈科學真理與玄學真理〉（答唐君毅）（節錄）

　　……**馬一浮先生**〈新論序〉曰：「窮變化之道者，其唯盡性之功乎。」此意千載幾人會得。我嘗說，科學上安立了物，而玄學上雖一方面隨順科學，予他安立物界的基地。但其根本態度和方法，卻要把一切物層層剝落，乃至剝落淨盡，才識得科學真理的基地之

真相。談至此，科學之真理，不得與玄學真理，同為真理。當可豁
如。……（頁144）

〈新唯識論問答〉（節錄）

　　……南京支那內學院刊布《內學》第六輯，曰〈破新唯識
論〉，其書攻詆《新論》甚力。內有一條，謂不應雜取儒道諸家。
吾時作《破破新唯識論》，曾答之云：夫取精用弘，學問斯貴。博
覽遍觀，唯虞孤陋。吾友**馬一浮**與人書曰：恥為一往之談，貴通天
下之志。此言若近，而有遠旨。融攝諸家，詎為吾病。前過漢上，
曾遇人言，佛家與此土諸宗，理當辨異，無取融通。余曰：自昔有
三教融通之談，吾亦唾之夙矣。其所謂融通，非融通也，直拉雜
耳，比附耳。……（頁231）

《作者生前未發表過的書札文稿》

〈復馬一浮〉（專函）

（一九三一年一月二日）

　　手教敬悉。北大之聘，兄自當赴。前已函陳，奈何不督時乎。
失學故講學。人方失教，故須教。世已如此，所賴者墨翟、蘇格拉
底其人也。匪我求童蒙，童蒙求我，此何可望於今日者。弟始終願
教學，名義崇卑非所計。呼牛牛應，呼馬馬應，甚至不呼而亦赴
之。兄之所舉，大可不必也。然成事不說，亦無足計。所不樂者，
吾兄自私其學耳。

　　《尊聞錄》，兄特舉「成能」、「明智」二義，深獲我心，
而明智尤為根本。弟於此土玄學，嘗欲尋百家殊途同歸之宗極，為
此土所以異乎西方者。蓋久之又久，積勞累功而後豁然握明智之玄

符，非偶爾弋獲。《錄》中談此義處，其詞雖約，實則冒天下之道如斯而已者也。俗學未之能詧耳。

　　賤恙日來稍好，冬間恐不得理《唯識》稿，姑待開春再說也。

弟力頓首

庚午十一月十四日

編者注：一九三〇年，北大陳百年先生請馬一浮先生為研究院導
　　　　師。馬先生致函陳先生，舉熊先生代。馬先生答陳先生書
　　　　發出後，於庚午十一月十二日通報熊先生。此為熊得書後
　　　　的回函。（頁387-388）

〈復馬一浮〉（專函）

（約一九三二年九、十月間）

　　序文妙在寫得不諞，能實指我現在的行位。我還是察識勝也，所以於流行處見得恰好。而流即凝、行即止，尚未實到此階位也。「乾道變化，各正性命」，吾全部祇是發明此旨。兄拈此作骨子以序此書，再無第二人能序得。漱溟真能契否，尚是問題也。

編者注：這是馬先生為熊著《新唯識論》文言文本作序之後，熊先
　　　　生給馬先生的回信。時間是我們估計的。（頁388）

〈熊逸翁先生語〉（節錄）

（約一九三〇至一九三三年）

　　……試問當代所謂名人學者有幾個有判斷能力？勉強言之，祇有梁漱溟先生還有一部分學問，夠得上判斷。歐陽竟無先生於唯識法相夠得上判斷，但也祇在考據方面，思想方面猶不能。馬一浮先生能判斷的方面則比較多點，三禮是他的絕學，有如歐陽先生之於

唯識法相，於宋、明儒周、程、張、朱、陸、王諸大家皆精，較梁先生祇於陽明及明道有獨得處猶過之，於禪家亦精，般若、華嚴以及晚周諸子皆不差。……

　　……二十一年十二月二十七日，先生有示立民、笑春、以風書曰：竟無先生授意門下小生如劉如景者作文撥我。景生出自東大，稍有識者知其知識如何，聞其對吾謾罵。桀犬吠堯，良不足怪。竊為竟翁惜之耳。不當令後生小子如此。陶開士來書痛詆及於**馬先生**，此人無知，又何足計邪？……吾書以「翕闢成變」為骨子，變而已矣，無實物也。此純是般若照見五蘊皆空之旨，龍樹寧有過之？而謂**馬先生**之序與有失言乎，非法眼乎？……（頁390-392）

〈致王星賢〉（節錄）

（一九三七年四月十六日）

　　《解老》書及譯稿已呈**馬先生**看過否？培德能有所糾正嗎？**馬先生**對此意思如何，不卜能達出十分之五的意思否？充分達出自然是難。《解老》之首章，「玄」字，譯用黑色的意思，刻已另加註。……錢君欲譯《新論》，吾欲其來平同處半年，不妨譯一個底本。不知**馬先生**贊同他的譯筆否？

　　《新論》寄文奎十八部，我九部，《新論》共二十七本，對否？

　　　　　　　　　　　　　　　　　　　　　　四月十六日

編者注：此為明信片，寄達：「杭州竹齋街杭州中學張立民先生、
　　　　王培德先生」。（頁406-407）

〈答王星賢〉（節錄）

（一九三八年十一月三十日）

　　十一月十六日快函，今燈下接到，即寫此復。革言，沉痛無可與語，吾心諸極不寧，亂如麻。世即如此，天倫骨肉又不知如何。……

　　此片可轉**馬先生**，俾知近況。《史話》篇，立民校好一本，郵**馬先生**。

十一月三十（頁410）

〈與朱孟實葉石蓀〉（節錄）

（一九四三年八月三日）

孟實先生並示石蓀老弟：

　　今春內院呂秋逸先生對於《新論》語體本曾大肆攻訐。吾以歐陽翁新逝，初不欲與深辨，後愈來愈兇，吾乃作答，即此本所錄各書是也。歐陽大師在時，向以吾為不究佛法。呂君之論，亦歐翁之遺教也。……

　　……吾與復性〔書院〕**馬居士**雖絕交，但其冥悟處，真有不可薄者。吾既老矣，念斯道之喪，嘗有慨於心。今之學人併心外馳，思想日益浮雜，先哲真意，日就晦塞。……（頁467-468）

〈致胡適〉

（約一九四七年七月二十九日）

　　加封轉

胡先生：

　　《學原》對投稿者各印單頁若干。〈與薛生書〉，謹奉一覽。佛教徒或以我為理學，習儒書者或以我為佛學，豈不怪哉？

　　　　　　　　　　　　　　　　　　　七月二十九

　　紹興馬君謹守程、朱，頌其精華，亦吸其糟粕。在川時有復性書院一段關係。論教法各異，竟以親交而成水火。（頁497-498）

〈鈔寄劉公純等〉（節錄）

（一九四八年十一月十日）

　　……伯尹鈔此一分寄公純。聞吳生聽他講《四書》，故當示之。又可自鈔一分，並陳**馬先生**一看。……（頁514）

〈清聞齋詩稿序〉（節錄）

（一九四八年十一月二十六日）

　　……王生準曾學於吾友會稽**馬一浮**，又嘗及我之門。其人質樸誠懇，於先儒之教能深思力踐，余與**一浮**並嘉許之。……（頁516）

〈與徐復觀〉（節錄）

（約一九四九年四月中下旬）

復觀：

　　〈名字說〉隨筆寫成後，竟是一篇大文、妙文，義蘊宏深，無不備矣。……煩代寄者如左：……（一）四川北碚金剛碑勉仁中

學雲頌天校長……（三）杭州廣化寺體元法師交張立民轉**馬一浮先生**；……（頁553）

〈與唐君毅、錢穆、徐復觀、胡秋原、牟宗三、張丕介〉
（節錄）

（一九四九年九月十九日）

君毅與四兄同看：

　　……到北大，兩點鐘的薪水，吾安受之十五多年。民二十一年所加，也無幾何。吾一心向學。何曾怨尤？北庠當局與名流皆未嘗識面，錢先生忍抹煞此事實乎？可曰不聞此事乎？徐公試問之可也！復性〔書院〕之事，無關講學，義所不必為，不計生活而毅然捨去。此鐵的事實，汝可毀乎？素痛心當局，然於某方之交結，絕不輕移，中天下而立，當世唯老夫可說此事耳。……（頁603-608）

〈熊重桃致唐君毅〉

（一九四九年十月二十四日）

君毅先生：

　　佛學自魏、晉迄唐代，羅什、玄奘諸大師得其精，亦取糟；近世歐陽大師亦然。至熊老先生而後對佛法為精核之批評。更造《新唯識論》一書，引歸於《大易》。今人猶不肯研究，可惜也！《語要初續》談佛與儒處皆極精，先生年高，故以預約費，印四、五百部保存。先生與張、胡二先生既經理印是，望急印出，寄存是幸。……杭州西湖智林圖書館**馬一浮先生**，可寄一部。……（頁631）

〈哀文〉（節錄）

（一九五五年三月二十二日）

友人唐玉虬先生寄來〈悼亡奇痛記〉及鍾山先生〈武進唐夫人傳〉。余覽之再三，深嘆夫人艱貞之德，清卓之行，聰慧之資，悱惻之詞，……玉虬夫人死矣，其或有不死者存乎？子姑迷焉，奇痛終無補也。吾書此竟，當為玉虬致意**馬一孚**，將必有以開悟玉虬也。……（頁712-713）

〈與劉靜窗〉（節錄）

（一九五五年四月四日）

多日不得信，不悉體氣好否。春節吾或遊杭，一晤**馬先生**，三四日即回家。吾子前函索說文字事，此後無譜，亦無文集，寫之殊不可傳，似無多此一舉之必要。……（頁713）

〈與林宰平〉（節錄）

（一九五五年四月二十二日）

宰哥：

前片祇三四語，因精力不耐多寫，頃欲寫幾句。

……國土之大，讀書識字者之眾，其真正從事乎舊學者，如吾所知不過三四人，**一浮**、漱溟、兄與鍾山，如是而已。**一浮**得力處在禪理，確有不磨滅者在。其書院《講錄》，非無好處，然向後難應執也。其特別之表現在詩，後人能讀者幾等於零也。**一浮**於禪理本當寫一書以遺後，惜其一向不習著述文字，今無可言矣。漱溟自得處似未寫出，其解放前後所出文化書，我於其倫理之說總不同意。自我看來，中國人之家庭思想，弊病太深太多，實倫理之說使

之然也。我和他的看法不同。今春上函董公，言吾著此書之意，曾提及此。然祇及此，並未多說，多說他亦不會看也。……（頁716-717）

〈復劉靜窗〉（節錄）

（一九五五年六月十八日）

來片收到。前幾日熱甚，自覺難支。小樓低淺，非衰朽伏日可堪也，奈何。覓房數月無結果，雨後欲赴杭，一晤**湛翁**，兼詢杭可謀宅否。……（頁728）

〈致劉靜窗〉（節錄）

（一九五五年十月一日）

……**湛翁**祇是不贊成科學，老人鮮不如此，章太炎晚年亦然，他又素不喜《周官》，此亦任之可耳。……（頁731）

〈與梁漱溟〉（節錄）

（一九五八年六月二十五日）

漱兄：

來信六月二十一日頃到，即復。你說明了我的誤會，即不再談。今午後二時多，曾答宰平兄一片，囑轉你。郵後，你信才到。

今首要答你的，我喜用西洋舊學宇宙論、本體論等論調來談東方古人身心性命切實受用之學，你自聲明不贊成。這不止你不贊成，歐陽師、**一浮**向來也不贊成。我所以獨喜用者，你們都不了解我的深心……

我的作書，確是要以哲學的方式建立一套宇宙論。這個建立起來，然後好談身心性命切實工夫。我這個意思，我想你一定認為不

必要，一**浮**從前也認為不必要，但也不反對我之所為。你有好多主觀太重之病，不察一切事情。……

　　……習齋〈四存〉，吾注重一存，曰存此心。這個不存，古學全崩矣。你或者不同此看法，一**浮**卻也注意及此。

〈復陳亞三〉（節錄）

（一九五九年七月二日）

　　六月二十七片才到，即復。梁先生大便通利否？人老則此事至重要，不可忽也……。

　　人生老病，好好捍衛延年，自是常情。如覺身子朽了，任他遷化，無復繫戀，又誰曰不宜乎？

　　梁先生、艮庸、伯棠同看，**馬先生**一閱。（頁785-786）

〈致唐至中轉唐君毅、牟宗三〉（節錄）

（一九六二年六月五日）

　　……

義、宗：

　　今包好《乾坤衍》二部，《體用論》祇一部。吾手邊今則一部也無，望小心保存。

　　《乾坤衍》今後亦不可再得，印得少。熟人拿去，亦是隨便作玩意兒，抹桌子，並不看。去年惟任叔永〔鴻雋〕先生病中看，頗喜此書，惜乎不久而彼歸道山矣。張真如先生亦贊同此書。**馬**、**梁**兩先生大約均不看。**馬先生**病目。梁與**馬**均信佛，尤信輪迴。此就交遊說，此外莫不厭之。……（頁828-829）

二、《熊十力全集》中有關梁漱溟記事

《熊十力全集》第一卷中有關梁之論著2處、致梁手札5則；第二卷中語及梁之論著、信函各1處；第三卷《讀經示要》中語及梁漱溟之論著2處；第四卷《十力語要》中致梁漱溟專函1封、相關信函7封、記語1則；第五卷語及梁漱溟之信函4封、論著2處；第六卷語及梁之論著1處；第八卷致梁專函計13封（含專函10封、致梁漱溟與林宰平函3封）、另語及梁之信函19封、論著3處、語錄1處。茲表列如下：

資料屬性	《熊十力全集》卷數	書名・篇名	頁次	時間或補述
論著	第一卷	《心書》〈記梁君說魯滂博士之學說〉	25-26	1918
論著	第一卷	《尊聞錄》	577-578、588	熊十力弟子高贊非記述1930
手札	**第一卷**	**《尊聞錄》〈附錄熊先生手札〉之〈與梁漱溟〉（凡五札）**	**639-641**	
論著	第二卷	《新唯識論》文言本〈明心上〉	88-89	1932
信函	第二卷	《十力論學語輯略》〈與張東蓀〉	305	
論著	第三卷	《新唯識論》（語體文本）〈答問難〉	525-526	1944
論著	第三卷	《讀經示要》卷二（讀經應取之態度）	756、855	1945
信函	第四卷	《十力語要》卷一〈與張東蓀〉	104-105	內容同上列第二卷《十力論學語輯略》〈與張東蓀〉
信函	第四卷	《十力語要》卷二〈復張東蓀〉	168-171	
信函	第四卷	《十力語要》卷二〈與友人〉	232-234	
信函	第四卷	《十力語要》卷三〈答鄧子琴〉	377-380	
信函	第四卷	《十力語要》卷三〈答江易鐸〉	384-386	

記語	第四卷	《十力語要》卷四〈高贊非記語〉	465-466、476	内容同上列第一卷《尊聞錄》
專函	**第四卷**	**《十力語要》卷四〈與梁漱溟〉**	**521-523**	
信函	第四卷	《十力語要》卷四〈答王平叔黃艮庸〉	535	
信函	第四卷	《十力語要》卷四〈與高礀莊〉	536-537	
論著（文章）	第五卷	《十力語要初續》〈紀念北京大學五十年並為林宰平祝嘏〉	20-27	
信函	第五卷	《十力語要初續》〈答某生〉	35-36	
信函	第五卷	《十力語要初續》〈與友人〉	197-198	
信函	第五卷	《十力語要初續》〈與林宰平〉	199-201	
信函	第五卷	《十力語要初續》〈與林宰平〉	202-203	
論著	第五卷	《論六經》	686、774-775	
論著	第六卷	《新唯識論》刪定本〈附錄〉	298	
論著	第八卷	《論文書札》〈健菴隨筆〉	9-12	
信函	第八卷	《論文書札》〈要在根本處注意〉	49、57	
論著	第八卷	《論文書札》〈英雄造時勢〉	76	05/22
信函	第八卷	《論文書札》〈通訊：易、道、佛〉（熊十力與張申府）	76-79	
信函	第八卷	《論文書札》〈關於宋明理學之性質〉（熊十力與張東蓀）	119	此為函後所附張東蓀復熊十力信函
論著	第八卷	《論文書札》〈新唯識論問答〉	234	
信函	第八卷	《論文書札》〈學術通訊〉（答鄒子琴書）	248	
專函	**第八卷**	**《書札文稿》〈與梁漱溟〉**	**381-382**	**1925/03/29**
信函	第八卷	《書札文稿》〈答黃艮庸等〉	383-385	1925/04/23
信函	第八卷	《書札文稿》〈復馬一浮〉	388	1932/09～10
語錄	第八卷	《書札文稿》〈熊逸翁先生語〉	388-391	1930～1933
信函	第八卷	《書札文稿》〈答王星賢〉	410	1938/11/30
信函	第八卷	《書札文稿》〈致葉石蓀朱孟實〉	417	1942/03/31
專函	**第八卷**	**《書札文稿》〈致呂澂并附與梁漱溟論宜黃大師〉**	**420-423**	**1943/03/10**
信函	第八卷	《書札文稿》〈答徐復觀〉	458	1943/07/05
專函	**第八卷**	**《書札文稿》〈致梁漱溟〉**	**584-585**	**1949/09/05**

信函	第八卷	《書札文稿》〈與張丕介、徐復觀〉	591	1949/09/10
信函	第八卷	《書札文稿》〈致張丕介〉	622	1949/09/30
信函	第八卷	《書札文稿》〈致張丕介、唐君毅、胡秋原〉	629	1949/10/08
信函	第八卷	《書札文稿》〈答黃艮庸〉	644-645	1950/04
信函	第八卷	《書札文稿》〈致葉石蓀〉	646-647	1950/05/04
專函	**第八卷**	**《書札文稿》〈與梁漱溟〉**	**648-649**	**1950**
專函	**第八卷**	**《書札文稿》〈與梁漱溟〉**	**650-653**	**1950/05/22**
專函	**第八卷**	**《書札文稿》〈與梁漱溟〉**	**653-657**	**1950/05/24**
專函	**第八卷**	**《書札文稿》〈與梁漱溟〉**	**657-660**	**1950/07/27**
信函	第八卷	《書札文稿》〈與林宰平〉	717	1955/04/22
專函	**第八卷**	**《書札文稿》〈致梁漱溟〉**	**737**	**1956/06/17**
專函	**第八卷**	**《書札文稿》〈與梁漱溟〉**	**738**	**1956/07/16**
信函	第八卷	《書札文稿》〈與林宰平〉	757-758	1958/06/25
專函	**第八卷**	**《書札文稿》〈與梁漱溟〉**	758-761	1958/06/25
專函	**第八卷**	**《書札文稿》〈與梁漱溟、林宰平〉**	761-762	1958/06
專函	**第八卷**	**《書札文稿》〈與林宰平、梁漱溟〉**	764-765	1958/07/22
專函	**第八卷**	**《書札文稿》〈與梁漱溟、林宰平〉**	769-772	1959/01
信函	第八卷	《書札文稿》〈復陳亞三〉	785-786	1959/07/02
信函	第八卷	《書札文稿》〈與馬仰乾〉	786	1959/07/29
信函	第八卷	《書札文稿》〈致唐至中轉唐君毅、牟宗三〉	829	1962/06/05

以下依卷次節錄《熊十力全集》中的梁漱溟相關記事如下：[1]

---

[1] 第八卷資料較多，先擇錄熊十力致梁漱溟專函，再節錄專函外與梁漱溟相關之記事。其餘各卷則悉依表列先後順序呈現。

《熊十力全集》中有關梁漱溟記事

《熊十力全集》第一卷

《心書》

〈記梁君說魯滂博士之學說〉

頃見**梁漱溟**引法博士魯滂之說，比合佛旨，融相入性，科學家執心外有物，庶開其蔽爾。按魯君說：「以太渦動，形成原子，非物質之以太，能變成岩石鋼鐵。力與物質，同一物而異其形式。質力非不滅者，質力之相續滅，則歸於萬物第一體不可思議之以太。」此其大旨也。**梁君**說其義曰：「所謂第一本體不可思議之以太者，略當佛之如來藏或阿賴耶。《起信論》云：『不生不滅，與生滅和合，非一非異，能攝一切法，生一切法者也。』，魯君所獲雖精，不能如佛窮了。以太窩動，形成原子，而成此世界。此渦動，即所謂忽然念起，何由而動，菩薩不能盡究。故魯君亦莫能知，莫能言也。世有問無明何自來者，此渦動，便是無明。其何自，則非所得言。渦動不離以太，無明不離真心。渦動形成世界，心生種種法生。然雖成世界，猶是以太。故《起信論》言：『是心從本已來，自性清淨。而有無明，為無明所染，有其染心。雖有染心，而常恆不變。』又云：『因無明風動，心與無明，俱無形相，不相捨離。而心非動性，無明滅，相續則滅。』此相續，即質力不滅之律。然渦動失，則質力隨滅。真按：證以此方《大易》之言，即所謂《易》不可見，而乾坤熄。《易》以變易為義，即魯云渦

動。故無明滅，相續則滅也。然所言滅者，唯心相滅，非心體滅。如風依水，而有動相，若水滅者，則風相斷絕，無所依止。以水不滅，風相相續。唯風滅故，動相隨滅，非是水滅。《起信論》。蓋滅者，謂質力之相續滅，而消歸於以太。非以太滅。《楞嚴》云：『如水成冰，冰還成水。』《般若》云：『色即是空，空即是色。』色謂質礙，即此之物質。唯魯君亦曰：『非物質之以太，能變成岩石鋼鐵。』真按：萬法當體真實，山河全露法身。又曰：『力與物質，同一物而異其形式。』《楞嚴》正脈疏云：『權外多計性為空理，而不知內有空色相融。』又云：『深談如來藏中，渾涵未發，色空融一如此。』魯君亦可謂能深談者矣。」（頁25-26）

《尊聞錄》（節錄）

　　……漱師閱同學日記，見有記時人行為不堪者，則批云含蓄為是。先生曰：**梁先生**宅心固厚，然吾儕於人不堪之行為，雖宜存矜憐之意，但為之太含蓄，似不必也。吾生平不喜小說，六年赴滬，舟中無聊，友人以《儒林外史》進，吾讀之汗下。覺彼書之窮神盡態，如將一切人及我身之千醜百怪一一繪出，令我藏身無地矣！準此，何須含蓄，正唯恐不能抉發痛快耳。……吾惡惡如《春秋》，不能為行為不堪者含蓄，故與**梁先生**同處多年，而言動全不一致。汝儕亦各自行其是可也。

　　……先生昨在曹州，因一事誤疑**梁漱溟先生**，大怒。**梁先生**亦不辯。先生蓋久之而後自知其誤，以告陶開士先生。開翁曰：疑而不匿，悟而能改，觀過知仁矣。……（頁577-578、588）

《尊聞錄》

〈附錄熊先生手札〉

〈與梁漱溟〉（凡五札）

胸中時若有千言萬語，急欲迸發，纔把筆則已呼喚不出，靈機鼓動，氣力不足以申引暢發之也。賤體太虧，如何如何。

真正人生之感，不是凡夫所有，其感是悲情，不是凡情。如來當初出家之感，與其最後成佛時情感，仍是一般，所謂徹始徹終也。如當初一感未真，那會幾年工夫便爾成佛。我往者之感，兄向者之感，頌天近者之感，都是凡情。不過此等凡情，大不易得。蓋由外緣有所引發，回向真處。但是向真，不是真機勃爾自露，猶如浮雲裏透露日光耳。此等情機發動，若得著路，使一直向上，生機不絕。不遇著陸，則宛轉間不激而狂，必流於萎。頌天昨秋已來，憤鬱不解，如尚聽其自然，必萎敗矣。

連年病廢，心情昏亂。昨與子老及某輩緘，偶述近況，及已前所經，頗露窘苦難堪之狀。已發而悔，繼思之，此又何足深悔。平生心事皎如白日，只堪自信，何須求諒於不相干之人。然子老自足知我，未堪一例抹煞也。世事至此，已如船山所云，害已成而不可挽，挽則橫流。在此惡勢周流六虛之會，於此於彼，形式雖殊，惡流則一。即有善良，加入一方，恆隨流轉，勢不自由。惟有超然靜立乎惡流之外，而隱有所持，雖哀矜而不容驟挽，藏之於慎密，而持之以悠久，則造化在我而默運於無形矣。此力之所志，而實未能逮，終必顛連倒跌而強起以疾赴之者也。吾兄今日自居局外，但盡友誼，可謂得宜。任潮、證如，與吾儕夙抱，原自不同。即其經過

以言，亦只好努力始終撐拄其間，結果只是做一日和尚撞一日鐘，成敗利鈍，不能計爾。

手示敬悉。公開二字，是我生來之良能。然我慢之重，亦積習太深。黃河萬裏，拖泥帶水而行，本素所自喻。然今且將老矣，又病矣，病益為拖帶之緣。今欲自行克治，尤以養好此病為先著，否則一切修養說不上。黃梅前身見四祖，四祖以其年老乏精力，囑再來。此雖神話，然修養須精力好纔辦得，自可於此故事中會意也。頌天得力處當有之，但恐易緣時又復故態。此事大不易信。須此心從事人磨練得勿忘勿助方是到家。若現在養病期間，屏除一切外誘，借典冊警惕，引發靜氣，纔得一段清明，此未足據。吾年來病困，兼以時事刺激，引起心緒惡劣。然屏棄書籍已久，靜觀萬事萬物之變，亦時有所得，倉卒不能言也。

昨訊有欲言未言，終覺不合。承示頌天函似有念念不遷之說，真自欺語也。尼父七十不逾矩，方是不遷之實，後生談何容易。又引先儒收放心之談，而云只不放便收。不知吾儕有生已來，此心便嘗放失而不覺，對治已放，故說收。終古是收字工夫，豈容掉以輕心，高談妙悟。吾所努力，唯欲先做到不自欺一段工夫，以圖復我久放之心。凜然求孟氏所謂視民如傷望道未見之念，看吾心真實有此痛癢否。不此之務，而高言禪悅，猥以浮明，托於竊似，居以不疑，此晚世狂禪與陸王末流，所以獲罪而不自逭也。此片務轉頌天。（頁639-641）

《熊十力全集》第二卷

《新唯識論》文言文本

〈明心上〉（節錄）

　　……昔在小乘，惟說六識。及大乘興，乃承前六，而益以末那、賴耶，是為八識。六識者，隨根立名。曰眼識，依眼根故。曰耳識，依耳根故。曰鼻識，依鼻根故。曰舌識，依舌根故。曰身識，依身根故。曰意識，依意根故。眼等五識所依根，稱清淨色根，固不謂肉眼等為根也。所謂清淨色者，在大乘似說得神秘，閩侯林志鈞宰平嘗以為無徵而不足信也，桂林梁漱溟則謂即今云神經系者是。吾謂淨色是否即神經，今難質定，姑存而不論可也。……（頁88-89）

《十力論學語輯略》

〈與張東蓀〉（節錄）

　　北大轉到惠書，並大著《認識論》一冊。縱主張與我不同，而在我自有了解之必要。……弟刻住**漱溟**宅，還須覓寓，俟覓定，當以奉聞。（頁305）

《熊十力全集》第三卷

《新唯識論》（語體文本）

〈附錄〉之〈答問難〉（節錄）

……昔在舊京，與友人林宰平**梁漱溟**言：佛家之學，須看他大處、深處，若云理論，則為宗教思想與空想所誤，荒誕處不少，余故欲評而正之。吾國向來嗜佛者，大概屬名士，談玄說妙無不陷於籠統與混亂，久為思想界之毒，其於佛家罕能得真實受用。今後從事西洋哲學者，甚願其於儒佛二家學作極深研幾工夫也。……（頁525-526）

《讀經示要》

卷二〈讀經應取之態度〉（節錄）

梁漱冥先生講演東西文化，其持論雖不必與吾同意，然其於時賢不求了解中國所固有而妄自菲薄之惡習，則中流砥柱矣。

……附識：清之季世，宋學已稍蘇。戊戌政變，首流血以激天下之動者，譚復生嗣同。復生，船山學也。復生精研船山，其精神偉大，實由所感受於船山者甚深。嘗與友人林宰平、**梁漱溟**言，自清季以來，真人物，唯復生一人足當之而已。……（頁756、855）

《熊十力全集》第四卷

《十力語要》

卷一〈與張東蓀〉（節錄）

北大轉到惠書並大著《認識論》一冊，縱主張與我不同，而在我自有了解之必要。……弟刻住漱溟宅，還須覓寓。俟覓定，當以奉聞。（頁104-105）

卷二〈復張東蓀〉（節錄）

北大轉到來教一封，係弟未抵平時所發。……

……故印度之文明始終不離為宗教的文明。而中國之文明則始終不失為倫理的文明。宗教的文明，無論其本質何似，而總不免有出世色彩。至於倫理的文明則純粹為入世之物。此點可謂宋明儒者在人類思想史上一大發明。弟將為長文以闡明之，不知公亦贊成否？漱溟於此似已稍稍窺見，特不知與弟所領會者果相同與否耳？（頁168-171）

卷二〈與友人〉（節錄）

《佛家名相通釋》部甲大意中有小注一段，謂陸象山兄弟並有民治思想，有疑為無徵者，此未深考之故耳。……友人桂林梁漱冥獨提倡村治，而身入窮苦鄉邑，以實行其主張。漱冥固為陸王之學者，故有此一段精神。……（頁232-234）

卷三〈答鄧子琴〉（節錄）

十月十四夜來函，今午才到。吾自十月初來北碚，精神不寧。近數日，始寫信。明日寫信或可減，後當閱書數種。冬臘間不卜可起草下卷否。

……吾生今世，元自苦極，無可告語。願汝精進，毋受人欺。若**梁先生**有辦法，勉仁書院可期成，吾不離是，子盍歸來？……（頁377-380）

卷三〈答江易鏵〉（節錄）

來函論文，汝可謂能知文矣。雖然，百尺竿頭，猶須再進。

……附記：江生，四川梁山人，**梁漱溟先生**設鄉村建設研究院於山東鄒平，生從之遊，於**梁**門為高材生。余以抗戰入川，生得同居請學。其人甚自愛，服膺宋明理學家言，吾方期其有所成。不幸短命死矣。（頁384-386）

卷四〈高贊非記語〉（節錄）

……**漱師**閱同學日記，見有記時人行為不堪者，則批云含蓄為是。先生曰：**梁先生**宅心固厚，然吾儕於人不堪之行為，雖宜存矜憐之意，但為之太含蓄，似不必也。吾生平不喜小說，六年赴滬，舟中無聊，友人以《儒林外史》進，吾讀之汗下，覺彼書之窮神盡態，如將一切人及我身之千醜百怪一一繪出，令我藏身無地矣！準此，何須含蓄？正唯恐不能抉發痛快耳！

……吾惡惡如《春秋》，不能為行為不堪者含蓄，故與**梁先生**同處多年而言動全不一致。汝儕亦各自行其是可也。

……先生昨在曹州，因一事誤疑**梁漱溟先生**，大怒。**梁先生**亦不辯。先生蓋久之而後自知其誤，以告陶開士先生。開翁曰：疑而不匿，悟而能改，觀過知仁矣。（頁465-466、476）

卷四〈與梁漱溟〉（專函）

　　胸中時若有千言萬語急欲迸發，纔把筆則已呼喚不出，靈機鼓動，氣力不足以申引暢發之也。賤體太虧，如何如何。

　　真正人生之感，不是凡夫所有。其感是悲情，不是凡情。如來當初出家之感與其最後成佛時情感，仍是一般，所謂徹始徹終也。如當初一感未真，哪會幾年工夫便爾成佛？我往者之感，兄向者之感，頌天近者之感，都是凡情。不過此等凡情大不易得，蓋由外緣有所引發，回向真處。但是向真不是真機勃爾自露，猶如浮雲裏透露日光耳。此等情機發動，若得著路，便一直向上，生機不絕；不著遇路，則宛轉間不激而狂，必流於萎。頌天昨秋已來憤鬱不解，如尚聽其自然，必萎敗矣。

　　連年病發，心情昏亂。昨與孑老及某輩緘，偶述近況及已前所經，頗露窘苦難堪之狀。已發而悔。繼思之，此又何足深悔？平生心事皎如白日，只堪自信，何須求諒於不相干之人？然孑老自足知我，未堪一例抹煞也。世事至此，已如船山所云，害已成而不可挽，挽則橫流。在此惡勢周流六虛之會，於此於彼，形式雖殊，惡流則一。即有善良加入一方，恆隨流轉，勢不自由。惟有超然靜立乎惡流之外而隱有所持，雖哀矜而不容驟挽，藏之於慎密而持之以悠久，則造化在我，而默運於無形矣。此力之所志而實未能逮，終必顛連跌倒而強起以疾赴之者也。吾兄今日自居局外，但盡友宜，可謂得宜。任潮、真如與吾儕夙抱原自不同，即其經過以言，亦只好努力始終撐拄其間，結果只是做一日和尚撞一日鐘，成敗利鈍不能計爾。

　　手示敬悉。公開二字，是我生來之良能。然我慢之重，亦積習太深。黃河萬里，拖泥帶水而行，本素所自喻。然今且將老矣，又病矣，病益為拖帶之緣。今欲自行克治，尤以養好此病為先著，否則一切修養說不上。黃梅前身見四祖，四祖以其年老乏精力，囑再來。此雖神話，然修養須精力好才辦得，自可於此故事中會意也。

頌天得力處當有之，但恐易緣時又復故態。此事大不易言，須此心從事上磨練得勿忘勿助，方是到家。若現在養病期間，屏除一切外誘，借典冊警惕，引發靜氣，才得一段清明，此未足據。吾年來病困，兼以時事刺激，引起心緒惡劣，然屏棄書籍已久，靜觀萬事萬物之變，亦時有所得，倉卒不能言也。

昨訊有欲言未言，終覺不合。承示頌天函，似有念念不遷之說，真自欺語也。尼父七十不逾矩方是不遷之實，後生談何容易？又引先儒收放心之談而云只不放便收。不知吾儕有生已來，此心便嘗放失而不覺，對治已放，故說收。終古是收字功夫，豈容掉以輕心，高談妙悟？吾所努力，唯欲先做到不自欺一段工夫，以圖復我久放之心。凜然求孟氏所謂視民如傷、望道未見之念，看吾心真實有此痛癢否？不此之務而高言禪悅，猥以浮明，托於竊似，居以不疑，此晚世狂禪與陸王末流，所以獲罪而不自道也。此片務轉頌天。（頁521-523）

卷四〈答王平叔黃艮庸〉（節錄）

平叔懷鬱而有疾，時或彊力掙扎而不能有恆，激發興趣則怡悅進趣，操之過急又忽焉傷沮，此大可慮也。……

附記：平叔，四川巴縣人。少有奇氣，穎悟甚高，聞**梁漱溟**講學北庠，走京師從之遊。旋問學於余。素行脫略，觸及世事，輒慷慨泣下。……（頁535）

卷四〈與高硯莊〉（節錄）

大作看過，其中精透語雖不少，然以云論，則難言也。若不作論文看，尚有可取。倘欲名論，便沒意趣。……

附記：硯莊，山東郯城人。貧苦好學，胸懷高曠。初聞**梁漱溟**講學北庠，通函請益。**漱溟**介之晤余，問《大易》及佛學唯識論。余以《新唯識論》稿本與之，欣然有得。……（頁536-537）

《熊十力全集》第五卷

《十力語要初續》

〈紀念北京大學五十年並為林宰平祝嘏〉（節錄）

　　九年前，余欲作一文紀念蔡子老，⋯⋯今年有兩大文字應作，一為北大五十周年，一為《哲學評論》擬為吾友林宰平先生七十哲誕出專號。⋯⋯余與林宰平先生，同在哲系，為日良久。宰平行誼，居夷惠之間，和不流，清不隘，夷惠未之逮也。宰平學問，方面極寬，博聞而尊疑，精思而喜攻難。二十年前，余與宰平及**梁漱溟**同寓舊京，無有暌違三日不相晤者，每晤，宰平楓詰難橫生，余亦縱橫酬對，時或嘯聲出戶外，**漱溟**默然寡言，間解糾紛，片言扼要。余嘗衡論古今述作，得失之判，確乎其嚴，宰平戲謂曰：老熊眼在天上。余亦戲曰：我有法眼，一切如量。⋯⋯（頁20-27）

〈答某生〉（節錄）

　　來函疑老夫不學印度之甘地，而欲以哲學家鳴，此大誤。⋯⋯
　　⋯⋯民國二十九年，吾避寇於蜀之璧山來鳳驛，**梁漱溟先生**嘗過存，與言及甘地，彼嘅然有震厲群俗之意，余曰：中國人非印度人之比，仁者孤懷宏願，姑以自清，使後世知今日猶有巨人延生機於一綫，功不唐捐，又何餒焉？（頁35-36）

〈與友人〉（節錄）

　　世間學，只要天資不太蠢，血氣未衰，肯用功，便足期成。……**漱溟**欲為曲阜書院，不知果進行否？文化事業，定須倡自民間，一涉官場，便無絲毫效用。弟若在國立大學，講學有年，想不能有一毫影響於學風。國庠人物複雜，譬如阿賴耶識含藏無量無邊雜染種子，縱有一二清淨種子儲蓄其間，而力微勢孤，終不能發起現行也。（頁197-198）

〈與林宰平〉（節錄）

　　前得由寧轉杭一信，似問及諸友由學涉事之情況，據聞精神頗不差，此可慰，唯將來事功如何，不敢斷言。……

　　……近移來杭州西湖廣化寺，高樓俯瞰明湖，前對吳山，後倚葛嶺，如星小島孤峙湖中。憑欄而望，蒼蒼者天，明明者水，……會此眾妙，幾望離亂。兄與**漱溟**皆不得偕，以此相思，何堪惆悵！

　　……**漱溟**及平叔、艮庸二子，本約之共聚於寧。渠既留粵，則彼尚有四五人堪慰寂寞。若我兩人，則斷斷不容異處。弟之在寧也，氣味薰感，殊無多人，石岑迫於生計，不能離商務館而赴寧。若吾兄者，內抱孤貞而外不戾俗，誠不似弟之過僻，……（頁199-201）

〈與林宰平〉（節錄）

　　世事至此，真是民族存亡生死關頭。朋友中如有留心政治者，不必問其能力長短，只看他有無興會。若彼真有興會，即望肯去努力，都來談學問，亦是不得了也。弟與兄對政治鼓不起興會來，這個莫可如何；然憂時之念、救世之心，未嘗不切，只是性情不耐與政途為緣。自問不合供疏附與後先奔走之任，而又無導引萬類之宏

才，只合以書生終老而已。**漱溟**願力弘大，思想多獨到處，年來研究鄉村建設問題，不欲問政權，卻慮迂緩難有濟也。……以上二信，由宰翁交來。民國十四五年間，吾父與梁漱溟、石蘅青、林宰平諸先生同在舊京，念北洋軍閥將傾，天下事不堪復壞，常商量出處，其後吾父與宰翁終不出。此即吾父當時與宰翁決定不出之二信也，姑存於此。三十七年冬女仲光記。（頁202-203）

《論六經》（節錄）

……余參預友人**梁漱溟**主辦之勉人書院，曾提出《周官》，欲諸生精究，惜乎書院無資，諸生星散，老懷竟不遂也……

……又在過去私人講學機關宜恢復者約有三：一、南京內學院。此為歐陽竟無居士所創辦，實繼承楊仁山居士金陵刻經處之遺業。楊公道行，猶在眾口。歐翁一代大師，不煩稱述。……其次，杭州馬一浮先生主持之智林圖書館。一浮窮玄義之殊趣，宗禪理之要會，其學行久為世所共仰。……其三，**梁漱溟先生**主持之勉仁書院。在民國十年左右，彼與北大哲學系諸高材生有私人講習之所，曰勉仁齋，青年好學者頗受影響。抗日時，始在四川北碚成立勉仁書院。**漱溟**方奔走民盟，余時棲止勉院，曾以《大易》《春秋》《周官》三經教學者。**漱溟**本非事功才，以講學為佳，愚意擬請政府準予資助其恢復勉院，規模不必大，使其培養舊學種子可也。中國文化在大地上自為一種體系，晚周學術復興運動此時縱不能作，而搜求晚周墜緒、存其種子，則萬不可無此一段工夫。……余確有中夏興復之信念，故對文化，欲效獻曝之忱，今奉書左右，至希垂察，並懇代陳毛公賜覽，未知可否？書中所請設立中國哲學研究所與恢復內學院、智林圖書館、勉仁書院等辦法，懇代達政務院，是否有當，伏候明教！辱在相知，故敢相瀆。伯渠必武沫若諸先生，統希垂鑒。（頁686、774-775）

《熊十力全集》第六卷

《新唯識論》刪定本

〈附錄〉（節錄）

　　……昔在北京與友人林宰平**梁漱溟**言，佛家之學須看他大處深處，若云理論，則為宗教思想與空想所誤者亦不少，余故欲評而正之。吾國向來嗜佛者大概屬名士，談玄說妙，無不陷於籠統與混亂，久為思想界之毒，其於佛家罕能得真知實見。……（頁298）

《熊十力全集》第八卷

【熊十力致梁漱溟專函】

《論文書札》

〈與梁漱溟〉

（一九二五年三月二十九日）

漱溟兄：

不須南來，空勞何益？

三月二十五日手書收到。以前一切話都置之，過去事已過去，唯當重新振作耳。我昨東來感觸太多。世事、家事、朋友事、自己行止事，加以一春淒風黃塵，種種苦人，把我弄得幾乎要死。又回憶年來不長進，自毀自恨，又時愴然淚下。吾恨足下，吾恨竟翁，使竟翁坦然公平待我，又無其他夾難，我一心在南京講學，豈不好哉！北上遇足下，而足下軟弱反過於我，令我一人振作不起來，嗚乎！天下大矣，吾將誰與？

江西雖有幾畝田，而兄弟牽制，畢竟難令我靜心為學，我所以想拉扯幾位朋友相挾持也。自昨秋冬以來，頭腦常悶，腰常漲，心中常易起悲思，有時自懼或是不良現象。然我一向易悲，此話有幾次與平叔說過。卻不始於今日，所以懼者，為腰漲等象耳。然我亦常與你言，以我之肉軀而論，宜早死然終不死，則今之腰漲亦不足懼耳。省吾兄嘗云：凡願力大者，常恐其生之促，昔者然乎？或奘師將譯《般若》六百卷，常恐不成而死，而卒乃成焉。吾所欲發抒者，至大至要，天不喪斯文，必將有以庇我矣。常作此想而壯心

生也。總之，昨冬以來算是變態心理時多，此後安居已定，收拾精神，當一往向前也。

吾已來武大矣，德安之議取消。私心欲俟蘅兄回校，與之商量，欲請足下來鄂共居三五年再說耳。天予聰明才力，悉疲於討飯之鐘點，嗚呼痛哉！

蘅兄歸期尚未得知也。弟住校內東樓上第二層，臨蛇山，綠水天然圍繞。贊非與我同居一室，此子文學今年有進矣。其費用我酌助之，不難也。

陰曆三月初五日

弟子真白

（頁381-382）

〈致呂澂并附與梁漱溟論宜黃大師〉（節錄）

（一九四三年三月十日）

來函收到。師事、法事，一切偏勞，吾感且愧。……吾與**漱溟**信中，對師直抒吾所感。茲附上。想老弟不盡謂然。但吾所見實如是，非敢故逞僭妄也。

附：〈與梁漱溟論宜黃大師〉

竟師之學，所得是法相唯識。其後談《般若》與《涅盤》，時亦張孔，只是一種趨向耳，骨子裏恐未甚越過有宗見地。如基師之《心經幽贊》然，豈盡契空宗了義耶？竟師願力甚大，惜其原本有宗，從聞熏入手。有宗本主多聞熏習也。從聞熏而入者，雖發大心，而不如反在自心惻隱一機擴充去，無資外鑠也。竟師一生鄙宋、明儒，實則宋、明諸師所謂學要鞭辟近裏切着己，正竟師所用得着也。竟師亦間談禪家公案，而似未去發現自家寶藏。禪家機鋒神俊，多玄詞妙語，人所愛好。恐竟師談禪，不必真得力於禪也。

竟師氣魄甚偉，若心地更加拓開，真亘古罕有之奇傑也，不至以經師終也。竟師為學踏實，功力深厚。法相唯識，本千載久絕，而師崛起闡明之。其規模宏廓，實出基師上。故承學之士有所資借。如章太炎輩之學，談佛學與諸子，祇能養得出一般浮亂頭腦人扯東說西而已，何能開啟得真正學人來？竟師於佛學，能開闢一代風氣，不在其法相唯識之學而已。蓋師之願力宏，氣魄大，故能如此。若祇言學問知解，如何得陶鑄一世？竟師氣魄偉大，最可敬可愛。惜乎以聞熏入手，內裏有我執與近名許多夾雜，胸懷不得廓然空曠，神智猶有所圍也。因此而氣偏勝，不免稍雜伯氣。其文章，時有雄筆，總有故作姿勢痕迹，不是自然浪漫之致也。其文字雄奇，而於雄奇中乏寬衍，亦是不自然也。凡此皆見伯氣。竟師文學天才極高，倘專一作文人，韓愈之徒何敢望其項背耶！竟師無城府，於人無宿嫌。縱有所短，終是表裏洞然，絕無隱曲。此其所以為大也。吾《新論》一書，根本融通儒佛，而自成體系。其為東方哲學思想之結晶，後有識者起，當於此有入處。吾學異於師門之旨，其猶白沙之於康齋也。雖然，吾師若未講明舊學，吾亦不得了解印度佛家，此所不敢忘吾師者也。（頁420-423）

〈致梁漱溟〉

（一九四九年九月五日）

漱兄：

　　頃閱與艮函，謂我有餓死之說。誠然。如將來無可教書，又或辱不堪，有一於此，即如是以了結之耳。此主意須先拿定，然後臨時不驚惶。但時未至時，吾還為武侯苟全性命之計。年已至此，死不足悔。總有此一遭故也。生物皆懷生，何況於人？義可強生，猶不求死，此常情也。吾自猶人。

若以世道論，謂吾儕如可守義而不餓死，吾敢曰：上帝不能保證，孔子、釋迦或不肯作如是看法。不說一千年，至少百年，人類無寧日。而況衰敝不堪之炎、黃遺類乎？言之痛也！後漢以來二三千年，族類常在夷、秋、盜、賊迭相宰割之中。民德之偷、民性之卑、民智之陋、自私以圖苟存、不知大計、不知公義，其來久矣。其養成之，非一日矣。西化之來，只蕩固有好處，而借新花樣以發展固有惡習。在此世界狂潮中將不知所底也。吾哀也，固拿定「餓死」二字也。

通旦云赴印，無譯人，一難也；人家不肯多請譯人，二難也。有說羅君放空砲，只云印政府介紹其各大學。可見尚托空言。牟子在臺，何肯從吾作譯人乎？老老實實不捨學、不離師，今日何可談如是□。

雨僧先生致念。

頌天告通旦。

九月五日

（頁584-585）

〈與梁漱溟〉

（一九五〇年）

漱兄：

關於大著文化書，弟前已屢函，茲不贅。大者且勿論，如必以西洋人著書成一套理論，而遂謂中國無哲學，此乃吾絕不忍苟同。時俗說先聖之學皆用藝術眼光看去，吾尤痛心。藝術是情味的，野蠻人皆有之。曾謂先聖窮神知化與窮理盡性至命之學，只是藝術之謂耶？世人方無知自毀，吾儕何忍同俗調乎？

如只有宗教與藝術而絕不足言學術，文化足言乎？兄既否認古代科學，其實古代只可說為初步的科學，而不可謂其非科學。古代

藥物、醫術、機械、地理、工程、物理、博物等等知識，亦不可謂其非科學的。必以現代科學之進步而否認古代科學，是如見成人而謂小孩非人類也，可乎？

科學且置，必謂中國不足言哲學，何必如此乎？主義與思想，諸此，吾前信已說過，不有學術而言主義，可乎？真足為一派思想而謂其非學術，可乎？吾前信可復看。胡適之云我們的老祖宗只有雜七亂八的一些零碎思想，而不足言哲學。二十三四年北大哲學系一學生親聞胡言而告我者。此等胡說，兄可適與之合乎？

哲學定義非是愛智，後來還有許多家。而且任何學術的定義都是你所非衷願。哲學固不遺理智思辨，要不當限於理智思辨之域，此如要討論，殊麻煩。中國的學問思想雖久絕，而儒道諸家僥存者，不可謂其非哲學。以其非宗教、非藝術故，以其不遺理智思辨故，但其造詣卻不限於理智思辨，此當為哲學正宗。兄如將中國哲學也勾消，中國當有何物事？無乃自毀太甚乎！自棄太甚乎！

鄧子琴累函言兄有意約彼來京，此子於古書涉獵較多，實可約來。但兄究定若干人，用費需若干，似當有一計畫，從速決定⋯⋯

（頁648-649）

〈與梁漱溟〉

（一九五〇年五月二十二日）

漱兄：

前與淵庭帶一小條，當收閱。

尊書談中國方面，吾多不贊同者：一、中國確是退化，唯太古代至戰國時期光彩萬丈。兄古代太忽略，直等於置之不論，此吾不贊同者一。二、中國文化雖開得太早而確未成熟，尤不當謂秦以後二千年為成熟期。秦後二三千年，祇有夷化、盜化、奴化三化，何足言文化？此宜替歷史揭發，永為來者之戒。三、尊書談到根源

處，祇揭周、孔禮教一語。孟子在戰國敘學統、道統，從堯、舜、三王直到孔子，吾以此為定論。唐人始尊周公，原是莫名其妙，並未明其所以然。尊意即提出周、孔禮教，便當分別說明周公之思想與主張，及孔子之思想與主張，然後略明孔子之承於周公者何在？孔子本人之思想，其體系如何？其宗主為何？秦以後衰微之運是否尚存孔子精神？今後發揮孔子精神，宜如何捨短取長？孔子思想自當求之《六經》。《六經》以《易》、《春秋》為主，《周官》次之，三經綱要提得起，餘經皆易講。周公之思想難推考，吾意三禮中唯《儀禮》是周代典制之遺，非孔子所修。此書雖非周公本人所作，而周代典制必承周公開國之精神與規模，殆無疑義。今欲究周公之禮教，似當由《儀禮》之章條而推出其理論或義蘊。二三千年來，治《儀禮》者，祇是訓詁名物，不知其義。周公之影響於兩周之世運者為何？如其影響於孔子集大成之儒學者又如何？此皆談文化者所不宜略。

尊書談義務權利諸處，甚善，然須於本源處有發揮而後言及此等處，自更好。本源處，尊書固曾及之，即所謂禮是，然吾猶嫌於禮之義猶欠發揮。

《六經》之道，含宏萬有，提其宗要，則仁與禮而已。仁者禮之本，禮者仁之用。徒言禮教而不談仁，則無本，是亦尊書遺漏處。雖云談文化與專講哲學者不同，然文化根源處總須提及才好。

倫理在古聖倡說，祇是教條，亦可云德目。垂此教條，使人率由之，久之多數人習而成化，固有可能，然不必人人能如是也。若云社會制度或結構，中國人之家庭組織卻是屬於制度或結構者，尊書似欲諱此弊，而必以倫理本位為言。其實，家庭為萬惡之源，衰微之本，此事稍有頭腦者皆能知之、能言之，而且無量言說也說不盡。無國家觀念，無民族觀念，無公共觀念，皆由此。甚至無一切學術思想亦由此。一個人生下來，父母兄弟姐妹族戚，大家緊相纏縛。能力弱者，悉責望其中之稍有能力者；或能力較大者，必以眾

口累之，其人逐以身殉家庭而無可解脫，說甚思想、說甚學問？有私而無公，見近而不知遠，一切惡德說不盡。百忍以為家，養成大家麻木，養成掩飾，無量罪惡由此起。有家庭則偏私兒女，為兒女積財富，以優養驕貴。兒大則愛妻子而棄父母，女大則愛丈夫與其所生子女。人類之卑賤與殘忍以至於此。余痛此習不革，中國無可自強。吃苦，自立，不圖安逸，不存私心，如此，則剝削之邪心消滅，達於德與廉恥矣。尊書巧避家庭本位之醜，而曰倫理本位，做好文章果何為者？此好文章祇是你個人的德性表現與人格表現，而何預於中國文化？

我說中國文化開得早而未成熟者：一、《大易》明明言「裁成天地，曲成萬物」等等，此比西洋人言征服自然、利用自然，尤偉大、尤宏富。荀卿〈天論〉言「制天而用之」一段，即本於《易》。假使此等廣大義趣不絕於漢世象數之易家，則吾古代百家之科學思想必大發達無疑。又如「制器尚象」、「備物致用」、「立成器以為天下利」等等精義，亦皆科學精神。由此精神發展去，則生產技術與工具必早有發明，而吾之社會因仁與禮之本源異乎西洋，或者不至演資本主義社會之毒而別有一種創造。易言之，則〈禮運〉大同之盛得早現。

二、《公羊春秋》已不許大家庭組織存在，一家至多只許五口人，子多者，其長成必令獨立成家，不許父母兄弟聚成大家。倘此制實行，中國決不會為秦以來二三千年之醜局。

三、尊書言中國祇有民有、民享，而無民治，真奇哉！信若斯言，人民不參預國政而享誰、而有誰乎？譬如某家子弟不治家事，而專倚賴父兄管家者，此等子弟猶得享其家、有其家乎？《周禮》之地方政制嚴密至極，此非民治乎？各職業團體皆得以其職與內外百職事並列，此不謂之民治而何謂？《大易》〈比卦〉之義，即人民互相比輔為治，此得曰吾之臆解乎？

吾略舉三證，中國文化分明未成熟，先聖啟其理想，後嗣不肖未能析明與實踐，何謂成熟？吾所欲言者甚多，細節處亦多可商。但一個多月以來，飽聞糞氣，吾與仲女均無精神。覓《易經》又覓不好，無法達意，望兄垂察。兄書時引出問題，有極好處，亦時有病。惜吾今精力短促，難以細語商量。昔居覺生兄言，人生六十五以後便覺衰，力量不行。吾六十生日彼嘗言此，艮庸昨猶憶其語，今六十六乃深覺精力差。東兄前言，候你回，吾三人當聚談一會。宰平猶未至，將不來聊。

五月二十二日午後

（頁650-653）

〈與梁漱溟〉

（一九五○年五月二十四日）

　　前天一信，殊未盡意，茲略申者：

　　兄言中西文化之發展似歸本於感情理性與理智各有偏勝。吾以為如本體透露者，則本體流行，觸處是全體大用顯發，感情理智決無偏勝。故〈乾卦〉言仁而大明在，孟子、陽明言良知而萬物一體之仁在，此真實義也，不可忽也。吾古聖以此為學，以此立教，以此立政，以此化民成俗。

　　本體未澈，即在虛妄妄戲分別中作活計，雖云妄識為主公，而本體未嘗或熄，但妄識畢竟乘權，本體終難呈露。妄識流注，有勢用而無恒德，有偏勝而非圓滿。以上二語，千萬吃緊，余確是自家體認得來。佛於圓成言圓滿，《易》於乾體言圓神，皆不可以分別心去索解。故其行於物也，則猛以逐物與析物、辨物，而理智勝；其希求寄托也，則投依與執著之情勝；其與人之交也，則對峙與爭衡之情亦勝。爭衡謂由鬥爭而求得平衡。兄謂西人祇是理智的，其實西洋人亦是感情的；但其情為妄情，不自本體流露耳。所以西洋

文化一方[面]是理智，一方面又是最不理智。兄似於西洋文化根荄尚未窮盡真相。西洋文化本自二希，一希臘的理智，一耶教希伯來的感情，二者皆不識本體，即不澈心源，此中有千言萬語難說。吾年五十五以後，日日究一大事，漸有所悟，六十而後，益親切無疑。

中國何嘗祇是情勝？古代百家之科學思想雖已失傳，而天文、數學之造詣似已不淺。指南針作者，一云黃帝，一云周公，或黃帝首創、周公繼述也。此非明於電磁者不能為，則物理知識古有之矣。李冰，戰國時秦人，其水利工程當在今人猶驚嘆莫及，則工程學盛於古代可知。木鳶則墨翟、公輸並有制作，是亦飛機之始。舟舵發明，當亦甚古，西賴之以航海，此與造紙及印刷術貢獻於世界者甚偉大。《易·繫傳》言「裁成萬物」天地曰成，荀卿本之作〈天論〉。又曰「開物成務」、「備物致用」、「立成器以為天下利」，此皆科學精神之表現。周初或有奇技淫巧之禁，而孔門《易》學已力反其說。漢人象數實為術數之《易》，非七十子所傳孔氏之《易》。孟軻稱孔子集大成，是為中國學術思想界之正統派，萬世不祧之宗也。惜乎漢人迎合黃帝，妄以封建思想釋說而經遂亡。今不注意聖人微言大義之僅存者，而斷定中國決不能有科學，餘實未能印可。科學思想發生於古代而斬絕於秦、漢，此其故，自當於秦、漢以後二千數百年之局考察情實，自不難見。吾《讀經示要》曾言之。

民主政治，兄謂中國人祇有民有、民享諸義，而所謂民治，即人民議政或直接參政等法治與機構，中國古籍中似無有。吾謂不然。先說聖言治道，其本在仁，其用在禮。仁者禮之本，禮者仁之用。而政法皆禮之輔。《春秋》與《周官》之法制，可謂廣大悉備矣。茲不及詳，略就兄所云民治者徵之。《春秋》書新人立晉便有由人民公意共選行政首長之法。《周官》於國危或立君等大事，亦有遍詢民眾之文；又於各種職業團體皆列其職，即各業團直接

參預國政。至於地方制度之詳密，尤可見民治基礎堅實。余常以《周官》一經為由升平導進太平之治，灼然不誣。程、朱與方正學並尊此經，皆有卓見。西洋議會少數服從多數之規，吾先哲似不盡贊同，兄已見及此，然先哲未嘗不徵取多數意見。孟子蓋《公羊》《春秋》家也，其言國人皆曰賢未可也，見賢焉，然後用此即明政長，必遍徵人民公意，而仍不以眾議為足，必本其所自覺者裁決之，始付諸實施。孟子雖就用賢一事為言，推之百政，殆莫不然。余謂孟子此等主張最有深義，凡民主國家遇有大事，咨於群眾，往往有昧於遠識者，咨其群而合於庸眾偷墮之情；或逞其偏見，易得大眾贊；或險默之徒陰挾野心，而飾辭以欺騙群眾，一夫倡說，眾人不察而妄和；此弊不可勝舉。是故孟子言用賢必遍徵國人公意而卒歸於政長之本其所見，以為裁決。如此則政長有前識於大計，議會不得撓之，此為政長留自決之餘地，實議會政治之所當取法也。春秋戰國間，法家談民主者，必與儒家相為羽翼，惜其書已失傳。《讀經示要》曾言之。孔門之儒大抵依據《春秋》、《周官》，注重法制。如孟子傷當時之民無法守，又曰徒善不足以為政，其留意法制可知。今傳孟氏之書，或其弟子所記，不可窺子輿思想之全也。《管子》書似亦大體近於民主思想，而惜其不純，似多雜糅之文，七十子後學尚法者所托。六國昏亂，一切學術頻於廢絕，秦政更毀之務盡。漢儒徵焚坑之禍，《春秋》許多非常可怪之論都不敢著竹帛。史公、何休當時尚聞口義，漢以後逐不可復聞矣。今若遽謂古籍中無民治制度，吾就《春秋》、《周官》、《孟》、《管》諸書推之，猶不敢作是武斷。

中國學術，兄又謂其非哲學，或不妨說為主義與思想及藝術，吾亦未敢苟同。夫哲學者，即指其有根據及有體系之思想而言。非空想，非幻想，故曰有根據；實事求是，分析以窮之，由一問題復引生種種問題，千條萬緒，雜而不越，會之有元，故云體系。思想之宏博精密如是，故稱哲學。子貢稱孔子曰：宗廟之美，百官之

富，可謂能了悟孔子之思想者。孰謂如是美富之思想，不可名哲學乎？主義者，綜其思想之全體系，而標其宗主之義，以昭示於人，故言主義，孰有不成學術而可言主義乎？藝術畢竟是情趣之境，非由能詮深達所詮。能詮謂智，所詮謂禮。今俗以中土之學歸之藝術，是自毀也，而兄何忍出此乎？斯文行墜，吾偷存一日，猶當維護朋友之義，存乎直諒，願察苦懷，勿以為迂人有成見也。

（頁653-657）

〈與梁漱溟〉

（一九五〇年七月二十七日）

漱兄：

此來為我所不願，匆匆一別，又未卜何時得一面。海隅舊宅，如不見函允，吾決不北遊。社會問題，吾前年亦稍涉新籍二、三種，雖非大部，而馬、列之精義已可略窺。所謂嘗一臠肉而知一鼎之味，睹梧桐一葉落而知天下之秋，是在善領會耳。社會、政治方面之理論，吾於馬、列不能不殷重贊美，獨惜年力已衰，未堪致力於此耳。至於哲學，窮至宇宙根源，畢竟不容作物質想。若謂彼云物質並不是作為可摸可觸的固定物事想，如古代唯物論者之見，而其所謂物，實亦是生動活躍、變化無竭之真，則與古哲不同者，祇是名詞之異，窮其實相，無所異也。兄昨所云卻是如此，吾決不曾誤會，而吾實不能贊同此見，此話要說便太長。

當知體用本不二，畢竟有分，而所謂心與物要皆依用上立名。若不辨體用，而剋就用上目之，以為真源，是猶執眾漚相而不辨其本出於渾全的大海水也。

若以體言，自是備萬德、含萬物、肇萬化。古哲以真常言本體者，並非謂本體是恆常不變的東西。果如此，則體用將分成二片。佛氏便有此謬。因為用是動躍的，體是恆常不變的，固明明將體用

截作二片也。唯體是動躍的，現作心物萬象，譬如大海水是動躍的，現作無量眾漚。《新論》故說體用本不二，而亦有分；雖分，而仍不二也。曰真曰常，皆就本體所具有之德或理言，不可把本體看作常恒不變的定體也。《新論》於此辯之甚明。

古哲證體之學究不可忽而不究。不見體，則萬化無源，人生昧其真性。此中有千言萬語難說得，高明如吾兄，慎無以此為迂談也。

證體之學，吾意此祇是為學入手工夫，不可以此為究竟。古哲失處，大都以此為究竟。佛氏出世法，自必以此為究竟；道家曰主一，曰抱一，曰致虛極、守靜篤，皆以此為究竟。是以遺物、反知、厭世、離群，其弊不勝窮也。宋、明理學之含養性地，皆有以證體為究竟之失。吾謂學者須先見體，既了大本，卻須透悟現實世界，即是一誠。孟子曰：「誠者天之道也。」誠為本體之名，其義甚深。自有成己成物與裁成天地、曲成萬物，化育參贊，富有日新等等盛德大業，完成其本體之發展。若不如是，只期默然內證，以此超脫萬物之表，卻是獨善自私，何曾有天地萬物同體之實乎？昨未眠好，未能道意，希兄察之。

兄昨言名無定，殊甚誤。《春秋繁露》曰：《春秋》辯物之理，以正其名，名必如其真注意。《尹文子》曰：形以定名，形者，意象或概念也。名以定事，事者，事物。名本聲音，而聲音所由發，則出於人心之意象或概念。名之散殊，各本於意象或概念之差別。差別者，不一義。有桌子之意象，而桌子之名以定；有杯子之意象，而杯子之名以定。故曰形以定名也。然須復問：意象何自出？意象固緣事物而生也。緣者，攀援思慮義，非無事物存在而得憑空現起意象或概念也。由人心緣慮一切事物而起意象，以是定種種名；即由如是種種名，以定萬殊的事物。此知識所由成，學術所由起也。事物定之以名，名定於緣慮事物而生的意象，一切不容淆亂，亦本來不相淆亂。如梵方聲音與中華人聲音雖不同，即立名雖不同，然梵人杯子之名定於其緣慮杯子時之意象，則與華人不

異。故吾人用華文翻梵語，如對於杯子其物之名。自不會翻杯子以桌子或其它物名。若不然者，則一切物或義理之名，悉淆亂而無本，吾人不獨不可讀梵書，又何可與梵人通語乎？又何可與人辯物析理乎？

　　唯物論談到宇宙根源處，與華、梵古哲談到宇宙根源處，謂不過名詞之異，無義指之殊，則吾所傷懷而不願聞也。吾衰而兄亦老矣，平生道義親交，不絕跡之交，宜以全神注意於此。農村情狀，大概免不了一「餓」字，《老》云不出戶、知天下，吾頗懷斯感。與其作不必要之奔波，何若潛心素業。吾儕今日生存意義，亦只在此。否則偷活若十歲月，亦何所謂。方今學校，毫無向學之幾，令人苦悶欲絕。仲揆過此兩度，前一次，值吾赴鄉人吃雞湯之約，未相見；後一次乃晤談。彼意興甚佳，勸吾勿悲觀。欲與論文教，彼確甚忙，不及深說。吾確未免悲觀，頗思候江西土改，或回德安，翦一點十，了此殘年。

　　淵庭、仲顏、云川、艮庸同一看。

　　蒙文通於晚周故籍搜閱多本，當致之科院，但無回音。

七月二十七日
（頁657-660）

〈致梁漱溟〉

（一九五六年六月十七日）

漱溟兄：

　　聞赴大連，此地氣候甚好，不知兄病已好否？我於五月底才完成下卷，但不知何時可出書。六月十四日移住淮海中路二〇六八號樓房二樓。此房是假三樓，即第三層不高，可住少數人，不能住多數人，二樓最佳，樓下亦住二家，皆人口甚少。二樓全部歸我，面前花園頗大，樹木長大，西邊窗前純是綠化。來此才三日，吐痰再

無黑灰，此乃最喜之事。日夜有清涼風，才嘗海風味道，此舊住處所不能有也。

劉公純生事窘，聽其來同住，為我作查書之工作，向公家求予月四十元，他已來了。然他若不知節儉，便恐難久也。

淮海路即昔霞飛路，距善錦路甚遠。（頁737）

〈與梁漱溟〉

（一九五六年七月十六日）

漱溟兄：

七月十日片頃到。靜坐可使體氣轉強，吾信此理而未之能行。如欲行之，非決心息思慮，恐無多效力也。息思慮極不易，從佛家十信之功入主，雖制止思慮，亦無大補也。晚世治哲學人信根全傷，難言守靜篤也，此意難言。余四弟於老五月二十三日病故於德安家中，年七十才過。吾未盡兄道，思之祇堪一痛。哀哉人生，何處不是缺憾！吾今年甚多衰象，恐向後無多年日也。時有戚戚心懷。一生思慮工夫多，涵養全乏，唯到臘月三十日，自信謁先聖尚無虧損大節之惡耳。

住宅唯電車與汽車聲不靜。（頁738）

〈與梁漱溟〉

（一九五八年六月二十五日）

漱兄：

來信六月二十一日頃到，即復。你說明了我的誤會，即不再談。今午後二時多，曾答宰平兄一片，囑轉你。郵後，你信才到。

今首要答你的，我喜用西洋舊學宇宙論、本體論等論調來談東方古人身心性命切實受用之學，你自聲明不贊成。這不止你不贊

成，歐陽師、一浮向來也不贊成。我所以獨喜用者，你們都不了解我的深心。在古哲現有的書中，確實沒有宇宙論的理論。孔門亡失了千萬數的經傳，是否有宇宙論，今無從考，也許有而亡掉。

今日著書不是有所為，我現身未獲名，這句話我還要聲明，當初不無求名之意，三十五歲以後，專克治此一念，才得切實為學，確去了名心，此不自欺欺天之言。我在三十五以前，雖有聰明，而俗念未去。死後之名用不著且不說，我們這種學問與著作根本難傳。你始終以為道在天地，書可傳者必傳。我相信非道弘人，愈見道的書愈難傳。但知識技能之書則不在難傳之列。若古時，如惠子、墨子之書猶不傳了，何止孔門千萬數乎？

我的作書，確是要以哲學的方式建立一套宇宙論，這個建立起來，然後好談身心性命切實工夫。我這個意思，我想你一定認為不必要，一浮從前也認為不必要，但也不反對我之所為。你有好多主觀太重之病，不察一切事情。我一向感覺中國學校的佔勢力者，都不承認國學是學問。身心性命這些名詞他討厭，再無可引他作此工夫。我確是病心在此，所以專心閉戶，想建立一套理論，這衷的苦況無可求旁人了解。西洋人從小起就受科學教育，科學基礎有了，各派的哲學理論多得很。我相信，我如生在西洋，或少時喝了洋水，我有科學上的許多材料，哲學上有許多問題和理論，我敢斷言，我出入百家，一定要本諸優厚的憑藉，而發出萬丈的光芒。可惜我一無所藉，又當科學發展到今日，空論不可持，宇宙論當然難建立。我的腦瓜子用得太苦，太耗虧，人有些病態，顯然明著。結果我在宇宙論上發揮體用不二，自信可以俟百世而不惑，惜不能運用科學的材料。《體用論》後面已說過，希望來賢，有繼此業者。這個成立了，方可講身心性命。古人早提出天人兩字，須知天字的義蘊就是宇宙論所要發揮的。人道繼天，天不講明，人道也無從說。今日與宰平片中提到心斷其源，智慧道德，一切一切皆無根。習齋《四存》，吾注重一存，日存此心。這個不存，古學全崩矣。

你或者不同此看法，一浮卻也注意及此。義理有分際，本體論、宇宙論，這些名詞我認為分得好。但西人的講法，往往把宇宙人生劃分了，那就不對。然如柏格森的講生命，並未劃分，可惜他未識得真的生命。

《大易》乾坤之義，確是宇宙人生融成一體而談，我是拿這些來講宇宙論。你忽視成物事是錯誤。成物後面成立乾為精一，統御乎物，層層是為存此而說，煞費苦心，你完全忽視，我所以動氣。佛法確實要改造，我們祇可把它還一個地位，完不是人道之貞常，我還他一個抗造化的地位，其源出於大悲心，你要大著眼孔來看。從宇宙體用上說，本無不善，然而翕方成物，確有固閉與下墜之勢，人生罪過於此起。聖人說天道鼓萬物而不與聖人同憂，老氏天地之嘆，義深遠矣。〈坤卦〉曰：先迷失道，後得主而有常。坤，物化的方面也，物不受陽即心的統御，即迷而失貞正之道。物從心，即為後，則得陽剛之大明與仁的心乾稱大明，又曰健為仁。為其主宰，故有以全其貞常之性也。這樣談心物，從宇宙論的觀點說是如此。言《易》者，動輒說相反相成，如何相成？須是陽主乎陰，宇宙即是始於大明。從人生論的觀點來說，更不待言。所以我說《大易》是以宇宙人生融成一體而談，此不同西學者也。

你把《體用論》看成無用物，所以我忍不住氣。此與宰平兄一看，亞三、艮庸、淵庭同看。淵庭信寫明六月十三日，而昨天中午六月二十四後才收到，何以如是遲？譯稿事，昨傍晚即以一片寄華東師大教務處，問各出版社或其它組織，須要淵庭所願譯的稿子否。我想他總會找一下，看他如何答。我現在拼命在寫稿子，少暇。前各舊稿好好保存，待此書成，再函你寄來。

六月二十五日快要傍晚

（頁758-761）

〈與梁漱溟、林宰平〉

（一九五八年六月）

……人之相知，貴相知心，唯古哲人，心之精微，常歷億劫，不可得一相通。船山王子有云：「前百歲而後千春，誰知我者；抱丹心而臨午夜，自用照然。」余每三復其言，聊以自壯。汝若有靈，勿以老夫為念。嗚呼！往而不返者，化之無滯；來而莫窮者，道之至足。汝與古聖賢、與天地萬物，皆乘化以逍遙，體道而無盡。余形骸從變久矣，守小體而失人體，余雖寡昧，未至於斯。心事萬千，欲言不得……

漱、宰兄：

詳吾點圈處，方了悟人生所學。

末段加圓點處，體用不二之蘊與死生之理盡於此矣。淵明「縱浪大化中，不喜亦不懼」云云，未免流浪而不見體。龍樹歸依實相，猶是體用為二，無著亦然。化無滯原是道之至足，道之至足，故乃化而無滯。即用識體，即體見用，體道無盡，乘化逍遙，本來不二。老氏乘化而不能體道，則流浪生命而已，豈真得乘化奚？從來文人，好言乘化，是可哀也。

今日答宰平兄片中，曾說佛經說真性在纏，是生死關者。有一雜記，稱龍樹說見性人雖誤犯大過，不墮惡道。後學或反對之，有說不可反對，是在乎其見性了。若真性在纏，即無見性之幾，命終使不知飄流何所。見性，朱子重涵養，然若缺乏省察，恐諸多染種更不好也。故省察要並重。（頁761-762）

〈與林宰平、梁漱溟〉

（一九五八年七月二十二日）

宰、漱兩兄：

　　今天來客談及五行家言。五行家之術行於晚周時代，荀卿有非命之論。我向遇人好試之，不甚信，而信相法。然解放前三年，遇一羅易為吾作批，向未相知，而幾乎都合得上。他批我丙申、戊戌兩年都險，戊戌難過去。所黏者即其桌子中之文也，我剪這箋字下來，我要留其單子。丙申即前年，這年秋後，忽然全身骨鬆散，大動脈突出寸多，腦空，心胸痛，腰樹不起，不能吃，冬臘甚危。今年戊戌，發願寫作，如作成，雖過不去也心安。熱天我常五更起寫，尚可支，不知秋後如何。此即《體用論》未作之章《明心》，今不便合訂，祇好另立名，作單行的小冊。現立名《心學要略》，宰哥看此名目可揣其內容，此書名可否？或叫《心論》，或叫《心學》，或叫《心學要略》，三名孰妥？宰哥可為另取一名否？望快以片告。擬為三章，第一章已成五十頁，尚未完，每頁字數同《體用論》。我不想多寫，於人太苦。年已到衰，耗腦血殊苦人。且起來買東西吃，很難得。雞已從去年起戒殺生，決不開禁。牛肉吃不得，羊肉太不好，鴨也太不好，皆皮骨也。所說鴨是宰了的，活的也不買。白耳之類均不可用，太不好也，直無滋養可言。雞蛋尚可買，而血管硬化，每天只可吃一個，兩個便不宜。牛奶不好，未定購。用起心來，甚苦，拼命幹。

　　我欲存心、存孔。顏習齋《四存》，我且管二存。遠西哲家根據科學知識而用分析之術弄出一套理論，各有所長，但終不能窮高極深，不能窮神知化。我所以常恨少年時未得出洋，我所差的是科學。若得出洋，我自信要開一道光芒。漱兄討厭西方舊哲的理論，我覺得不應這般見地。理論如果是應理的，應，猶合也。萬古常

新。如佛典的老話：「不應道理。」這種理論是可厭。要注意理論的內容。我雖老，猶時或忽然來一個快語。但是這個快，還要根據它再向各方面去證實，才得演成一個可靠的理論。如果自矜快語，而不多方面去證考事實，那一點快語不獨沒有證實，而且不能六通四辟去。做哲學的人，要時時有快語才行；否則陳陳相因，不會見理道。更可惡者，亂七糟八扯話頭來。古人也多用舊說，章實齋於此多所考。但舊說經他用來，卻成為他的新物事。

淵庭譯稿，我替劉君與此人要履歷，或有一點接洽。他不輕諾寡信，淵庭久不答，今已罷論。

七月二十二日午後

（頁764-765）

〈與梁漱溟、林宰平〉

（一九五九年一月）

漱、宰兩兄：

粵人算命術，似是十年以前事。他說我今年難過去，我曾秋中函告你二人。漱兄不答，宰兄不信。其實今年大衰如昨，而不暢意處往往有之，所云今年，指舊曆而言。想寫信而無精神寫，日來得宰兄信，本不欲答，而衷心感念，又不能自已，故亂寫於此。

自度體氣慮幾之動不可久長，唯願兩三年內：一、寫《易乾坤疏》，此著極重要，難筆談。雖意思曾見於已印過之書，而更總括於《乾坤疏》，本源甚明。二、寫一自述。三、《名相通釋》要改作一書，書名亦另提。四、《語要》刪存。區區此數者，能完成再去，吾亦少憾，但未可必也。今年特別怕冷，因年老而營養太缺乏，羊肉每不可購得，食品多難得，而傭人太無辦法。兒處屋狹小，多不寧，無可為計。前說欲寫者，若在前、去兩年間，猶自信可寫成，今則不然。又復須知，雖寫成，亦不能作即存之想。須各

抄五六部，此筆抄寫費和紙費亦不輕。從丙申十月起，實行加資，而前年幾乎未注意，為鄉里親屬與若干故舊所耗。今年舊曆對鄉里親屬並未助什麼，一因鄉中無生產力者不甚少，而其家無助，我的親屬如常助之，亦不合情理，因此今年即減少其助。二因今下半年公社有飯吃，亦可快意，但衣食日用，目前猶未能遽有辦法耳。此據鄉人來信，然大體上已有飯吃矣。此言鄉里減麻煩，但兒子之家今年大麻煩，出差赴東北五次，有兩次都歷時二月，其餘的日子亦不短。下半年，舍親妹夫均年過七十，來此小住，船費及住吾兒處之伙食費，不能叫二老太苦，亦皆吾擔負。大概明春還有二月餘才回去。吾亦月月用得空空，抄書費亦無著，向後存蓄很難說。寫書難，抄書費也難。

吾儕為學，深窮宇宙根源、人生真性，唯當歸宗《大易》。在「生生」、「大有」處認清本命，《大戴禮》有本命語。不能捨「生生」、「大有」者，而以寂滅之鄉為立命之地也。此中有千言萬語，無從多著筆墨。體用不二體會得真切時，便知宗教從修養「神我」入手，自未免錯誤耳。「神我」之為物，不是實體上所有的。先儒說鬼者，多釋為知氣，亦名為精爽。黃梨洲在《宋元學案》中有一段話說得好，是否在《朱子學案》中？已記不清。彼之意：聖賢之精爽決不散失作無，死而化為萬氣，以至消滅，庸凡之流亦難有精爽存在。兒時過庭承訓，亦如此說。蓋先父於清明祭墓時，教戒余：人宜以精誠凝聚先人精爽，所謂祭如在者，此時絕不是故意為之，乃精誠之至，唯一心信其臨之在上，非有心疑其不在而故意想其如在也，以鳴示不肖。忘失先訓，年鄰八十，陷於不孝，忘背吾先。今寫至此，不覺依如。

君子之立言，自當從其可知者而說；其不可知者，最好存而不論。但盡人道、立人極，擴天地萬物一體之盛，何至忍忘其先乎？盡位育參贊之責，何至虧損其精爽乎？不已者生生，無盡者志願，何可自視百年內外將如烟消雲散、一無所有乎？知氣之論，儒家存

於祭典之禮說中，而不以之入於哲學理論，此為卓見。或謂信知氣者，亦是迷信，此亦不然。自信生命無斷絕，願無窮盡，此人生之正信。若夫宗教徒計較因果，為未來世培植福田計，此乃凡愚之昏貪，乃真迷信耳！佛書談願力是好，其哲學理論若作反人生看，其空觀除盡一切貪、嗔、痴，是大智慧；若不如此看，則以世法衡之，確無足取。我始終如此說。

宰兄之書，本以整理出為好。兄自度精力可用，即勉成之；不堪用，宜養靜以存神，多閱書似不必。兄之詩應當作，清幽之思致，純潔之性行，皆於詩中表現得分明。比之孟浩然，吾兄似遠過之矣。太白尊敬浩然，而不甚尊杜公，獨惜今無太白能識北雲耳。儒之知氣，佛之賴耶，不能起信，亦當存而不論。宰兄一生德行無纖毫損所從來，此足為宰兄欣慰。（頁769-772）

《熊十力全集》第八卷

【專函外有關梁漱溟之記事】

《論文書札》

〈健菴隨筆〉（節錄）

　　……佛說儘高尚，然其為道也，了盡空無，使人流盪失守，未能解縛，先自踰閑，其害不可勝言矣。故學佛者，必戒定慧俱修，庶乎寡過，此非實踐者不知也。……

　　……余謂佛氏言空而著於空，孔教不空而無著，即如李習之言，佛氏說法，隨說隨掃，不留痕跡，不知佛氏處處要說到無可說，便是沉空之見，便是痕跡。孔子教人，與父言慈，與子言孝，與朋友言信，與家、國、天下言修、齊、治、平。言必可行，健而不息，隨時當位，精義入神，毫無執縛。其道圓滿中正，萬世所不易也。……（頁9-12）

〈要在根本處注意〉（熊十力與胡適）（節錄）

適之先生：

　　前為不抵抗之論寫一信與先生，計可收到。……

　　……**梁漱溟**是能吃苦的人，所以能到鄒平，實行他的主義，實踐他的理想。我總覺得能吃苦的人，多是能犧牲的人。然而也有例外，世固有以節儉吃苦稱，而別具野心，他亦要榨取民財，以供其收買之用。此等人真是太愚蠢，自謂詭計絕人，終至亡國及身，有何好處？所以於吃苦一條之外，定要加上「秉公」一條。……（頁49、57）

〈英雄造時勢〉（節錄）

......**梁漱溟先生**等的村治運動，誠是根本至計。然我總以為如果國家的政治整個的沒有辦法，村治運動也做不開。因為村治全靠知識分子下鄉去領導。而政治無清明的希望，知識份子根本不能到鄉間去。

五月廿二日（頁76）

〈通訊：易、道、佛〉（熊十力與張申府）（節錄）

申府兄：

......胡氏煦之《易》，吾無暇疏剔。......湯錫予、林宰平治古義，皆守繩墨，不為浮濫，亦未易得。若乃踐履純實，理解圓澈，則馬一浮湛翁一人而已。穎悟高而有其獨到，**梁漱溟**不可薄也。讀書不求甚解，清言時見喜怡，李證剛是其選也。......（頁76-79）

〈熊十力與張東蓀〉（節錄）

......宗教的文明，無論其本質何似，而總不免有出世色彩。至於倫理的文明，則純粹為入世之物。此點可謂宋、明儒者，在人類思想史上一大發明。弟將為長文以闡明之。不知公亦贊成否。**漱溟**於此似已稍稍窺見，特不知與弟所領會者果相同與否耳。（頁119）【案：此為函後所附張東蓀復熊十力信函。】

〈新唯識論問答〉（節錄）

......昔在舊京，與友人林宰平、**梁漱溟**言，佛家之學，須看他大處深處。若云理論，則為宗教思想與空想所誤，荒誕處殊不少。余故欲評而正之。......（頁234）

〈學術通訊〉之〈論性〉（答鄧子琴書）（節錄）

……吾生今世，元自苦極，無可告語。願汝精進，毋受人欺。若**梁先生**有辦法，勉仁書院可期成。吾不離是，子盍歸來。……（頁248）

〈答黃艮庸等〉（節錄）

（一九二五年四月二十三日）

前信諒達。今日是陰曆四月一日，俶知來斯已不遠矣，望甚。昨有與某小有聰明者一信稿，諸材予**梁先生**閱後，交平叔、艮庸。不知何日得到，欲引之此道，恐終不得，彼竟不來，從此置之可耳。可小知而不可不受者，莫能強也。

並世人中，如**梁先生**之好善，如**梁先生**之聰明，平心思之，何可得哉！然而夾雜不肯自省須知夾雜不是壞話，人未到佛地位，誰無此耶？往往流入歧途而不覺，不肯自力振作明明知此學須有人任之，又明明知世無人堪任之，他明明又有他的聰明，卻未專心拼力向前幹去，此吾所以常不滿於**梁**也。艮庸前信，懇摯之極。吾寫回書時，隨當時興致，寫爾時所感，未曾照答，故今日又一發抒對**梁先生**之意見。艮庸尚未指出他的病根所在，故吾又言之，吾始終如此言之。有夾雜不省，一層也；不振作，二層也。去此二層，吾何間然？吾又豈無夾雜（或比**梁先生**多），但自省耳；豈不有不振作氣象，但常常欲自撐起耳。吾人祇說省察自己夾雜耳，若云去盡，何易談耶？去盡則佛。

聞叔模兄報，說**梁先生**啟事已脫離曹州。啟事登出甚好，名實一致。實際上雖不好，即去其名，當然之道也。若早日宣布亦無妨。……

我對教書事十分討厭，上堂最無味，對牛彈琴，如何高得起興來。……人說**梁先生**大名鼎鼎，其實**梁先生**在北大又有哪個好學生與他相依為命呢？而況聲名不及**梁先生**者乎？欲救今日學生，何得拉攏乎？此殆風會非可以一時一二人之力爭也。……

……此信平叔、艮庸、俶知、贊堯看後，即掛號寄**梁先生**並交林先生一看，知吾近況而已。（頁383-385）

〈復馬一孚〉

（約一九三二年九、十月間）

序文妙在寫得不諛，能實指我現在的行位。我還是察識勝也，所以於流行處見得恰好。而流即凝、行即止，尚未實到此階位也。「乾道變化，各正性命」，吾全部祇是發明此旨。兄拈此作骨子以序此書，再無第二人能序得。**漱溟**真能契否，尚是問題也。（頁388）

〈熊逸翁先生語〉（節錄）

（約一九三〇年至一九三三年）

〔王〕培德依〔李〕笑春所記纂錄

……人須要立志。志不立起，百事沒辦法。吾在三十以前與世俗人亦無大異，三十以後乃發真心。這一念之真，其力量真不可思議，直令人澈頭澈尾改換一副面目，與前者判若兩人。這境界、這意味，吾雖道得起勁，汝等實不知吾昔嘗為**梁漱溟**、林宰平兩先生道之，他們兩人便知道這意味。吾今乃真知古聖賢所以教人立志之意。大凡古今偉大人物，沒有不經過這階段者。人祇要有中資而非下愚者，能發真心，不自暴棄，雖成就之大小有別，未有絕無成就者。其絕無成就者，便是未立志。若說立了志，便是假立志，不是真立志，立了等於不曾立。假立志祇是自欺，還講甚成就。

⋯⋯試問當代所謂名人學者有幾個有判斷能力？勉強言之，祇有**梁漱溟先生**還有一部分學問，夠得上判斷。歐陽竟無先生於唯識法相夠得上判斷，但也祇在考據方面，思想方面猶不能。馬一浮先生能判斷的方面則比較多點，三《禮》是他的絕學，有如歐陽先生之於唯識法相，於宋、明儒周、程、張、朱、陸、王諸大家皆精，較**梁先生**祇於陽明及明道有獨得處猶過之，於禪家亦精，般若、華嚴以及晚周諸子皆不差。⋯⋯

易希文讀《尊聞錄》後，函予曰：**梁漱溟先生**以柔嫩的心釋仁，熊先生云「仁智不二」，又云「明智者，元來祇是萌蘗的心底一點微明。」這與**梁先生**說似乎不同。熊師批答云：「**梁先生**此說亦見《朱子語類》，仁有自一端言者，則與義、禮、智相對待而言故。如是，故以智言仁愛即有柔嫩意義。然有自其全體以言者，則仁即本心之異名耳，故智亦即仁。⋯⋯」（頁388-391）

〈答王星賢〉（節錄）

（一九三八年十一月三十日）

⋯⋯書院事，**梁先生**前說募捐，恐是難靠。⋯⋯（頁410）

〈致葉石蓀朱孟實〉（節錄）

（一九四二年三月三十一日）

石蓀老弟：

梁先生在桂林甚安好。寄嘉《新論》與寄成都者同日郵，而成都早到。昆明，吾由溫泉寄書一部，早到。在渝交郵之《新論》比在此郵者少一日，迄今不到，交通真是怪也。⋯⋯（頁417）

〈答徐復觀〉（節錄）

（一九四三年七月五日）

　　……勉仁書院，祇是空名。**梁漱溟先生**門下諸子，辦一勉中，確是幾位老實人，互相鼓勵用功，也不過數人而已。雖有意成書院，祇是難成。吾祇依托其間耳。如寇退，吾得回鄂，將來於武昌得成一講學之所，乃佳。然吾老衰，又平生無世緣，恐不足望也。（頁458）

〈與張丕介、徐復觀〉（節錄）

（一九四九年九月十日）

　　……川中人心已惶惶，似亦不好去。**梁**〔**漱溟**〕處不能依，盧〔子英〕處似亦不便長依，故我前未作去計也。解放後往何處生存之問題，雖不必過計，似不容不一想。到無可想時，自然了之大吉，無所畏，此非假話。（頁591）

〈致張丕介〉（節錄）

（一九四九年九月三十日下午）

　　……午飯後，忽閱及先生與艮庸商發預約卷事，內有四川由**梁先生**主持，大誤。**梁先生**多年對哲學少興趣，近已學密宗，根本不重著述事。當函北碚勉仁文學院張俶知、陳亞三兩人。……（頁622）

〈致張丕介、唐君毅、胡秋原〉（節錄）

（一九四九年十月八日）

……《韓文》出時，如有另印之單頁，望盡先寄我。《學原》可寄一部與**梁先生**及川大圖書館。君毅留意。……（頁629）

〈答黃艮庸〉（節錄）

（一九五〇年四月）

……證體是入手工夫，不可以此為究竟，不知**梁先生**和你疑否佛家出世法，地前工夫多而嚴，入地尚分為十地，直至十一地，乃是真正證體之位。儒家無所謂出世，《中庸》演《易》之書也，首以性道教，即證體工夫也。然必極之於位育，則以離用無體注意，故必有位育工夫，即始用而發展其本體，《大學》以明明語始，而必極之於修、齊、治、平、誠、正、格、致，其義與《中庸》同。不見體而格物，道德無根；認識無內在之源，自反無基。今云自我檢討，實自反之義耳。忽視格物之學而高談證體，即以萬德皆自性具足，其實遺下實物，德於何有？根本或良知唯說成大圓鏡，而不去格物，如何得發展其知？自反只就心上用功，而不於事上討個分曉，則子游之仕衛已錯，其死也一文不值耳！孔門已有此弊，況其下學者乎？此皆略言之，吾二十一之夜未能詳論，可惜！此轉**梁先生**一閱。（頁644-645）

〈致葉石蓀〉（節錄）

（一九五〇年五月四日）

……**梁先生**文化書，拋了堯、舜至孔子及春秋戰國，而以秦以後二千數百年，夷、狄、盜、賊交擾之局為文化成熟時期，實只夷

化、盜化、奴化而已。他以種種妙論而盛演秦以下之局，真怪極。又情智絕對分開。理性是情，智謂理智。中國無科學，並哲學也無。其後加了十三、十四二章明明揭出。我為古聖抱屈。但他為人自信強，不好與說也。不必說，說了他不睬。相反的意思，是他所視為無知的。他，理性引羅素無私的感情，但此「無私的」與「私的」之別何在？以何為尺度而量其異於私的？此處無說明。中國祇是情的一面，無有智。西洋祇是智的一面，也恐不盡然。東方先哲指出本心或道心、真心，以別於人心或妄心。此中確有道理。人心或妄心是無根的，非自有其本的。細玩《新論》才知。西洋談唯心者，似於真妄之辨欠分明。然謂其絕無窺，似不得。祇是不分明耳。易言之，即於本體尚未證到好處。

甚多話，無興趣寫。中國家庭確是國家民族衰敗危亡之原。他拿倫理本位來粉飾太過。實則帝制之久、封建思想之長不拔，與學術、政治、社會之敝，皆由家庭之毒太深。千言萬語說不了。……（頁646-647）

〈與林宰平〉（節錄）

（一九五五年四月二十二日）

　　……國土之大，讀書識字者之眾，其真正從事乎舊學者，如吾所知不過三四人，一浮、漱溟、兄與鍾山，如是而已。一浮得力處在禪理，確有不磨滅者在。其書院《講錄》，非無好處，然向後難應執也。其特別之表現在詩，後人能讀者幾等於零也。一浮於禪理本當寫一書以遺後，惜其一向不習著述文字，今無可言矣。漱溟自得處似未寫出，其解放前後所出文化書，我於其倫理之說總不同意。自我看來，中國之家庭思想，弊病太深太多，實倫理之說使之然也。我和他的看法不同。今春上函董公，言吾著此書之意，曾提及此。然祇及此，並未多說，多說他亦不會看也。我此書之作，在

〈原學統〉中，一方面上下數千年通論各派而會歸於儒，並評漢、宋而歸於孔氏內聖外王之儒；一方面審定《六經》真偽，使後人知所從達。〈原外王〉中，確理出一個大規模來。使孔子之道在戰國時能行開，晚周諸子皆反對孔子的好處，真怪極。或秦、漢不斷絕之，中國絕不是兩漢以來二千數百年之壞局，是可斷言。……（頁717）

〈與林宰平〉（節錄）

（一九五八年六月二十五日）

　　……東方古哲雖同是明心之學，而體現上見好否，則中國儒道已不同，印度之佛對宇宙人生之原，根本不同吾儒。**梁先生**厚責吾，吾始終不能服也。朝朝暮暮情塵之責，吾初確未注意，某校一交好來見之，吾乃注意，曾一函艮庸。……

　　……此信看了付淵庭交**漱溟兄**及艮庸、亞三看。（頁757-758）

〈復陳亞三〉（節錄）

（一九五九年七月二日）

　　六月二十七片才到，即復。**梁先生**大便通利否？人老則此事至重要，不可忽也。……仰乾先生，德人也。《明心篇》候開頭一段稿子可結，當寄他一本。若一點也未寫動，即全無興味，針尖小的事情也厭作。此種味道，**梁先生**或不能夢想，漆老朽何乃如斯？吾平生運思與寫作，都是如雞伏卵，一毫無間歇，吃虧在是，樂亦在是。學問之道難言，孔子終日不食，終夜不寢以思，豈有間歇之一瞬乎？……

　　……**梁先生**、艮庸、伯棠同看，馬先生一閱。（頁785-786）

〈與馬仰乾〉（節錄）

（一九五九年七月二十九日）

　　……你年亦到七十，未知肉食好辦否？**梁先生**大便利否？此所念。……

（頁786）

〈致唐至中轉唐君毅、牟宗三〉（節錄）

（一九六二年六月五日）

　　……《乾坤衍》今後亦不可再得，印得少。熟人拿去，亦是隨便作玩意兒，抹桌子，並不看。去年惟任叔永〔鴻雋〕先生病中看，頗喜此書，惜乎不久而彼歸道山矣。張真如先生亦贊同此書。馬、**梁兩先生**大約均不看。馬先生病目。**梁**與馬均信佛，尤信輪迴。此就交遊說，此外莫不厭之。……（頁829）

第三章
《馬一浮集》之梁、熊記事

一、《馬一浮集》中有關梁漱溟記事

《馬一浮集》第一冊中提及梁漱溟者1處；第二冊語及梁漱溟之信函9封，另致梁漱溟專函3封；第三冊中及梁之語錄及弟子筆記各1篇，茲表列如下：

資料屬性	《馬一浮集》冊次	書名·篇名	頁次	時間或補述
信函	第一冊	《爾雅臺答問》卷一〈答雲頌天〉二	514	1939-1941
信函	第二冊	《書札》豐子愷八	567-568	1938/07/16
專函	**第二冊**	**《書札》梁漱溟一**	**703**	**1939/10/15**
專函	**第二冊**	**《書札》梁漱溟二**	**704**	**1962（04/03）[1]**
專函	**第二冊**	**《書札》梁漱溟三**	**704**	**1962/06/06（壬寅端午）**
信函	第二冊	《書札》雲頌天一	804-805	1934
信函	第二冊	《書札》雲頌天六	809-810	1937（丁丑01/10）
信函	第二冊	《書札》雲頌天七	810-812	1939/07/12（05/26）
信函	第二冊	《書札》雲頌天九	813-815	1939
信函	第二冊	《書札》雲頌天十一	815-816	1950/03/08（庚寅驚蟄後二日）

---

[1] 同本書頁45-46，（）前的時間為《馬一浮集》信函前所列，多為國曆；而（）內的時間為《馬一浮集》信函後所屬，多為農曆。然似亦未必盡符，因此僅如實呈現。

信函	第二冊	《書札》雲頌天十二	816	1952（壬辰雨水節）
信函	第二冊	《書札》雲頌天十四	817	1963（癸卯立春前二日）
信函	第二冊	《書札》張立民九	825	1938（09/29）
語錄	第三冊	《馬一浮先生語錄類編》〈師友篇〉	1096	全集附錄
弟子筆記	第三冊	〈問學私記〉	1134-1176	全集附錄

　　以下依表列次序節錄《馬一浮集》中的梁漱溟相關記事如下：[2]

2　僅第二冊先節錄馬一浮致梁漱溟專函，再節錄專函外與梁漱溟相關之記事，其餘各冊則悉依表列順序呈現。

《馬一浮集》中有關梁漱溟記事

《馬一浮集》第一冊

《爾雅臺答問》

卷一〈答雲頌天〉二（節錄）

　　來書經月未答。知方從王居士治法相，此亦甚善。賢向來根器近禪，今能耐分析名相，卻可對治儱侗真如之弊，亦是好個入處。……聞**梁先生**方辦勉仁中學，已擇地在成都，若時局無大變化，則將來賢當有機會到成都，爾時若老拙尚在烏尤，或可暫圖相聚。不盡欲言，唯毌勉進德，以慰遠望。（頁514）

《馬一浮集》第二冊
【馬一浮致梁漱溟專函】

《書札》

梁漱溟

一　一九三九年十月十五日

　　自避寇來蜀，適公有齊魯之行，亦竟未通一字。頃見與十力郵片，乃知從者方在成都，且喜相距略近，亦憾未能驅車造問也。仁者形勞天下，比於禹、墨，頃又身歷兵間，悲智之興，必有更深且人者。惜未得遽聞高議，一切衰頑。書院亦是緣生之法，不得已而後應，事至淺薄，無足比數。十力往在渝中，與聞造始，曾假重碩望，俯同籌備之列。但以道阻，未由諮商。如或不鄙硜硜，儻因行化餘閑，惠然肯顧，出其懸河之辯，驚此在轂之雛，則說法一會，度人無數。方之今日，猶為陋矣。附呈請疏，幸勿見斥。假舍山寺，僅比茆檐，亦乏求、由可使迎候。至何時乘興，一聽裁量，初不敢期必也。專肅，敬頌道安。臨書不勝翹跂。（頁703）

二　一九六二年

漱溟先生侍右：

　　星賢來，辱手教，見示尊撰熊著書後。粗讀一過，深佩抉擇之精。熊著之失正坐二執二取，騖於辯說而忽於躬行，遂致墮增上慢而不自知。迷復已成，虛受無口，但有痛惜。尊論直抉其蔽而不沒所長，使後來讀者可昭然無惑，所以救其失者甚大。雖未可期其晚悟，朋友相愛之道，固捨此末由。亦以見仁者用心之厚，浮讚歎口

口。夫何間然。尊稿仍囑星賢奉還。草草附答，敬頌道覆貞吉，不宣。浮頓首。四月三日。（頁704）

三　一九六二年六月六日

漱溟先生道席：

　　三月間星賢還京，曾託致數行，想蒙鑒及。友人王邈達先生所著《傷寒論講義》，頃已繕寫清本，約十八萬言，由浙江省政協逕寄全國政協，請交醫藥衛生組審閱。去年承面許與岳醫師商略，交衛生部允予出版。王君於醫學研究甚深，浮親見其屬草，力求通俗易喻，凡數易稿而後成，耄年精力悉瘁於此。如認為有裨後學，可否請轉陳衛生部，量予稿費，以示優遇。國家重視舊醫，定不沒其勤，是亦山野之所仰望也。浮患目疾幾鄰於瞽，下筆不復成字，草草附此，順頌道履多豫，不宣。浮頓首。舊曆壬寅端陽。（頁704）

《馬一浮集》第二冊
【專函外與梁漱溟有關之信函】

豐子愷

八　一九三八年七月十六日（節錄）

子愷尊兄、敬生仁弟同鑒：

七月九日同時得一日、二日惠復，所以告我者甚詳。……唐現之所辦中學，如能為星賢留一席，無論英文、國文皆可。唐曾為**梁漱溟**編教育論文，想必與**梁先生**有淵源，星賢在北大時，亦出**梁先生**門下，晤時可試為道及。……（頁567-568）

雲頌天

一　一九三四年（節錄）

頌天足下：

別遂經時，奉書未及置答。吾病入秋漸愈，而家姐日益危篤，延至立冬後，遂至不起。暮年兄弟，疾病相依，一旦長訣，曾不能稍損其痛苦，傷哉！雖知死生之理本齊，逆順之境如一，不能以此遂亡哀戚之情也……。《易》言「觀其所感，觀其所恆，而天地萬物之情可見」，與老子言「萬物並作，吾以觀其復」者不同。蓋恆、感以己言之，作、復以物言之。此可見老子便有外物之意。**梁先生**講演，謂西洋人對物有辦法而對己無辦法；吾則謂西洋人既不識己，豈能識物？彼其對物之辦法，乃其害己之辦法耳……。（頁804-805）

六　一九三七年

頌天足下：

　　得書知將入蜀，且喜**梁先生**之教將行於蜀中。所惜者，但與賢相去益遠耳。寇氛雖逼，吾所居薪木尚在，飛鳶日來，時有煨燼之餘，然流離轉徙，亦終委溝壑，二者又何擇焉。在杭諸子勸吾避地，吾謂何適而非跖里，直是無地可避。夷狄患難，紛然相乘，困而不失其亨，亡而不失其正，俟命之義也，何必擇地乃為首陽。吉凶與民同患，亦無獨全之理。今日之事，三十年前已知之矣。共業已成，同歸塗炭，哀此淪溺，祇益悲心。今國家民族皆無道以求生存，不知彼所求之生存，皆危亡之途也。……深望**梁先生**將來於鄉村建設之教育中，稍稍傳以經術，為當來人類留此一線生機。此不獨一國家、一民族之事。賢勉之矣，變滅從緣，虛空不爛，言性德也。行矣自愛，餘不多及。丁丑一月十日（頁809-810）

七　一九三九年七月十二日（節錄）

頌天足下：

　　兩得來書，未暇致答，然觀賢於〈顏子問仁〉章四目能著眼，似有會處，頗慰老懷。……古人求道心切，千里裹糧所為何事，初不必有書院也。今設為徵選及膏火之制，已是全身入草，隨順劣機，未能免俗。來者不純為學道，不免夾雜，以佛氏言之，便是發心不清淨。熊先生卻欲吾為學生定出路，吾以書院乃在現行學制系統之外，無權為此。以熊先生之明，尚不瞭解書院本旨如此，何況他人？所以言及此者，欲賢知橫身入俗之難。過得荊棘林是好手，一與世人為緣，便終日在荊棘林中度活，然不損及吾毫髮事。此語或者唯賢能信得及耳。熊先生來書謂賢意欲來相依止，固是好。但賢在**梁先生**保社中是否可以自由離去？又此間淡泊，凡屬舊時從吾共學之人，吾欲一律以都講名義待之。……（頁810-812）

九　一九三九年（節錄）

頌天足下：

　　前來書介何清璠來學，已囑立民通知。……熊先生廿六日由渝附輪首途，臨行有信來。在宜賓需換船，計時今日必可到，鄧子琴送之同來。書院前途須看時局是否能支持，在陳之阨，時時可能，然此事不由人安排，只好隨分。前所以勸賢緩來者，亦是為此。今頗感覺人少，有事時不敷分配。賢之來於自己分上或未必有益，且生活或較苦，但於書院不為無助，故仍望其能來，然去就之間切須仔細斟酌。熊先生前有來書云**梁先生**不放，賢去，張叔芝亦不肯，若是則賢自不能絕裾而來。吾前書所以謂必先得請於**梁先生**而後可，此則望賢量宜自處，吾初無固必也。行止決定後速以書見告為盼。浮啟。八月四日。

　　再：來書云下半年擬任何事不作，似民教事結束後，**梁先生**中學開辦，賢亦不擬參加。然者，此時若幸無割交，道路可行，烏尤尚在，似有來嘉暫聚之可能。……（頁813-815）

十一　一九五〇年三月八日（節錄）

頌天賢友足下：

　　立民、石君轉來二書，得詳近狀，良慰！世事無常，隔闊彌久，相見無日，能不憮然……。**梁先生**是否返蜀？熊先生聞已赴京，想時通問。僕智淺悲湙，無心住世，所欠者坐化尚未有日耳。他無足言，諸希珍重不宣。……（頁815-816）

十二　一九五二年（節錄）

頌天賢友足下：

　　得初四日書，遠勞存注，良荷。……所苦者唯寂寥耳。舊時從游，都以星散，各不相聞。入此歲來，吾年已七十矣。目力大壞，已不能作小字，燈下不復能看書，乘化歸盡之期或不在遠，更無餘

念。賢輩大都俱為生事所累，然聞道不在早晚，苟不以饑渴害志，舊學尚未至禁斷，何患不能讀書。熊、**梁二先生**頗常通書否？動定亦希以時見告。……（頁816）

十四　一九六三年（節錄）

頌天賢友如晤：

得書良慰。……公純尚留杭。熊先生亦尚健。**梁先生**去年曾過杭一面。餘事無足言，唯順時珍重，不宣。……（頁817）

張立民

九　一九三八年（節錄）

迭次來書均至。吾自泰和行二十五日始到桂林，今已將匝月。……星賢已由子愷介紹，識桂人唐現之，聞亦為**梁漱溟先生**門下士。唐方創辦桂林師範學校，校址在兩江，去桂約五六十里。已聘星賢教國文，兼導師。俟出月後校舍落成，便當挈眷俱往。儻衡湘未至淪為戰區，桂或尚能自保。星賢與唐、豐甚相洽，羈旅之計，似暫可無憂矣。……（頁825）

《馬一浮集》第三冊

《馬一浮先生語錄類編》

〈師友篇〉（節錄）

……一九三二年**梁漱溟先生**謁先生時，先生問**梁先生**最近做何事業。**梁先生**因談論鄉村建設之理論與心得，滔滔不絕，既出，先生謂以風曰：**梁先生**有辯才。因舉《周禮》「鄉三物」之說，先生曰：「鄉三物」六德居首，此義甚大，近時政治家尚不足以語此。……（1096）

〈問學私記〉（節錄）

……一日謁先生，坐畢談及**梁漱溟先生**在山東創辦鄉村自治事。先生曰：**梁先生**論中國倫理之特色有精到處。如曰中國倫理乃複式的而非單行的，乃交互的而非直線的。中國人生乃為人而存，非為自己而存。西方倫理乃斷代為生，這由於西方倫理根本是個人主義；中國倫理乃交互為生，是由於中國倫理根本是仁道，故不求個人之伸張，只求人我之融和。這許多話，皆有見地。惟其主持鄉村建設偏重功利，則未敢苟同。……

東方文化是率性，西方文化是循習。西方不知有個天命之性，不知有個根本，所以他底文化只是順隨習氣。**梁漱溟先生**以向前、向後、調和三種態度分別東西文化，不過安排形迹，非根本之談。又曰：西方哲學，如經驗派只說到習，理性派只說到種子，若義理之性，則皆未見到。……

膺中、靜山由北平返杭謁先生，先生問曾見熊、梁兩先生否。膺中答曾拜見，並謂熊先生近來憂士氣衰沉，對於國事甚為悲觀，而梁先生則表示樂觀。膺中曾問梁先生為何樂觀，梁先生說：某知中國病是如此來，亦必如此去，故表示樂觀。先生曰：梁先生此言未免太玄奧，並未指出中國病源是什麼，吾人不妨借此作一番討論。因以問膺中，汝試說看……。先生告以風：要知中國病源所在，須先知中國為何有此病痛。更須辨明中國與夷狄有何分別。何為義？何為利？須知中國夷狄之分，即義、利之辨。中國尚義，夷狄尚利，尚義者謂之中國，尚利者皆是夷狄。故二者分別，不在種族地域上，而全在義理上。若中國人悖義尚利，則地雖中國，人即夷狄；若外國人能尚義去利，則地雖蠻貊，亦得謂之中國。所懼者，近世朝野上下，諸事從人，沉溺功利，不知義理，則是自己已淪為夷狄，又焉能不為夷狄所欺耶？士大夫趨利避害，苟安偷生，則是自甘奴虜，又焉能有至大至剛之氣？中國可憂的在此，真病痛亦在此，固不在國之強弱也。學者若能於義利之辨見得分明，行得篤實，則天下雖不幸盡淪為夷狄，而自己還是中國，否則陷溺利欲，自己已淪為夷狄，尚何言！……

梁先生以尊重對方為中國古人倫理精神，實則此事毫釐有差，天地懸隔。古人倫理精神，乃在渾然一體，無所謂人己，無所謂對方。子貢言「博施於民，而能濟眾」，便有人己。夫子告以「己欲立而立人，己欲達而達人」，雖亦言人己，卻是渾然一體氣象。老安、少懷、朋友信之意味，正復相同。父慈、子孝云云者，慈與孝非是二事，特以所處地位不同，故分言之則曰慈、孝，合言之則曰父子有親。父之於子，子之於父，視之如己，不知有對方也。君臣、夫婦以下準此。惟其地位不同，故曰分殊，惟其渾然一體，故曰理一。分殊，義也。理一，仁也。到此地位，人己直是無從安立。若梁先生所謂尊重對方者，頗類於西人所謂自由者，以他人之自由為界之說，是殆西洋之倫理精神也。（頁1134-1176）

二、《馬一浮集》中有關熊十力記事

　　《馬一浮集》第一冊中提及熊十力者1處；第二冊中代熊十力撰寫之序文2篇、墓誌銘1篇，日記中及熊者3則，信函中及熊者40封，另專函致熊者23封；第三冊中致熊之詩歌5首、對聯1首，及熊之語錄及弟子筆記各1篇，茲表列如下：

資料屬性	《馬一浮集》冊次	書名·篇名	頁次	時間或補述
雜著	第一冊	《濠上雜著》二集《寒江雁影錄》〈致屈文六〉	767	1939/09
序文	第二冊	《序跋書啟》〈新唯識論序〉	27-29	1931/10
序文	第二冊	《序跋書啟》〈熊氏叢書弁言〉	61	代熊十力作
墓誌銘	第二冊	《序跋書啟》〈黃崗某君妻熊氏墓誌〉	267	代熊十力作
日記	第二冊	《日記》3則	327、329、342	庚寅年 1950
信函	第二冊	《書札》葉左文十三	446-447	1939/07/12
信函	第二冊	《書札》曹赤霞十一	465-468	1931/01
信函	第二冊	《書札》宗白華二	500-501	1939/08/29
信函	第二冊	《書札》陳大齊二	516-517	1930/12
專函	第二冊	《書札》熊十力一	522-523	1930/12
專函	第二冊	《書札》熊十力二	523-524	1931/02
專函	第二冊	《書札》熊十力三	524	1931 （丙子06/12）
專函	第二冊	《書札》熊十力四	525	1936/07 （丙子06/12）
專函	第二冊	《書札》熊十力五	525-527	1937/05 （丁丑04/22）
專函	第二冊	《書札》熊十力六	527-528	1938/01 （丁丑12/08）
專函	第二冊	《書札》熊十力七	528	1938/01 （丁丑12/14）
專函	第二冊	《書札》熊十力八	528-530	1938/07 （戊寅06/16）
專函	第二冊	《書札》熊十力九	530-532	1938 （戊寅10/03）

專函	第二冊	《書札》熊十力十	532-534	1938 （10/17）
專函	第二冊	《書札》熊十力十一	534-535	1938/10
專函	第二冊	《書札》熊十力十二	535	1939 （己卯05/16）
專函	第二冊	《書札》熊十力十三	535-538	1939 （己卯05/24）
專函	第二冊	《書札》熊十力十四	539-540	1939/07/01
專函	第二冊	《書札》熊十力十五	540-542	1939/07/12
專函	第二冊	《書札》熊十力十六	542-546	1939 （己卯07/17）
專函	第二冊	《書札》熊十力十七	547	1939/07/20
專函	第二冊	《書札》熊十力十八	547	1939/08/10
專函	第二冊	《書札》熊十力十九	547-548	1939/09/09
專函	第二冊	《書札》熊十力二十	548-549	1939/09/30
專函	第二冊	《書札》熊十力二十一	549	1939/10/09
專函	第二冊	《書札》熊十力二十二	549-550	1939/11/05
專函	第二冊	《書札》熊十力二十三	550-551	1939/12/07
信函	第二冊	《書札》劉百閔二	587-588	1939/09/01
信函	第二冊	《書札》劉百閔四	588-589	1939/10/26
信函	第二冊	《書札》劉百閔六	590-591	1939/11/13
信函	第二冊	《書札》趙熙二	666-667	1939/09/19
信函	第二冊	《書札》屈映光二	674	1939/08/27
信函	第二冊	《書札》屈映光三	675-676	1939/09/03
信函	第二冊	《書札》屈映光五	677-678	1939/10/03
信函	第二冊	《書札》屈映光七	678-679	1939/11/09
信函	第二冊	《書札》申鳳蓀	698	1939/08/28
信函	第二冊	《書札》梁漱溟　一	703	1939/10/15
信函	第二冊	《書札》梁漱溟　二	703-704	1962 （04/03）
信函	第二冊	《書札》蒙文通　一	705	1939/10/17
信函	第二冊	《書札》鍾泰四	717	1940/08/24
信函	第二冊	《書札》鄧心安	771	1946/01/16
信函	第二冊	《書札》丁輔之	787-788	（08/30）
信函	第二冊	《書札》雲頌天二	805-806	1936 （02/15）
信函	第二冊	《書札》雲頌天四	807-808	（09/03）
信函	第二冊	《書札》雲頌天五	808-809	1936 （丙子08/01）
信函	第二冊	《書札》雲頌天七	810-811	1939/07/12 （05/26）

信函	第二冊	《書札》雲頌天八	812-813	1939（06/18）
信函	第二冊	《書札》雲頌天九	813-814	1939（08/04）
信函	第二冊	《書札》雲頌天十一	815-816	1950/03/08（庚寅驚蟄後二日）
信函	第二冊	《書札》雲頌天十二	816	1952（壬辰雨水節）
信函	第二冊	《書札》雲頌天十三	816-817	1959（己亥01/21）
信函	第二冊	《書札》雲頌天十四	817	1963（癸卯立春前二日）
信函	第二冊	《書札》張立民一	818-820	1935（11/04）
信函	第二冊	《書札》張立民六	822-823	1938（05/01）
信函	第二冊	《書札》張立民七	823-824	1938（06/07）
信函	第二冊	《書札》張立民九	825-829	1938（09/29）
信函	第二冊	《書札》張立民十	831-834	1938（10/23）
信函	第二冊	《書札》張立民十六	836-837	1943（10/08）
信函	第二冊	《書札》張立民十九	837-838	1944
信函	第二冊	《書札》壽毅成四	907	1939/07/22
信函	第二冊	《書札》壽毅成五	908	1939/11/13
信函	第二冊	《書札》龔海雛	935	1939/08/31
信函	第二冊	《書札》王心湛一	947	1940/02/06
詩歌	第三冊	《蠲戲齋詩編年集》〈寄懷熊十力廣州〉	500	己丑年 1949
詩歌	第三冊	《蠲戲齋詩編年集》〈紅梅館為熊十力題〉	531	辛卯年 1951
詩歌	第三冊	《蠲戲齋詩編年集》〈寄懷熊逸翁即以壽其七十〉	561	甲午年 1954
詩歌	第三冊	《蠲戲齋詩編年集》〈代簡寄熊逸翁〉	577	乙未年 1955
詩歌	第三冊	《詩輯佚》〈送熊十力之璧山〉	810	己卯-庚辰 1939-1940
對聯	第三冊	《聯對》	884	

語錄	第三冊	《馬一浮先生語錄類編》〈師友篇〉	1081-1096	全集附錄
弟子筆記	第三冊	〈問學私記〉	1137-1174	全集附錄

以下節錄《馬一浮集》中的熊十力相關記事如下：[3]

《馬一浮集》中有關熊十力記事

《馬一浮集》第一冊

《濠上雜著》
二集《寒江雁影錄》

〈致屈文六〉（節錄）

　　頃奉八月二十九日手教，極佩仁言。……**熊先生**傷勢稍瘳，堪以告慰。山中蠻洞不乏，無須更鑿。但近來月夜往往聞警，露坐竟夕，為之不寧，業力所招，無可避免，徒有浩歎耳。（頁767）

《馬一浮集》第二冊

《序跋書啟》

〈新唯識論序〉　一九三一年十月

　　夫玄悟莫盛於知化，微言莫難於語變。窮變化之道者，其唯盡性之功乎。聖證所齊，極於一性。盡己則盡物，己外無物也。知性則知天，性外無天也。斯萬物之本命，變化之大原。運乎無始，故不可息，周乎無方，故不可離。《易》曰：「乾道變化，各正性命。」性與天道，豈有二哉。若乃理得於象先，固迴絕而無待，言窮於真際，實希夷而難名。然反身而誠，其道至近。物與無妄，日用即真。睽而知其類，異而知其通，非天下之至精，其孰能與於此。惑者纏彼妄習，昧其秉彝。迷悟既乖，聖狂乃隔，是以誠偽殊感而真俗異致。見天下之賾而不知其不可惡也，見天下之動而不知其不可亂也。遂使趣真者顛沛於觀空，徇物者淪胥於有取。情計之蔀不祛，智照之明不作，哲人之憂也。唯有以見夫至賾而皆如口，至動而貞夫一，故能資萬物之始而不遺，冒天下之道而不過。浩浩焉與大化同流，而泊然為萬象之主。斯謂盡物知天，如示諸掌矣。此吾友**熊子十力**之書所為作也。**十力**精察識，善名理，澄鑒冥會，語皆造微。早宗護法，搜玄唯識。已而悟其乖真，精思十年，始出境論。將以昭宣本跡，統貫天人，囊括古今，平章華梵。其為書也，證智體之非外，故示之以明宗；辨識幻之從緣，故析之以唯識；抉大法之本始，故攝之以轉變；顯神用之不測，故寄之以功能；徵器界之無實，故彰之以成色；審有情之能反，故約之以明

心。其稱名則雜而不越，其屬辭則曲而能達。蓋確然有見於本體之流行，故一皆出自胸襟，沛然莫之能禦。爾乃盡廓枝辭，獨標懸解。破集聚名心之說，立翕闢成變之義。足使生、肇斂手而咨嗟，奘、基撟舌而不下。擬諸往哲，其猶輔嗣之幽讚《易》道，龍樹之弘闡中觀。自吾所遇世之談者，未能或之先也。可謂深於知化，長於語變者矣。且見睍則雨雪自消，朝徹則生死可外。誠諦之言既敷，則依似之解旋折。其有志涉玄津，猶縈疑網，自名哲學而未了諸法實相者，睹斯文之昭曠，亦可以悟索隱之徒勤，亟迴機以就己。庶幾戲論可釋，自性可明矣。彼其充實不可以已，豈曰以善辯為名者哉。既謬許余為知言，因略發其義趣如此，以竢玄覽之君子擇焉。馬浮。

附　熊十力先生來書

序文妙在寫得不誶，能實指我現在的行位，我還是察識勝也。所以於流行處見得恰好，而流即凝，行即止，尚未實到此堦位也。「乾道變化，各正性命」，吾全部只是發明此旨。兄拈此作骨子以序此書，再無第二人能序得。漱溟真能契否，尚是問題也。（頁27-29）

〈熊氏叢書弁言〉代

余既出《新唯識論》，因答難申義，筆札遂多。復出《破破論》、《語要》，書皆別行。友人貴溪彭君凌霄夙以弘道為懷，尤於吾書篤嗜，謀為彙印，題曰《熊氏叢書》。將使覽者參互尋繹，得其旨要。劉、周、張、胡四君并相贊許，遂印之南昌。兼欲甄采舊著，俟有新造，續為增入。余惟理極忘言而教從緣起。故稱性而談，元無增損。臨機施設，遂有抑揚。其或未捨筌蹄，猶資熏習。則此數卷之書，言雖不備，不為苟作。會萬法而顯真源，乃吾本

願；嘗一滴而知海味，是在當人。實賴善友護持，庶令正見不斷，夫豈以世諦流布為重哉。某年月日，黃崗**熊十力記**。（頁61）

〈黃崗某君妻熊氏墓志〉代熊十力作

黃崗某君妻者，名言珍，同里熊持中之女也。**十力**於持中為族兄弟，少相友愛，視猶同產。自清亡，民國初建，政柄屢易，士之才儁者競趨於革命。奔走犯難，所在多有。持中與**十力**亦預焉。**十力**三十後始脫黨籍，專力於學。而持中雖饑寒困辱，不易其志。及黨人秉政，乃絕意進取，人以為難能。言珍性行蓋秉之其父。幼而慧敏，長而貞靜。誦書能解，聞義則悅。每謂女子所以遘閔受侮，皆冶容自招。故於麗服珍御，屏之唯恐不遠，可以覘其識矣。少以父母之命，字於黃崗某君。某君謹厚少文，及嫁，事之惟謹。生一男曰某，僅七月，而某君以肺疾歿。言珍痛不欲生，既而歎曰：「吾父母、舅姑俱存，而遺孤猶在襁褓，俯仰有責，死非義也。」於是力養以代子職，慈育以兼父道。困悴憂迫，極人生之至苦，終以全其志行而損其天年，傷哉。民國二十五年八月，聞同產弟世湯之喪，還家哭之，入門一慟遽絕，年僅三十有三。

族叔父**十力**聞之曰：今世狂愚之人，咸欲去禮，以為失節事小、餓死事大。士大夫苟為求生，無所不至。其風被於婦人女子，從欲而動，朝相悅而夕相捐。夫棄其婦、婦倍其夫者眾矣，視父母、舅姑猶路人也，豈其性實然哉，亦陷溺其心者有以使之耳。吾家屢世秉禮，遺澤甚長。賢哉，吾族兄持中有女如此，亦可以振厲隤俗，愧當世之士矣。夫天之所以高，地之所以厚，人之所以生，物之所以成，皆此一念不容已之心為之耳。唯是心之不存，乃議去禮而賤節，人道之熄可立而待也。言珍雖匹婦而能甘節守禮，無忝其所生，固其天性之發，亦於是見人倫之正不可得而亡也。吾與族

兄又何悲哉。某年某月葬某縣某鄉某原，於其將葬，遂書此志之，
以告後之人。（頁266-267）

《日記》

七月二日　五月十八日

　　寄**熊十力**書。寄王星賢書。（頁327）

七月十五日　六月一日

　　彥森來告以早車還滬。得**熊十力**書。屬步翁以六月份報表寄毅
成。印書日價值單成。（頁329）

十月十八日　九月八日

　　臨漢簡。得熊池生書，**十力**不自作書，乃使其義女為之，不解
其故。書詞頗可異，中言：「仁未必是，暴未必非，義未必是，利
未必非。」可怪之至。（頁342）

《馬一浮集》第二冊

【馬一浮致熊十力專函，計23封】

《書札》

熊十力　子真　逸翁

一　一九三〇年十二月

笑春送《尊聞錄》來，得兄片簡，知近日體中復小不適，極念。弟略涉醫家言，察兄形色脈證，決定無妨，幸勿過憂，轉致耗損真氣。答北大陳百年書已發出，決舉兄自代。此事未曾預白，然推吾兄素志，當不咎其鹵莽也。陳書發後，乃復得手書，教督之意直諒深切，對之滋愧。然弟所以不往者，亦非自安頹放，實自審教人力量不及吾兄。吾亦祇有減法，扶今日學子不起，所以舉兄。正欲不負先聖，不負後學。陳君信得及否，弟雖不敢知，然弟盡其所欲言，乃是與人忠之道。今將去年答馬夷初一書及今年答陳百年二書抄奉一覽。兄於弟對此事之態度，當可瞭然。當時未識兄，故其言如此。今既知兄之善教，故亟言之。吾何敢先焉。亦知兄體不勝朔寒，然徐俟春和，病體少蘇，亦何為不可。梁何胤講學於秦望山，梁武特遣太學生詣山中受學，此事不可期之今日。即或不能往，亦可令諸生疏記所聞，郵請批答。兄既以道自任，必不憚勞也。本體之說，兄似以弟言未契為憾。流行之妙，何莫非體，弟於此非有異也。但謂當體即寂，即流行。是不遷，即變易是不易，不必以不易言德而定以變易言體耳。兄言如理思維，各捨主觀。弟則謂一理齊平，慮忘詞喪，更無主觀可捨也。此事且置。《尊聞錄》

極有精采。成能、明智二義，是兄獨得處。智即是體一言，尤為直截。但此智須有料簡。其聞一二小節目，略須商搉。然大體醇實，行文尤極闊肆。以教學者，的是一等救哀起廢之藥。敬服、敬服！天氣轉佳，欲趨晤。復恐久談非宜，因草此代面。諸惟珍重，不悉。浮頓首。庚午十一月十二日。（頁522-523）

二　一九三一年二月

五日之約，遂不果集。乃知區區緣會亦不可豫期也。比日祁寒，郊居頗能堪之否，唯少病少惱，氣力佳否？致叔仁書(叔仁如滬未還，此書尚留弟處)云欲移居嘉興或上柏，恐不及筧橋之適，又相去益遠，殊不願兄數數移居，且於尊體亦似非宜。致曹子起書，一通奉還，其一通容轉致。曹書故失之，亦其思之未審。但兄言亦疑少過，作語話會瞎却人眼等語，乃禪宗常談。意謂義解多塗，學者以意識領會，遂謂能事已畢，不免塞自悟門耳。彼欲令學者致思，近於不憤不啟、不悱不發之旨，未為差謬，非譏見之發揮盡致也。師資之道，有不可不發揮盡致者，亦有不能不令其涵泳自得者。曹君於兄之發揮盡致處似甚折服，但欲以涵泳自得之說進。弟以為其意無他，但其語太拙耳。引衲僧語殊不類，宜兄之怪責。但兄謂曹君眼殊不明豈由吾瞎之，此語氣度未佳，有傷切偲之益。來書特屬弟於此書氣度有未然者，可直說，故不敢隱。兄常稱魏晉人氣度好。弟竊謂辯論之文，如《弘明集》所載，雖義理未能遂精而詞氣和緩，藹然可悅。如謝靈運辨宗論等，書札問答之際，賓主之情，務盡其理，而無有矜躁之容。此實可法。兄明快人，不欲為迂緩之詞，弟誠知之。或初交相知未深者，以是施之，彼將裹足結舌，非所以攝受羣倫之道也。兄意以為如何？筆硯俱凍，不能多及。未晤間諸惟珍重，不具。辛未一月十二日。（頁523-524）

三　一九三一年

　　意識不為境縛，須是灑落始得。灑落乃是情不赴坿物，始成解脫，有自由分。若云展拓，似是將行擴大，如何得轉化去。儒家只說誠意是著一毫虛妄不得，所謂復則無妄，不習無不利，非同五位無心。蓋意識雖現起而無礙，乃是舉妄全真，諸心所法，盡成妙用。堯舜性之，湯武反之，顏子性其情，皆是這箇消息。其初須是刊落一番，故慈湖提持絕四之教，濂溪說誠精故明、神應故妙、幾微故幽，更不必立心心所法。大抵儒家簡要，學者雖於湊泊；釋氏詳密，末流又費分疏。聖凡心行差別，只是一由性、一由習而已。今尊論固是別出手眼，料簡習氣正是喫緊為人處，破習即以顯性，此點弟於兄固無間然也。（頁524）

四　一九三六年七月

　　前承見示跋張孟劬與人書一文，弟適在病中，久未作答。頃笑春來，復得讀近著答人問玄學與科學真理，不覺喜躍，頓忘疾苦，可謂顯微闡幽，六通四闢，天地間有數文字也。時人所標真理，只是心外有物，自生計較，是以求真反妄。科學家可以語小，難與入微。哲學家可與析名，難與見性。獨有自號歷史派者，以誣詞為創見，以侮聖為奇功，嚮壁虛造，而自矜考據。此曹直是不可救藥，但當屏諸四夷，不與同中國，而乃猶欲詔以六藝之旨，責其炫亂之私，此何異執夏蟲以語冰，而斥跖犬之吠堯也。弟意此文不如秘之，暫可不發表。承引與商推其義，則言之甚長，弟病後思力衰退，憚於作長篇文字，實愧不能相助。原稿已屬笑春錄副奉還。以文字論，不及答真理問之縝密也。頌天前月來，留十餘日，與之言，亦有領會處，但不能用力。此是學人通病，只向人討言語，而不自思繹。但記言語何益，況其未能盡記。安得忘言之人而與之言。此是無舌人解語，難可期初機，但求其憤悱易啟發者，亦殊難

值。如頌天者，尚有憤悱意思，亦尚可喜也。丙子六月十二日。
（頁525）

五　一九三七年五月

　　見示答意人馬格里尼問《老子》義一書，料簡西洋哲學之失，抉發中土聖言之要，極有精采。彼皆以習心為主，所言惟是識情分別，安解體認自性。兄言正是當頭一棒。但恐今日治西洋哲學者多是死漢，一棒打不回頭耳。老氏言有無，釋氏言空有，儒家言微顯，皆以不二為宗趣。有生於無之生，是顯現義。此語下得最好。說不皦不昧是心平等相，及靜之徐清，動之徐生，歸根復命知常諸義，皆極精審，於學者有益。據老子本書，乃是觀緣而覺，今西洋哲學則是觀緣而不覺。靜躁之途異也。緣會故名有，性空故名無。常無以觀妙，常有以觀徼，即是般若觀空、漚和涉有之義。徼，猶言邊際也，二邊既盡，中道自顯。今以「徼求」為解，義似稍曲。三乘等觀性空而得道。老氏之恉，頗與般若冥符。但其言簡約，未及中觀八不義之曲暢旁通，華嚴六相義之該攝無餘耳。西洋哲學祇是執有，不解觀空。所以聖凡迥別。彼之所謂聖智，正老子所謂眾人計著多端，祇成倒見而已。晚周哲匠，孔、老為尊。孔唯顯性，老則破相。邵堯夫謂孟子得《易》之體，老子得《易》之用，斯言良然。顯性故道中庸，破相故非仁義。語體則日用不知，談用則深密難識。漢志以君人南面之術為言，亦淺之乎測老子。莊子讚其博大，正以其神用無方。但其言有險易、義有純駁，頗疑六國時人附益，不盡出其本書。如謂「眾人皆有以，而我獨頑似鄙，我愚人之心也哉」，其言巉奇自喜，長於運智而絀於興悲。「反者道之動，弱者道之用，曲則全，枉則直，窪則盈，敝則新」，莊子益之以「堅則毀，銳則挫」。皆觀物之變以制用。人皆取先，己獨取後，人皆取實，己獨取虛，實為陰謀家之所從出。亦其立言之初偏重於用，故末流之失如此。若孔子則無是也。「正大而天地之情可見矣」，何其與老

子之言不類也。弟意為學者說老子義，須將此等處令其對勘。今為西洋哲學家說，故未遑及此耳。此書篇帙不多，似可告彭君增入《熊氏叢書》。屬題內外簽，別紙寫奉。外簽但用大題，不須更寫別目。如此款式稍大方，非媮嬾欲省字也。春假南遊之說未果。殊增遠懷。且喜近體轉勝。弟雖衰相日加，幸無大病。舍表弟遠來相就，足慰遲暮之感。惜其少更患難，不免失學。但氣質甚佳，與之語亦頗能領會少分。吾外家世世有文，弟於彼屬望頗深。但為生事所累，未能一力於學耳。荷兄關懷，故及之。猶寒珍重，不悉。丁丑四月二十二日。（頁525-527）

六 一九三八年一月

十力尊兄鑒：

　　得十一月二十六日黃岡來書，憂生念亂，見惻怛之深，為之嗟嘆不已。然兄深悟無常，觀此業幻，益當增其悲智，拯彼羣迷。遇物逢緣，亦堪施設。唯慈可以聖瞋，唯仁可以勝不仁。眾業雖狂，斯理不易。物不可以終難，故受之以解，龍蛇之蟄，以存身也。吾曹雖顛沛流離，但令此種智不斷，此道終有明行之時。至一期之報，固未足深恤耳。講學在今日，豈復有定所。弟謂無時無地無人皆可隨宜為說，若避地之計，直是徒然。我能往，寇亦能往。弟自徙桐廬，甫及一月而嘉、湖淪陷，杭州幾不守。沿江諸縣寇未至而兵已來騷亂，不可復居。因留立民為守舍，而與舍甥輩及星賢一家暫徙鄉間。此後能否不遭波及，亦殊難料。資斧有限，力亦不能再徙，但有俟命而已。立民、星賢平日教學之兩校，復徙淳安，生徒零落，已瀕解散。二子因決然舍去，相從患難，不廢講論，其志可嘉。所恨者，弟未能有以益之耳。餘子皆散歸鄉里，此亦各有因緣，不能強也。險難中可以自慰者，唯此一事，故以奉告。休戰即未可冀，但令郵訊尚通，亦時盼音教，以慰岑寂。霜寒珍重，不宣。弟浮啟。丁丑十二月八日。（頁527-528）

七　一九三八年一月

十力尊兄：

九日寄團風一書，宜若可至。頃聞金陵圍甚急，而杭州勢似少紓。久戰，民不堪命，敵即不至，亦苦兵、苦饑，無地可以安處。弟既羸困，不能再轉徙。亦知轉徙則其困彌甚。共業已成，佛來亦救不得，坦然俟之而已。不能轉物，即為物轉。吾曹所學，不以治亂而易。世雖極亂，吾心當極其治。每以是自勘。以告學者，似皆未足以及之。乃歎獨立不懼，遯世無悶，真大人相，非有大過人之行未易言也。立民頃欲還鄂，詣團風就謁，輒抃數字奉問。儻戰禍少戢，郵信無阻，盼時惠教，以慰筦寂。臨書神馳不宣。弟浮頓首。丁丑十二月十四日。（頁528）

八　一九三八年七月

古德云：「門庭施設，不如入理深談。」弟今所言，但求契理，不必契機。佛說《華嚴》，聲聞在座，如聾如啞。孔子言：「中人之下，不可以語上也。」此雖聖人復起，直是不奈伊何。吾縱不惜眉毛拖地，入泥入草，曲垂方便，彼自轇泊不上，非吾咎也。大匠不為拙工改廢繩墨，吾亦稱性而談斯已耳。且喜尊兄證明，言固不為一時而發。承告以方便善巧、曲順來機之道，固亦將勉焉，冀饒益稍廣。然此是弟所短也。弟在此大似生公聚石頭說法，翠巖青禪師坐下無一人，每日自擊鐘鼓上堂一次。人笑之曰：「公說語誰聽？」青曰：「豈無天龍八部，汝自不見耳。」弟每赴講，學生來聽者不過十餘人，諸教授來聽者數亦相等，察其在坐時，亦頗凝神諦聽，然講過便了，無機會勘辨其領會深淺如何，以云興趣，殊無可言。其間或竟無一箇半箇，吾講亦自若。今人以散亂心求知識，并心外營，不知自己心性為何事。忽有人教伊向內體究，真似風馬牛不相及。弟意總與提持向上，欲使其自知習氣陷溺之非，而思自拔於流俗，方可與適道。此須熏習稍久，或漸有入

處。今一暴十寒，一齊眾楚，焉能為功。然彼不肯立志，是伊辜負自己。吾今所與言者，却不辜負大眾，盡其在己而已。六藝要指，向後自當分說。譬如築室，先立一架機，譬如作畫，先畫一輪廓，差別相自不可壞。似須先教伊識箇大體，然後再與分疏，庶幾處處不失理一分殊之旨。會語續有數葉，今并坿去，其間若有未當，望兄不吝彈訶，此學不辨不明也。社會科學亦是道名分一條，兄來示分析得最好，當時講此，亦不謀而與兄言相合，但未寫入講稿內。駁實齋一段，證據不足，實苦手頭無書翻檢，俟有書可引時，當別草一專篇說之。虜勢復大張，真無地可以容身。弟有一簡單原則，但令其地不陷於虜，則隨處可居，然獸蹄鳥跡交於中國，吾將何之邪？物不可以終難，自佛眼觀之，共業所感，決不專係一方，知進而不知退，知得而不知喪，盈不可久，彼之謂也。小人可乘君子之器，盜思奪之，上慢下暴，盜思伐之，智小而謀大，力小而任重，鮮不及矣，我之謂也。虛憍之氣，如何可久，必勝之說，乃近自欺，定業難迴，又誰咎也。泰和雜詩十首附呈，兄覽之可以知其所懷，困不失亨，此尚非亡國之音耳。戊寅六月十六日。（頁528-530）

九 一九三八年

弟到桂後，因行役勞煩，尚未致書。曾晤陳真如，詢知近履安勝，且云形體較前豐碩，深以為慰。念令弟有田宅在德安，今已為戰區，想必先時遷徙矣。舉世皆危，豈能獨安。聞見所及，有同幽夜。羣迷不寤，祇增悲心。墮坑落塹，未足為喻，如何如何。前月二十四日來電，踰八日始至。可知軍電壅遏，殊非佳象。書院動議，前由毅成、百閔來電，具道教部之意，有名義章制俱候尊裁語。禮無不答，故臨行倉猝草一簡章與之。逆料此時斷無實現可能，事後亦遂置之。及前月二十八日得立民二十日航空信，乃云毅成諸子已著手籌備，並請吾兄為創議人，草緣起書即送教部，並屬

早日赴渝。其所示辦法與弟簡章所擬，頗有不符。因於廿九日答以一長函付航空，並拍一電屬暫緩，容函商，不知此電已到否？航空信約旬日，想亦可到。今接兄電敦促，已立即復電交毅成轉達。電詞簡略，其為答立民書中所已及者，今可不贅。弟意為山假就於始簣，脩塗託至於初步。雖諸法皆從緣生，造端不容不審慎。六朝、唐、宋佛寺至今猶有存者，當時出人之盛，儒家實有遜色。叢林制度，實可取法。古德分化一方，學者一任徧參，故禪林尤勝講寺。今雖衰歇，視儒生之徬徨靡託，猶或過之。妄意欲以此法寓之於書院。其初規制不妨簡陋，學子寧少毋濫，必須真為道器，方堪負荷。此類機在今實未易得。書院無出路，且不許參加政治運動，流俗必望而却步，尤違反青年心理。至講舍以擇地營構為宜，務令可大可久。此指規制言，非指屋宇言。圖書必須多貯。即此數項，已非有相當基金不能舉。在此時即有能瞭解、肯贊助之人，恐財力匱乏，難以集事。況第一困難即在選擇地點。須不受軍事影響，交通不致間阻，供給不致缺乏，尤以地方治安可以保證為要。在今日恐難得此一片土，至於山水形勝，尚在其次也。若因人家園林別墅為之，加以葺治，或較易成。但須隙地寬曠，樹木多，水泉潔，去城市不可過近，此數條件亦未易具足。因歎古時僧家，實能選勝。且其檀施自然而集，此有福德因緣，不可強也。電示創議人列名問題，此須切實際，不可務虛名、近標榜。前與立民書中已言之。至書院如何產生，由創議人告之政府，政府加以贊助，如為佛法外護即可。但出以何種形式，大須斟酌。如立民前書所云，弟認為不妥。如用文字請求，彼可加以准駁，補助經費在彼亦當列入預算，經會議通過，且有權可以削減或停止。此則明係隸屬於教部，與弟初意相違，愚意決不能贊同也。妄意或可由創議人徑呈國民政府，政府以明令嘉獎，交教部備案，一切不予干涉。在名義上較為正大，在事實上亦較有保障。但此皆世緣，且為衰世不得已之事，或亦可引起一部分人之譏訕。且其所謂保障嘉許者，亦等於空華。若云隨順眾生，今日眾生實有不可以隨順者。使聖人復生，

如來出現，應機示教，必異常情。聲俗之人，難可曉喻，諸佛亦不奈何。不知闇然無聞，杜門自講。徒侶不多，尚不為人所注目，尚有一分自由也。總之，弟對於此事，初無成心。語默動靜，本無異致。若審之義理而可安，弟亦不惜一行，為先聖留一脈法乳，為後來賢哲作前驅。苟其有濟，何為自匿。如其稍涉徇人，義同枉尺，則非惟弟不能往，亦願兄諦審諦觀。毅成諸子慮所未及者，望兄有以釋之。此推心置腹之言，不是定要作開山祖師也。簡章所未備者，望兄斟酌損益，留為後法。至弟之成行與否，此時尚談不到。盼兄詳示，再加商略。自贛來桂途中，作得小詩聊寄所感，今附去一粲。餘俟續教，再行申答。不具。戊寅十月三日。（頁530-532）

十 一九三八年

十力尊兄左右：

十月三日復一電，同日交航空寄一書，想次弟得達。頃奉六日重慶來教，知此電尚未至。然九月二十八日致立民一電、一書，來教均未提及，豈皆未至邪？航空信自渝至桂約旬日，不為慢。唯電報至踰七八日猶未送達，壓擱至此，紛亂之情可想矣。前書所言雖逞臆而談，義理實爾。立民及毅成輩或恐未喻吾意，以為冷水嘖面，不堪受此鉗錘。然此等處正不得放過，非拂人之情也。來教引墨子、蘇格拉底為喻，勸弟勿堅臥。且謂部中一切聽弟自主，在今日固已難能。但事實上緣尚未具，與其有始無終、有頭無尾，不如其已。孔子之窮老刪述，遠不如釋迦法會之盛。孟、荀之在稷下，亦較闕里為尊。今日欲求一魏文侯、齊宣王、姚興、梁武，似尚無其人。弟妄意欲以書院比叢林，實太理想，遠於事實。以今人無此魄力也。自真諦言之，又何加損。性自常存，願自無盡，不在湧現樓閣，廣聚人天也。戰後文物摧殘略盡，應為之事良多。僧如紫柏，俗如楊仁山，儒家尚無其人。以後學者求書不能得，故印行典籍，尤為迫切需要。然今人唯知有抗戰文藝，其誰信之邪。弟前

書謂書院不必期其實現，但簡章可留為後法。望兄相助，損益盡善。此意似可加入，垂之空文，亦同見之行事，無二致也。武漢方危而粵禍日亟，西南一隅，未易成偏安之局，何地可以容身，亦唯有致命遂志而已。弟月內或將徙宜山，仍暫依浙大，蓬飄梗轉，亦只隨緣。所攜書籍，僅存十分之二，其由桐廬燼後運出者，交浙大代運，今尚在贛州。粵戰一起，恐舟楫不通，終成委棄矣。有哀曹子起一詩，今以附覽。鍾山在南嶽貽書見告，始知子起已逝也。餘俟續教至日再答。諸唯珍重，不宣。弟浮頓首。十月十七日。（頁532-534）

十一　一九三八年十月

十七日奉答一書，交航空寄立民，旋得本月六日航空示，並立民附書。凡兄見教之言，皆極有分量，與百閔一席談，傾肝吐肺，更無蓋藏，非兄不能為此言。吾儕今日講學，志事亦與古人稍別，不僅是為遺民圖恢復而止。其欲明明德於天下，百世以俟聖人則同；不以一國家、一民族、一時代為限則別。此義非時人所驟能瞭解，將謂無救於危亡。其效不可得而覩，其不可合也明矣。至入泥入草，固非所恤。資糧之不具，參學之難求，猶其小者。弟終疑此事不能實現，非故為逡巡自却也。欲就一深山窮谷，把茅蓋頭，但得三數學者，相與講明此事，令血脈不斷。然羶腥滿地，并此亦不可得，是有命焉。杜口以歿世，亦何所憾。自來亂亡之世，骨肉不能相保者有之，但不如今時塗炭之烈。兄諸弟、姪在黃岡、德安者，未能援之早出，此非唯兄之憂，亦友朋之責也。然避地亦未必即安，雖處危地而能自全者，其例亦甚眾，兄似不須過憂。此非故為寬慰之詞，弟姊丈丁息園居杭不肯出，弟憂其身陷虜中，存亡莫卜，乃在江西時得上海親友書，知曾與通訊，竟安然無所苦，但不能出耳。日來消息大惡，廣州已陷，武漢益岌岌旦暮間。或傳已有行成之說，更復何言。書院事益可束閣矣。（頁534-535）

十二　一九三九年

　　見示學生津貼太殼，此乃稱家有無。今經常費只有此數，若增之則可容之人數益少。至學生出路，書院無權規定，此政府之事。書院既在現行學制系統之外，亦不能援大學文科研究院為例。弟意學生若為出路來，則不是為學問而學問，乃與一般學校無別，仍是利祿之途，何必有此書院。若使其人於學能略有成就，所謂「不患無位，患所以立」，「雖欲無用，山川其舍諸」，似不必預為之計，啟其干進之心，且非書院所能為謀也。必如兄言，則弟前此主張，一概用不着，無異全盤推翻矣。自昭才自可愛，然彼於西洋哲學，已自名家，且身任教授，在大學地位已優，書院淡泊，或非所好，將來自當請其居講友之列，但使延居講席，則戔戔之帛恐無以待之。且書院講習所重在經術義理，又非西洋哲學也。兄意以為如何？至選取學生，自當稍寬，如兄所教。時局如此，恐來者寥寥耳。己卯五月十六日。（頁535）

十三　一九三九年

　　十六及廿日惠書，同時並到。唯交百閔轉示一函，未見轉來，未知其中所言何若？關於書院未來作計，二十日教言之甚詳，非兄不聞是言。令弟不善處變，頗違兄意，聞之亦為兄不怡。然門內之事恩掩義，只可徐俟其悟。兄以是憂憤太過，亦足以損胸中之和，願兄之能釋然也。渝災後，毅成諸人忙劇不堪，書院進行受此影響，不免停頓。然此間方開始部署，不能住手，一切未能就緒。緣生之法，勝劣從緣，只好因物付物，任運為之。兄來書舉般若言種種不可得，因戲謂用人不可得。剋實言之，安有一法可得邪？書院方萌芽，能否引蔓抽枝，不被摧折，殊難逆料。欲使遽成大樹，覆蔭天下人，實太早計。弟總思為眾竭力，不為身謀。然風之積也不厚，則其負大翼也無力；水淺則船膠。但有法財而無世財，亦徒虛願。事緣如此，莫可如何。頌天、子琴欲來，弟豈不願。若經常

費不致無着，以都講待之，不帶職務，津貼只能倍於學生，亦恐渠等不敷生活，都講名義比助教為雅，弟意使之領導學生。倍其膏火，僅可支六十元。其帶職務者，視其事之繁簡，量與增加。然開始時亦無多職務可安立也。未知兄意以為可否？若依參學人例，則無津貼。勞彼遠來求此不可得之法，或者兄又以為不近人情也。子琴若能於嘉定中學得一教席，因暇來居參學之例，自較住書院為勝。頌天在南充所入若干，弟未悉，若來書院，恐顧家稍難，使其常患不給，亦非所以安之也。周淦生當以講友處之。書院若規模稍宏，弟意延攬人才，唯恐其不盡。今乃寒儉若此，未足以語於斯耳。至關於學生出路一事，弟亦非有成見，必令其與世絕緣。但無論古制時制，凡規定一種資格，比於銓選，此乃當官之事，書院實無此權。若令有之，則必須政府授與，如中正之以九品論人而後可，否則為侵越。未聞先儒講學，其弟子有比於進士出身者。若回之問為邦，雍之使南面，此如佛之授記，祖師門下之印可，純為德性成就而言，非同吏部之注選。西洋之有學位，亦同於中國舊時之舉貢，何足為貴。昔之翰林，今之博士，車載斗量，何益於人。昔有古德，人問之曰：「公門下成就得何事？」答曰：「箇箇使伊成佛作祖去。」程子兄弟少時見周茂叔，便有為聖賢之志。弟意學者若不能自拔於流俗，終不可以入德，不可以聞道。書院宗旨本為謀道，不為謀食，若必懸一出路以為之招，則其來時已志趣卑陋。所嚮既乖，安望其能有造詣邪。君子之道，出處語默一也。弟非欲教人作枯僧高士，但欲使先立乎其大者。必須將利欲染汙習氣淨除一番，方可還其廓然虛明之體。若入手便夾雜，非所以示教之方也。今時人病痛，只是習於陋、安於小。欲使決去凡近，所謂以此清波，濯彼穢心，知天下復有勝遠，令心術正大，見處不謬，則有體不患無用。然後出而涉世，庶幾有以自立，不致隨波逐流，與之俱靡。只養得此一段意味，亦不孤負伊一生。不能煦煦孑孑為伊兒女子作活計也。兄意固無他，只是愛人之過，世情太深。弟所以未能苟同者，一則不能自語相違，二則亦非今日書院

地位所許。料兄必能深察此意，知弟非固執己見，好與兄持異議也。學熙之去，實是可惜，各有因緣，亦不能強。兄以是減興，殊令人繫懷。今日實無處可安居，兄暑假前既不欲動，弟亦不敢促，但兄若不來，在書院便空虛無精采。趙老、葉兄未必能至，且渝方諸事停頓，弟亦未接正式聘書，故於延聘講座之舉，亦倚閣未發。書院至今日，實尚未成立也。僅有一籌備會名義而已。嘉定生活較成、渝並不為甚高，借地烏尤亦是不得已，捨此幾無立錐之地。兄他日蒞嘉，乃知弟言非妄也。朋初先德墓文，迄未暇屬筆，幸稍寬假。時盼繼教，不宣。

又徵選肄業生細則，係賀昌羣兄代定。弟意初不欲限資格，但憑知友介紹。賀君以為太廣，雖不必重視大學畢業，亦須加以攝受，故設為四項。古人求道心切，不辭千里裹糧，且有棄官而為之者。董蘿石年已六七十，尚就學於陽明。此皆自至，何待於招。今書院設為徵選及津貼之法，本是衰世之事，隨順劣機。衡以古人風概，已如天壤懸隔。來書謂如全不養無用漢，烏可盡得人才；世法還他世法，豈可盡得天上人。此誠嘅乎言之。人才固難，養得一羣無用漢，又何所取義。兄謂生平不為過高之論，國家教育明定出路，世法不得不爾，若無出路，學子失業，將詭遇以求活。今書院雖受國家資給，然非現行學制所有。即欲要求政府明定出路，亦須俟辦有成效，從書院出來人物成就如何，政府自動予以出路，然後可，不能由書院徑自規定。若慮學生失業將為詭遇，則書院無寧不辦之為愈。且今取得大學、研究院資格亦如麻似粟，誰能保其不失業、不詭遇乎。弟之不談出路，實是事義合如此，不是過高。兄謂對書院少興趣，誠少興也。然不可以少興而不為，是亦知其不可而為之之一端耳。前意未盡，故又申答如此。言常患多，今姑置之矣。己卯五月廿四日。（頁535-538）

十四　一九三九年七月一日

昨自峨眉還，讀十六日惠書。方欲促兄早來，乃立民、公純以兄書見示，知已允聯大之約，將棄書院而就聯大，為悵惘者久之。此次文六、百閔來嘉，因相約至峨眉。弟非好遊也，亦欲假此機會，與其商書院未來之計，欲其多盡力。毅成方居憂，亦不忍數以此事責之。今基金通知已下，實撥當無問題。唯經常費全年一期撥予一層，據文六、百閔皆云，恐難辦到，然允到渝向教部申說。是否有效，固難取必。此皆有待於外之事，只好從緣。吾輩所可盡之在己者，亦只能隨分，做得一分是一分，支得一日是一日。觀未來事如雲，幻起幻滅，孰能保證其必可恃邪。至關於講習之道，兄以弟偏重向內，將致遺棄事物，同於寺僧，謂雖聖人復生，亦不能不采現行學校制，因有資格出路之議，不如此將不足以得人。弟愚，所以未能盡同於兄者，良以本末始終，白有先後，不可陵節而施。若必用今之所以為教之道，又何事於學校之外增設此書院。先立乎其大者，而其小者從之，精義入神，所以致用，未有義理不明，而可以言功業者。若其有之，亦是管仲器小之類，非所貴也。性分內事即宇宙內事，體物而不可遺。古德言，但患自心不作佛，不患佛不會說法。今亦可言，但患人不能為成德之儒，不患儒不能致用。必謂滌生賢於陽明，是或兄一時權說，非篤論也。舉而措之天下之民，謂之事業。此乃順應，不可安排。故曰功業見乎變。所謂變者，即是緣生。儒者亦謂時命，故言精義則用在其中。若專談用，而以義理為玄虛，則必失之於卑陋無疑也。兄嘗揭窮神知化、盡性至命二語為宗旨，今所言何其與前者不類也。且兄固言人而不仁其於科學何，弟於此言曾深致讚歎。今欲對治時人病痛，亦在教其識仁、求仁、體仁而已。任何哲學、科學，任何事功，若不至於仁，只是無物，只是習氣。兄固日日言以見性為極，其所以詔來學者，固當提持向上，不可更令增上習氣，埋沒其本具之性也。今兄欲棄

書院而就聯大，固由書院根基未固，亦或因弟持論微有不同，故怒然置之。平生相知之深，莫如兄者，兄猶棄之，吾復何望。此蓋弟之不德有以致之，弟之用心，初不敢求諒於道路，所以未能苟同於兄者，亦以義之所在，不容徑默，絕無一毫勝心私意存乎其間，此當為兄所深信者。若兄意猶可迴者，願仍如前約，溯江早來。渝嘉間輪船已可直達。此間居處雖未必安適，若以長途汽車入滇，恐亦不勝勞頓。即乘飛機空行，亦不免震盪。恐皆非兄體所宜，幸深察之。現方開始微選學生，其有以文字來者，皆劣機無可錄。乃知俯順羣機，實是難事，亦望兄來共相勘辨。昨電想達，書到立盼飛答，不具。（頁539-540）

十五　一九三九年七月十二日

四日惠教至。弟適在病中，氣力頓乏，故未能即復。兄之所教皆是也。然君子作事謀始永終知敝，亦皆就理言之。至事變無常，世緣難測，誰能逆料。吾輩亦盡其在己而已。兄之來與不來，但當問理，不須問勢。今曰於理則可，於勢則疑，則弟之惑也滋甚。居今日而欲講習，斯事亦明知其不可而為之。至將來發生如何影響，本不可豫期。言契機，言致用，皆可，但皆不能取必。陽明、濂生往矣。彼其及身所成就，身後所流衍，皆遇緣而興，豈假安排，雖當人亦不自知也。君子語默出處，其致一也。唯幾也故能成天下之務，所當辨者在幾而已，豈曰要其必用，責其必成哉。書院為講習之事，有是非而無成敗。今兄乃以成敗為憂喜，此非弟之所喻也。且兄既閔弟之陷於泥淖，以理則當振而拔之，而兄乃以翱翔事外為得，此亦非朋友相愛之道也。兄見教之言，弟即有不契者，未嘗不反復思繹，知兄相厚之意，實餘於詞，何敢負吾諍友。但望兄於弟言，亦稍措意焉。察其推心置腹，無或少隱，猶不當在棄絕之科。如是，則兄意可迴，必不吝此一行矣。陰陽方位之說，使人拘而多忌。東看成西，南觀成北，豈有定體。世俗命書，弟亦曾瀏覽及

之。兄甲木曰元，木曰曲直，就金方，乃成梁棟之用，非不吉也。若弟為丙火日元，日之西沈，以俗言乃真不利，然弟不以為憂。日之西沈，非真沈也，明日復生於東矣。日無出沒，世人見有出沒耳，此何足計哉。朋初美才，而偏嗜日者之說，使利害之念，日膠擾於胷次，亦願兄能廓而清之，於朋初將來治學，方有益也。附奉關聘一通，依俗例為之，幸勿見擯。又匯寄重慶中國銀行轉奉國幣百圓，聊佐舟車之費。聞宜賓尚須換船，由宜賓則可直達，至多亦不出四日。由重慶起算。兄行期既定，盼先以電示，俾便至江濱迎候，且可先為預備館舍。日前方徵選生徒，雖應徵者人數不多，審查文字可入選者，旬日之間，纔得六人。繼今以往，一月內當續有至者，或尚不至相戒裹足。未來學子亦可念，弟縱不能啟發人，有兄在此，則不患奄奄無生氣。寺院式之流弊，請兄無憂也。弟病瘡良已，但苦中氣稍乏。向來土木形骸，不重服食，然因略知脈證，自以為尚無足為患也。言不盡意，書到即盼立復，不勝神馳。（頁540-542）

十六 一九三九年

十二日往一書，諒已得達。昨得兄十一日來教，詳哉其言之，微兄吾不聞斯言。雖然，兄之所繩於弟者，似於弟言未加深考。尊德性而道問學，豈有遺棄事物而馳心杳冥，自以為尊德性之理。但本末先後，不容不有次弟，對治時人淺薄混亂之失，尤不能不提持向上。若謂此言有弊，則顏、李真勝於程、朱。晚清以來，人人言致用，其效亦可覩矣。即兄所舉如曾滌生之影響及人，亦由彼於體上稍有合處，雖未能得其體，初非專言用也。世間事雖至賾，理實簡易，若必以隨順習氣為契機，偏曲之知為致用，則現時學校之教亦足矣，何必立書院講六藝邪。兄必謂弟欲造成寺院式，在今日決行不通。弟往日誠有是言，意謂書院經濟當為社會性，政府與人民同為檀越，同為護法，不受干涉，庶幾可以永久，乃專指此點

言之。無可比擬，乃比之於叢林耳。非欲教學生坐禪入定也。宋初四大書院，實有近於此。蓋用半官款，而用在下之學者主之，不命於學官。其後私人自主者，如象山之象山精舍，朱子之武夷精舍，乃與禪師家住山結庵無別。所以不能久者，亦由於經濟條件缺乏之故。今人艷稱英之牛津大學，彼亦由中世紀教會之力所植養而來。儒者專以明道為事，不言檀度，故以規制言之，實於彼有遜色，然道之顯晦，初不在是。侈言涌現樓閣廣聚人天，末了亦只是以廣廈養閒漢，何益於事。若今書院之寒儉，乃猶不得比於茅庵，何有於寺院。弟以為教人若能由其誠，庶可使人能盡其才，雖成就千萬人亦不為多，即使只成就得一二人亦不為少，擴大到極處，亦絲毫無足矜異。兄意必期擴大而後乃肯至，以弟為安於狹隘。弟雖陋，或不自知其陷於狹隘，然謂自始即以狹隘為心，此言乃非知我。謂吾智小不可以謀大，力小不可以任重，弟當自承其短。若謂弟以狹隘之心量距人，兄此言或稍過矣。擴大之計，第一即要經濟條件，泥多佛大，水漲船高，俚語有之。弟既無福德，亦無神通，所謂風之積也不厚，則其負大翼也無力。創議籌備諸人，對書院無認識，即對弟個人，亦何嘗有認識。弟不能強其認識也。未嘗不言，而輒置不報，尚可數數言之乎。故今日書院只是行權處變，不得已而應之。願力之弘，固在自心，人心之知與不知，不足為病。若因緣之廣，須得人助，未能取信，何由自然而集，是不可以強也。議者或疑當軸以書院私我，弟決不致以書院自私，此可不置辨。但以目前經濟毫無基礎，欲言擴大，其道末由。兄意欲使變為國立，此亦無從提出。縱使或有可能，則當隸屬於現行學制之下，而弟前此所提之三原則，全成廢話。欲不受干涉，必不可得矣。此書院立場，不可改易。欲求擴大，須得社會助力而後可，此豈望空祈告所能致者。或者能支持數年之後，漸為人所信，亦須時局不發生劇變，庶幾足以及之，此時焉能驟幾。若遽大吹大擂，所持者寡而所望者奢，豈非近夸而少實邪。兄謂弟始意即不欲擴大，不唯無此理，亦無此情，

但此是事實所限，非空言願力所能濟。兄若有實在辦法，弟雖至愚極陋，豈有距而不納之理。但今即日言擴大，亦是空言，蔡子民之兼容並包，弟亦深服其度，但其失在無擇。彼之所憑藉者北大也，以今書院比之，其經費乃不逮十之一，而兄乃以蔡子民期我，吾實有慚德。非不能為蔡子民，乃愧無呂洞賓之點金術耳。此是笑談，兄勿嗤其近鄙。譬如貧家請客，但有藜藿，坐無多人，今乃責其何不為長筵廣坐，玉食萬方，使賓客裹足，為富人所笑，此得謂之近情否。今日之事，無乃有類於是。兄以狹隘見斥，今事實實如此，弟亦無詞。但謂弟意志即係狹隘，不肯開拓，則兄不免於誤。弟即不肖，未致如此。兄若因是而不來，則十餘年來以兄為能相知，亦是弟之誤。兄猶如此，何況他人。弟從此亦將藏身杜口，不敢更言學問，更言交友矣。至兄來後欲專播新論，不欲多所講說以耗精神，此皆可悉如兄意。但居處飲食，未必能盡適，此亦弟之力所未能及者，亦不能不先聲明也。不延張真如事，昌羣深致不悅。昌羣謂書院可不花一錢而致名講座。弟意以為如此因利乘便，在事實上為不可能；書院必假此以為望，亦非義理。昌羣因默然不悅而罷。然弟非不敬張真如，不重黑格爾也。彼之講座脩金，乃由庚款委員會供給，指定國立大學由彼自擇。承彼垂青於學院，但據蒙文通與昌羣書，亦廖廖數行。但書院既非國立大學之比，須先請教部轉詢庚款委員會，得其承認方可。弟意由書院請求教部，已覺不撰其地位如何；若更欲得庚款委員會同意，此殆必不可能之事，以庚款委員會決不承認書院地位也。冒冒然求之，忽然碰壁，則書院與張真如皆難下場。故欲延張真如，非由書院自請不可，須先置庚款不談。然庚款會指定講座脩金甚優，決非今日書院力所能及。若張真如獨優而其餘講座太殼，亦非敬師之道。若其有以待之，則又何不延賀自昭。且兄前書欲召周淦卿講英文，招牟宗三為都講，若能多加延攬，豈非佳事，豈患人多。無如蹄涔之水易竭，不能供養十方羅漢僧何！且書院力不能購西方參考書，學生並未注重外國文字，使聽黑格爾哲學，亦毫無憑

藉，無受教之資，則講者必乏興。張真如及昌羣均未顧慮及此。兄以是責弟之隘，似亦未之思也。固言以俟異日，俟學生稍有資藉，然後具禮以請，昌羣怫然以弟為距人之辭，弟亦不與深辨。昌羣與張初未相識，但重其為牛津博士耳。此真未免於陋，弟亦不能救之也。乃兄今亦以是責之。弟誠不能無過，過不在距人，乃在不肯因利乘便而求人耳。大凡處事，但問義理之當不當，安能盡人而悅之哉。且書院所講當自有先後輕重，並非拒西洋哲學不講，以西洋哲學學生當以餘力治之，亦非所亟也。凡前書所已及者，今亦不更分疏，總括言之，兄之所諍者，皆出於愛書院與愛弟之厚，即有未能苟同者，何能不接受兄之善意。乃若以狹隘為弟之意志，因而棄之不肯來，則弟實不能承此過。然擴大之辦法，究宜如何，弟之智力，今日實思之未得其道，必待兄來從容討論，決非一二日所能一蹴而幾，責之創議籌備諸人皆無益也。兄必以弟為不足與議，遂終棄之，弟亦無可如何，但終望兄能相諒，攻我之病，當攻其實。弟非不能識病者，斷無距藥之理也。言多去道轉遠，仍盼決定明誨，不具。

　　此書寫畢，意猶未盡，言語實不免重複。今更欲有言者，海若忘大，所以能成其大。今兄似猶有大之見存，必曰擴大，亦在此心能充擴得去耳。所謂充擴得去，則天地變化草木蕃；充擴不去，則天地閉賢人隱。此皆於規制無關，豈圖門庭熱鬧而後為大哉。玄理且置，但論事實。吾輩所遇之緣，實太劣下，不必遠引，以舊時尊經廣雅言之，彼皆省吏自為，中央未嘗過問。曾滌生於兵後設書局刻書，未聞須經通過或審計也。今之從政者尚未足以及此，一般社會其不能於書院有認識，亦無足怪也。此豈可以口舌爭者。呼牛則應之以牛，呼馬則應之以馬，兄固嘗言之矣。異以行權之時，亦不宜大張旗鼓，遭人側目，況空言邪，此其志亦不能不隱。故擴大之事，只可待時，此乃切於事情，非安陋也。己卯七月十七日。

（頁542-546）

十七　一九三九年七月二十日

十七日奉答一函，因兄開諭之切，弟亦不可不掬誠以告，其中言語或過於逕直，非出辭氣之道，慮或滋兄之不懌。然吾輩相交，固當推心置腹，何事不可盡言。即兄認為不當，因而指斥，乃是朋友切切偲偲之意。弟雖不德，何致不能服善，知兄之決不吾棄也。書院充擴之議，弟意志決無與兄不同之處。但目前為事實所限，不能驟幾，此亦當為兄之所諒。但得兄來，凡事皆可商略，亦省筆札之煩。弟所望於兄之輔益者良多，兄豈能恝然置之乎。昨晚得兄飛示，允於舊曆六月望前首塗，為之喜而不寐。館舍一切，已囑二三子速為預備。日來水漲，舟行益利，願速駕，勿再淹留。瀕行盼以電告，須示船名。俾可迎候。相見在邇，不勝引領佇望之情。先此馳達，惟善為道路，不宣。嫂夫人均此候問，世兄亦同來否，并念。（頁547）

十八　一九三九年八月十日

送上王守素《易學目錄附圖》一冊及《易象講錄》六紙，請兄勘驗。此人極有思致，似可與深造，望兄閱後略與批答，許其參學，庶有以進之。想兄當不以為煩也。（頁547）

十九　一九三九年九月九日

昨飯後趨送兄稍遲，兄已下山，意至歉歉。初移戴家屋，諸事未能預備妥帖，自感不便，又不免寂寞，無可與言。弟亦深覺未能為兄安排，有多少不盡分處。頃讀來示，不勝皇悚。書院事不待追論，皆由弟無福德智慧，不能取信於人，故令寒傖至此。然兄之來，自是為學術、為道義，與後生作饒益。不獨為朋友之私，補弟之闕失而已也。不意遭此鉅變，弟不能慎防慮之道於事先，又不能盡調護之責於事後，咎無可辭，兄之見責，宜也。諸子事忙，遂或於承事之際有忽。此亦由弟思慮不周之故。向後兄有所需要，逕請

直說，苟為弟力所能及者，必當為兄謀之。亦屬諸子善為承事。但望兄切勿萌去志，勿再言去，使弟難為心。剗實而言，今日無往而非危地，其又何擇邪？少閒即趨覲，先此敬問痊安，不具。（頁547-548）

二十　一九三九年九月三十日

昨日講論過久，慮兄太費精神，講後但覺微倦，乃知兄精神畢竟亦是過人，此非獨私心喜慰而已。兄之勤誨如此，其益人者廣矣。見示所以待郭某者未得其道，此誠弟之失。當時以其人言談氣貌一無足取，心惡其妄，遂未與言。乾餱之愆，尚非所恤，但少含弘之度，非所以處小人。彼之怨謗，可以不計，拒不與言，未免絕物，實非盡己之道。兄言是也，惜昨日不聞此言，已不及救，固當謹之於將來耳。沈兄今日大好，曾偕弟下山，行至烏尤壩，遷徙之計，殊不易言，容當熟商。杭書未寄，黃離明曾有信與立民，此事在目前現勢恐未能亟圖也。聘黃為講友，弟曾有是意，立民與黃如何言之，弟却未知。弟意彼此僅一面，並未深談，遽下聘函，未免太驟。俟稍往復相契，乃以為言，未為晚也。梁兄今之顏李，請其來院作短期講說，固是佳事。俟其到渝，當具書邀之。但渠是否能來，亦似未可必耳。率答，不具。（頁548-549）

二十一　一九三九年十月九日

立民持示來教，今作簡語相報。兄所責弟之言皆是也。即或辭氣稍過，弟何致與兄校及此等細故。所引為憾者，弟之處事處人，既皆未得其當，猶不自知其失，而靦顏以教人，何以自安，自宜為老友所棄。書院既不能亟謀改革，兄言已盡，去就之道決於改革與否，此意難迴。今只能維持現狀，弟亦無詞以留兄，姑俟百閔來時，當可就兄與昌羣商量。弟既無能為役，一切章制可聽籌委會修改。兄行似不須如是其亟也。相見無詞，何貴僕僕造謁，虛作周旋，但望兄遲遲其行耳。至與兄相愛之厚，未嘗有改，決不因持

論小有不同，而遽有介於胸也。草草不能宣意，臨穎黯然。諸唯諒照，不具。（頁549）

二十二　一九三九年十一月五日

　　方兄之行，未及下山送別，又時以道路為念。及奉獅子場來書，且喜行李安止，豺虎無虞，差慰懸系。所憾者，弟德不足以領眾，學不足以教人，才不足以治事，遂使兄意不樂，去我如此其速。然自返於心，實未嘗敢有負於兄也。悵惘之懷，靡言可喻，不知所以為答，故闕然未致問。頃復奉前月廿七日惠教，知卜居將定，可得園亭之美，足以忘憂，是亦一適也。書院氣象，無可為言。百閔屢言當來，而至今未至。匪特基金久懸，即十月份經費亦未撥。平生厭言阿堵，今為大眾粥飯，乃不能不形之簡札。日日飛書乞米，猶充耳不聞，每自憎其近鄙。今之君子，難與為緣。然弟之所處，不為身謀，若可打包逕去，不接淅而行矣。以是益慕兄之自由，非弟今日所能及也。見諭聯人恢復故物，此亦差強人意，兄所責於書院者雖甚微，今尚未能如命。一則款尚未來，一則籌委會所製預算，會計年度係以陽曆年底為期，來年則須更製。書院年終報告，不能以其未製定者自為增損。兄亦籌委會之一人也，弟何所容心焉。兄來教用心甚恕，或以未能卒應為罪。承將聘書却還，亦不敢更以奉瀆。兄去後空山寂寥，幸有敬兄可與共語。霜寒風急，益令人難為懷也。（頁549-550）

二十三　一九三九年十二月七日

　　十二月一日來書，乃知獲罪於兄者甚大。凡兄所以見詬者，皆弟之疏愚所不及察，是固由弟不德有以致之，初不料朋友之道至於如此。人之相與，其難乎為信也。兄被災之後，弟未能盡調護之力，此過前已自承。至兄誤聽流言，以為弟於兄妄有所訾議，使兄不能不驅去，此則弟所萬萬夢想不到者。上堂教學生善聽兄言，初不知此語亦成罪戾。真是轉喉觸諱矣。〈睽〉之上九曰：「見豕負塗，載鬼

一車，先張之弧，後脫之弧。」兄之多疑，無乃有似於此。今亦不須申辨，久之兄當有自悟之時。然念兄雜毒入心，弟之誠不足以格之，亦深引以為戚。今兄雖見惡絕，弟却未改其初心也。兄所責於書院者，為通訊修金三箇月。前以書院方虞匱乏，而兄來教亦多恕詞，稍遲未寄。今依命奉去法幣三百元，匯重慶中國銀行周鵷鶵轉交，至希詧收賜復。遲緩之咎，並希原諒。至前擲還之百元，此區區者，本無足罣懷，而兄一再堅却，今亦不敢更以為言，轉以觸兄之怒。病後率復，不能多及。臨書悵然，敬祝安隱。（頁550-551）

《馬一浮集》第二冊
【專函外與熊十力相關之信函】

葉左文 渭清 埃庵

十三　一九三九年七月十二日（節錄）

　　轉徙經年，遂成曠闊。每於允明兄處詢知近履，未嘗不神往也……。講座目前僅請三人，擬請趙堯生先生講詩教，**熊十力先生講哲學**，至三《禮》專門，實為今日學子最亟之務，非兄莫屬，幸勿以道遠為辭。（頁446-447）

曹赤霞 子起

十一　一九三一年一月（節錄）

　　夏秋以來，累次奉書，曠來一答，簡忽無所逃咎。然亦以書不盡意，故彌覺其言也訥。言之不愜，徒成戲論，遂不期而安於默耳。……**十力**好談東西文化之異點，弟隨順其言，謂若剗實而談，有東有西，即非文化。聖凡猶不許立，更說甚東甚西。今日就第二門頭說，聖凡心行差別，只是一由性、一由習而已。東土大哲之言，皆從性分流出。若歐洲哲學，不論古近，悉因習氣安排，故無一字道着。……戊午十二月六日（頁465-468）

宗白華 伯華

二 一九三九年八月二十九日（節錄）

巴渝快晤，倏忽經時，遠跡嘉州，曠於書札。傾奉惠教，足
慰闊懷。書院經始，百無足稱，哲匠風規，徒存虛願。僅假山寺數
椽，聊作棲止。……老友**熊子真**來此未及一月，樂山全城煨燼，
子真既嘆焚巢，復憂傷足，跛而能履，已同絕後再蘇。現亦避難山
中，共數晨夕。乃知據亂之世，初無堯桀可分，遭命不辰，亦復蘭
艾無擇。因來問，故及之，想有同喟也。率復，順頌撰安，不具。
（頁500-501）

陳大齊 百年 伯年

二 一九三〇年十二月

函、電均悉，承促北遊，非欲自遠；徒以衰年久習疏放，倦
於行旅，終覺此意鼓舞不起。教人不由其誠，教之所由廢也。即使
勉徇尊意，強為一行，己既未能鼓舞，何以鼓舞學者。今請薦賢以
自代，可乎？**黃崗熊君十力**，昔曾教於大學，公所知也。或徒以其
善唯識，實未足以盡**熊君**。近方養疴西湖，數與往復論義，知其所
學，不惟直湊單微，亦能旁通曲暢。雖與浮持論未能盡同，浮自以
為弗如。觀其與學者筆語，皆剴切沈摯，足使感發興起，此真導師
之選也。公若能禮致**熊君**，必能為諸生造益弘多，勝浮遠矣。夫
公之見招，豈不以其言為可信耶。願公即以信浮者信**熊君**之善教，
勿失此賢。浮誠思之甚稔，所以答公虛己勤求之雅，慰諸才儁親師
樂道之心。其道在是，不必其自至也，故坦然言之而不疑。望公裁
擇，並弛其不至之責為幸。聘書仍合奉繳外，往**熊君**近出語錄一
冊，並希察入，不宣。庚午十一月九日。（頁516-517）

劉百閔

二　一九三九年九月一日（節錄）

樂山災後，立民曾寄一函，旋蒙致電慰問，深荷關垂。弟亦有一書答文六，託為致意，想邀鑒及。此次同人雖幸免池魚，**獨熊先生**有焚巢傷足之累，深愧料事不明、見幾不早，乃使老友罹此患苦，疚其可追。所幸傷勢可療，或免於跛，差堪告慰。書院開講已決定九月十七日丁巳，取後甲三日、先庚三日之義，舊時釋奠用丁，義即本此。不再展緩，屆時不延外賓。……（頁587-588）

四　一九三九年十月二十六日（節錄）

迭奉來電及書，且喜命駕有日，以其時考之，宜若可矣。……院事待商孔多，尤不能不望速駕。**十力**不樂留嘉，頃已徙居璧山。留之不可，不能無憾。其詳情容當面罄。近講學規初畢，晤時當以奉正。占謂獨彈，或不為俗耳所悅耳。臨書不勝神馳，佇候電示，不悉。（頁588-589）

六　一九三九年十一月十三日（節錄）

昨奉八日來教，且喜良覿不遠。……基金及經常費實撥、實發問題，諸公既關懷甚殷，自必處之有道，不令久懸，無煩更事喋喋。……書院生徒雖乏，兩月以來亦似稍知趨嚮。**逸翁**、藏雲以浮所言者皆為腐談，銳欲更張，必使書院為現代化。幸二君尚未談未來化，浮已望塵莫及矣。誠魄迂陋，未能盡從。如其言而當，則自濂洛上推鄒魯，皆腐談也。浮分當杜口，不復言學。浮視語默一也，卷而懷之，亦無加損。此事尤當面申。未晤之間，不勝仰跂。（頁590-591）

趙熙　堯生　香宋

二　一九三九年九月十九日（節錄）

　　前辱還教，兼被和章，深銘誘進之盛。屬樂山大災，書院造始，諸未寧集，致疏箋候。……友人**熊十力**別有一函問起居，併以附呈。（頁666-667）

屈映光　文六

二　一九三九年八月二十七日（節錄）

　　月初得教，未及答。十九日樂山被災甚烈，旋荷手書慰問，良感。弟前以瘧後徙居外城過街樓，是日落彈無數，寓屋悉坍。幸書院同人俱各無恙，唯**熊十力兄**住宅被焚，左足受傷。現已全體移住烏尤。別在涼橋戴家賃得一宅，距寺三里許。安頓同人家屬。幸此宅賃之在先，否則益無辦法。一星期來，大致粗定。惟樂山全城，大半已為焦土。世事之無常如此，真堪浩歎。書院徵選學生，已得二十餘人，到者尚屬寥寥。……（頁674）

三　一九三九年九月三日（節錄）

　　頃奉八月廿九日手教，極佩仁言。……**熊先生**傷勢稍瘥，堪以告慰。山中蠻洞不乏，無須更鑿，但近來月夜往往聞警，露坐竟夕，為之不寧。業力所招，無可避免，徒有浩歎耳。百閔欲於開講日延林主席蒞會致辭，鄙意不如寢罷。昨致百閔書中言之頗詳，囑其送公一覽，當不以鄙言為謬。開講日請束以籌委會諸公為限，不延外賓。其實可至者亦唯公與百閔，除**熊**、賀二君在院，其餘諸公或在遠、或事羈，未必能命駕也。……（頁675-676）

五 一九三九年十月三日（節錄）

昨發一電寄戴家巷轉，想蒙詧及。……**熊兄**傷足已愈，昨已上堂講論，足慰愛注。率爾布肊，即頌磐安，不悉。藹士先生處，並希道意，恕不另肅。（頁677-678）

七 一九三九年十一月九日（節錄）

前致飛函，想蒙詧及，靜候還答，無取多陳……。浮德不足以領眾，學不足以及人，才不足以應變，每深自引咎，未遑責人。而**熊逸翁**以主張不同，形神躁擾，賀藏雲以義理非要，意趣參差，先後決然言去，留之不可，此誠始意所不及料者。蓋二君於書院之所以為教，皆意主更張，以浮言為空疏無用。浮再三申譬：關於論學，未嘗自專。但簡章所定，二君當時並無異議。今即亟欲更張，當俟百兄來山，從容討論。浮既無能為役，亦當去就分明，非不肯徇二君之志，而二君怫然遽行，將謂浮迂拘不能容納。浮之用心，初未敢有負於二君也。儻百兄早來商定大計，於彼於此，必有所擇。蓋浮之語默，初無增損，而書院宗趣，不容不定。此其曲折，非面語莫宣，今略言之者，以見前書速駕，其所為固不止一端也。更有一事當告者，當開講之初，值樂山災後，**逸翁**傷足，諸生應選文字，積卷盈屋，咸須裁答。又方草定《學規》，竭思講事，故於講外所當務者，疏節闊目，未之能舉。……（頁678-679）

申鳳蓀

一九三九年八月二十八日（節錄）

峨嵋之遊，歷歷在目，不兩月而樂山竟為煨燼，世事之無常如此。累蒙賜書存問，前日夏參議來，復被手教，兼承劉倚仁先生垂詢鄙狀，深荷關注之殷。此次樂山鉅災，實出意外，書院同仁猶幸

未為池魚，唯**老友熊十力**寓屋被焚，足受輕傷，亦尚跛而能履，堪以告慰。……（頁698）

梁漱溟

一 一九三九年十月十五日

自避寇來蜀，適公有齊魯之行，亦竟未通一字。頃見與十力郵片，乃知從者方在成都，且喜相距略近，亦憾未能驅車造問也。仁者形勞天下，比於禹、墨，頃又身歷兵間，悲智之興，必有更深且大者。惜未得邇聞高議，一切衰頑。書院亦是緣生之法，不得已而後應，事至淺薄，無足比數。**十力**往在渝中，與聞造始，曾假重碩望，俯同籌備之列。但以道阻，末由諮商。如或不鄙碌碌，儻因行化餘閑，惠然肯顧，出其懸河之辯，驚此在穀之雛，則說法一會，度人無數。方之今日，猶為陋矣。附呈請疏，幸勿見斥。假舍山寺，僅比茆檐，亦乏求、由可使迎候。至何時乘興，一聽裁量，初不敢期必也。專肅，敬頌道安。臨書不勝翹跂。（頁703）

二 一九六二年

漱溟先生侍右：

星賢來，辱手教，見示尊撰熊著書後。粗讀一過，深佩抉擇之精。**熊**著之失正坐二執二取，騖於辯說而忽於躬行，遂致墮增上慢而不自知。迷復已成，虛受無口，但有痛惜。尊論直抉其蔽而不沒所長，使後來讀者可昭然無惑，所以救其失者甚大。雖未可期其晚悟，朋友相愛之道，固捨此末由。亦以見仁者用心之厚，浮讚嘆口口。夫何間然。尊稿仍囑星賢奉還。草草附答，敬頌道覆貞吉，不宣。浮頓首。四月三日。（頁703-704）

蒙文通

一　一九三九年十月十七日（節錄）

承與**熊子真先生**書，並介紹范君午欲來敝院讀書，附來范君所纂《張皋文詞選評注》一冊，既欽仁者愛才之摯，亦嘉范君讀書之勤。惜敝院所講習者，在經術義理，未遑及於詞章。……**子真先生**因災後時苦警報頻煩，不樂住嘉，現已暫住璧山，並以附聞。……（頁705）

鍾泰　鍾山

四　一九四〇年八月二十四日（節錄）

鍾山尊兄左右：

十三日奉電示，踰旬始得。初十日飛函，知因患下利，未能成行。悵惘之餘，彌深馳系。新愈猶須攝養，固未敢敦促。然願尊兄徐俟康復，早踐諾言，不我遐棄，非徒此問學子之幸而已也。書院方始萌芽，未有遠大之計，頗為時人所嗤，初未敢輕於求助。友朋間如**十力**者，猶不能相諒，必欲使近於現代學校化，遂致相忤，實乖弟之夙心。往者亦嘗為兄略言之。弟之固陋，良未足以繼先儒素業。然綿此一脈，乃今日所不容已。……（頁717）

鄧心安

一九四六年一月十六日（節錄）

心安道兄左右：

今女公子轉來手書，不圖三十餘年隔闊，猶荷故人齒錄。當時與賢昆玉清談之樂，如在目前。世事雲烟，不足縈念。仁者既遊心般若，必能深入空觀，不改其樂也。弟避寇入蜀，倏忽八年，假憩

僧寮，亦同老衲。逢緣遇境，差得平懷，幸無所苦。但友朋寥落，歸計猶需。無量雖近在成都，不獲過從。萬慧三年前曾一通訊，今亦久不相聞。**十力**則棄我如遺，各從所好。承問故及之。世相無常，由來如是，初無違順，斯取捨可忘，枯槁中亦自有受用。想仁者不以斯言為逕庭也。……（頁771）

丁輔之

輔之先生惠鑒：

久不晤教，唯動定勝常為頌，頃有託者，**老友熊十力先生**近著《新唯識論》一書，欲用仿宋聚珍版排印，留滬自校。此書絕有價值，恐貴局執事人以普通顧客見待，印刷不免稽遲，故不避冒昧，特為之介，欲藉鼎言為重，囑諸執事人，務令加工趕印，剋日出書。行款一切，悉依**熊君**所定。至印價、紙價，亦希覈實計算，以示優異學者、重視名著之意。率爾奉瀆，想不為過。新秋漸涼，想益以藝事自樂，不宣。馬浮頓首。八月卅日。（頁787-788）

雲頌天

二　一九三六年（節錄）

頌天足下：

彌年未寄一字，每憶舊日相聚時事，彌覺可懷。……**熊先生**既久別，舊時同遊諸子皆散而之四方，又各以事牽，未能一意進德脩業。翻念昔日相處未有裨益，心之憂矣，曷之能來。虜患日迫，或將不免播徙，後此益不可知矣。……浮啟。二月十五日（頁805-806）

四　（節錄）

頌天賢友：

　　得書良慰闊懷。……**熊先生**在上海常通信，然彼此俱難於旅行，亦未相見。賢輩相去遠，欲千里命駕，談何容易，何必覿面乃為相存。鄧子琴想在同校共事？舊日友朋俱散處四方，或久不通訊，老來安於寂寞，不相往來亦省事之道耳。……浮白。舊曆九月三日（頁807-808）

五　一九三六年（節錄）

頌天足下：

　　進德之驗，如人孩童漸至少壯，血氣日盛，膚革充盈。……**熊先生**時有書來，吾亦兩月未病。世事無足言者。陳攖寧處有書致問否？腦病總是氣不流行，養得此心活潑潑地，氣自大順，乃知神仙方術未是極妙耳。浮啟。丙子八月一日。（頁808-809）

七　一九三九年七月十二日（節錄）

頌足天下：

　　兩得來書，未暇致答，然觀賢於〈顏子問仁〉章四日能著眼，似有會處，頗慰老懷……。古人求道心切，千里裹糧所為何事，初不必有書院也。今設為徵選及膏火之制，已是全身入草，隨順劣機，未能免俗。來者不純為學道，不免夾雜，以佛氏言之，便是發心不清靜。**熊先生**却欲吾為學生定出路，吾以書院乃在現行學制系統之外，無權為此。以**熊先生**之明，尚不瞭解書院本旨如此，何況他人？所以言及此者，欲賢知橫身入俗之難。過得荊棘林是好手，一與世人為緣，便終日在荊棘林中度活，然不損吾毫髮事。此語或者唯賢能信得及耳。**熊先生**來書謂賢意欲來相依止，固是好，但賢在梁先生保社中是否可以自由離去？又此間淡泊，凡屬舊時從吾

共學之人，吾欲一律以都講名義待之。……浮啟。五月廿六日（頁810-811）

八　一九三九年（節錄）

頌天足下：

　　來書具道所以緩來之意甚詳。須知吾於頌天屬望之切，亦猶賢之望我。然此事不在一時，書院諸緣未具，吾不得徑行己意。吾雖因避難而來，豈不欲成就得一二人，庶幾血脈不斷。在今日世法中，乃絕無義理可言。吾所持為義理應爾者，他人視之或以為不合時宜，或竟毫不措意。以素相知愛之久如**熊先生**，猶不能箭鋒相柱，函蓋相合，各說各的話，何況餘人。看來古人不得行其志，所以憂則違之，實是事緣如此，不能絲毫勉強。吾今所處已有可去之道，現猶忍而待之者，實惜此萌芽，欲稍盡灌溉之力，使可發生，不致生機遽折，初非為身謀也。若為身謀，久已遠引為上。今人不明義理，亦不足深責，不可過望，是皆可恕。……基金允而未撥。經常費欲請全年一期撥給，亦尚待商洽。能否慨諾，尚無把握。僅此區區開辦費，無論如何儉嗇，亦不旋踵而涸。且吾尚未接得正式聘書，一切措施無名義可以依據。今所行者實皆籌備委員之事，非吾所有事也。事不獲已，簡章發出，不能收回，後此進行如何，有無阻礙，實難逆睹。**熊先生**謂吾「但知有法理界，不知有事事無礙法界」此言信然。吾戲答之云：「今實是事事有礙法界也。」今姑置不談。……浮啟。六月十八日。（頁812-813）

九　一九三九年（節錄）

頌天足下：

　　前來書介何清瑤來學，已囑立民通知。……**熊先生**廿六日由渝附輪首途，臨行有信來。在宜賓須換船，計時今日必可到，鄧子琴送之同來。書院前途須看時局是否能支持，在陳之阨，時時可能，然此事不由人安排，只好隨分。前所以勸賢緩來者，亦是為此。今

頗感覺人少，有事時不敷分配。賢之來於自己分上或未必有益，且生活或較苦，但於書院不為無助，故仍望其能來，然去就之間切須仔細斟酌。**熊先生**前有來書云梁先生不放，賢去，張叔芝亦不肯，若是則賢自不能絕裾而來。吾前書所以謂必先得請於梁先生而後可，此則望賢量宜自處，吾初無固必也。行止決定後速以書見告為盼。浮啟。八月四日。（頁813-814）

十一　一九五〇年三月八日（節錄）

頌天賢友足下：

　　立民、石君轉來二書，得詳近況，良慰！世事無常，隔闊彌久，相見無日，能不憮然。……梁先生是否反蜀？**熊先生**聞已赴京，想時通問。僕智淺悲深，無心住世，所欠者坐化尚未有日耳。他無足言，諸希珍重不宣。……（頁815-816）

十二　一九五二年（節錄）

頌天賢友足下：

　　得初四日書，遠勞存注，良荷。……所苦者唯寂寥耳。舊時從游，都已星散，各不相聞。入此歲來，吾年已七十矣。目力大壞，已不能作小字，燈下不復能看書，乘化歸盡之期或不在遠，更無餘念。賢輩大都俱為生事所累，然聞道不在早晚，苟不以饑渴害志，舊學尚未至禁斷，何患不能讀書。**熊、梁二先生**頗常通書否？動定亦希以時見告。……（頁816）

十三　一九五九年（節錄）

頌天老友：

　　辱書存注，深慰闊懷。……**熊先生**著書不輟，想時通問。立民在武昌華中師範，亦經年不得書。公純在此無恙。舊友中唯王星賢曾來杭相視（星賢留北京以譯書自給），餘俱散處四方。緣會靡常，自然之理，無足縈懷也。……（頁816-817）

十四 一九六三年（節錄）

頌天賢友如晤：

　　得書良慰。……餘年未盡，深感形體之累耳。公純尚留杭。**熊先生**亦尚健。梁先生去年曾過杭一面。餘事無足言，唯順時珍重，不宣。……（頁817）

張立民

一 一九三五年（節錄）

立民足下：

　　累書不一報，甚孤見望之厚。……**熊先生**新出《語要》，大體甚好。其非釋氏之趣寂而以孟子形色天性為歸，實為能見其大。其判哲學家領域當以本體論為主，亦可為近時言哲學者針箚一上。但以方便施設，故多用時人術語，不免擇焉未精。自餘立言稍易處固有之，如以虛靜為道家思想及賢者所舉格致之說一類是。然大旨要人向內體究，意餘於言。聖人吾不得而見之，得見君子者斯可矣。吾取其大者，其小者可弗辨也。……（頁818-820）

六 一九三八年（節錄）

　　凡處患難之時，喫苦捱餓，俱是本等，此吾儕分內合有底事，須是能堪忍，方有剛大氣息。……今往所出筆語數頁，題曰泰和會語者，用明人講學例，且示不在學官所立之科也。雖多用對治語，亦猶平日所常言，但盡己之感，不責物之應。如遇頌天、振聲，亦可示之。不能多寄，但於**熊先生**處已別寄一份。此行一書未攜，但從葉先生借得注疏一部。今所講者，欲引書但憑記憶，只得從胸中流出，亦欲賢能知其旨也。五月一日（頁822-823）

七　一九三八年（節錄）

立民足下：

　　三得來書，尚未一答。……**熊先生**處寄去一份，尚未得復，未知作何批評，恐未必盡契。今續往數紙，卻比前較細，望加玩索。如有所疑便問，勿徒贊歎也。……（頁823-824）

九　一九三八年（節錄）

　　迭次來書均至。……毅成諸友已着手籌備，又請**熊先生**為創議人，草緣起書。愚意道之顯晦，不以語默而異。書院之成否，殊無所加損。今武漢方危。蜀中將來是何景象，亦難逆料。此時即勉強成立，亦難以持久。吾前者是燒退符，不謂反成催符。賢等辦法似太迫促。吾意但政府承認不加干涉即可。經費一層，不能依賴政府。……倡議人請**熊先生**首署。並請**熊先生**草緣起，吾無間然。但列名者如謝無量、馬君武、竺可楨諸君，吾知其初未預知此事，先須通函告之，得其同意乃可。……前草簡章，雖係一時觸發，然大體似不可易，欲以佛氏叢林制施之儒家，亦與舊時書院、今時研究院性質不同。吾信**熊先生**必能深了此意，他人吾未敢必。……增設講坐，吾本有此意。簡章中未及，今補寫一節，立三學之名以待耆碩，略如叢林之遇他方尊宿然。此如三公不求備，唯其人。賢輩所擬，唯**熊先生**可尊為義學大師。曹先生已逝不論，葉先生專重考據，對吾所草書院制恐不能贊同。在今日請之，吾知其不來也。所以楷定三學名義者，如江南之周太谷派，蜀中之劉芷堂派，並雜以丹道為學。楊仁山之揚淨抑禪，歐陽先生之專主法相，疑及方等，似皆不可為訓。**熊先生**自悟唯識，宗歸般若，斯乃義學正宗耳。吾所草簡章，如**熊先生**以為未當，有何意見，望盡量提出商榷。在商榷未定以前，此簡章不可發表。因書院之成否可以不論，而此簡章必須修改盡善。今即不成，可留為後人取法也。**熊先生**所草緣起文字，亦欲先一見示。總之望賢輩慎重考慮，不可亟亟期成。須知道

本常存，並不以人而加損，亦禪師家所謂佛法不怕爛卻，著甚死急。此言深可為賢輩頂門上下一針也。復姓之名，此取「湯武反之」之意，興李翔復性書義別。自覺揭出得諦當。今時所謂革命運動、啟明運動，皆襲取外來名詞而失其本義。若能於復性兩字下薦得，亦儘多了。然亦只圖契理，不管契機不契機，吾向來持說如此也。言語已太冗，今當暫止。徐更往復，不厭求詳。**熊先生**處容再另簡，諸賢均此不另。浮謹啟。九月二十九日。……（頁825-829）

十　一九三八年（節錄）

立民足下：

今月六日來書，並**熊先生**第二書，均至。吾與**熊先生**亦有兩書，一十月三日發，一十月十七日發。想亦先後得達矣。**熊先生**謂吾與賢書陳義過高，但如陶闓士所言當局能遵守，勸吾便當力任，不可堅持。吾非有固必也。義理可行則行，當止則止，一身之語默事小，斯道之明晦事大，但緣缺則事不能舉，直無所益，又何必多此一番饒舌邪。前書多說理、少說事，今姑就事上略為賢輩助發，條舉數項如下。……（一）創議人於書院規制，須有具體計畫，始可告之。政府即關於基金一層，雖可稱家有無，亦須有相當數目，始可依以規畫，然後政府乃可量予贊助。若全無資金，遽向政府告乞，即名義上免於隸屬，明是依賴，決不可行。（一）地點選擇最要，前與熊先生書已略言之。其必要條件：須不受軍事影響，治安無虞，交通無阻，供給無乏，山水形勝，氣候適宜。此絕非過苛過奢，須知不是為一時計，當為久遠計。……（一）**熊先生**所草緣起書，未知已成否？鄙意書院即不必實現，此緣起書卻極有關係文字，可留以示後人。故甚盼其文成先以見示。……附致**熊先生**書，凡此書所言皆當告**熊先生**。如**熊先生**以為未當，再可討論，但**熊先生**恐不耐如此煩瑣耳。……（頁831-834）

十六　一九四三年（節錄）

頌天以出世故不言生化簡佛氏，不知渠喚什麼作生化，喚什麼作體。若言出世，乃是小乘偏真，涅槃大乘等教中已明言無世間可出。菩薩莊嚴萬行，一法不遺，不盡有為，不住無為，此非生化邪。頌天被**熊先生**一語縛定，正坐不知何為生化，以此簡佛，實墮大妄語過。然今日不必語之以此，引起諍論，與自己分上何益。……（頁836-837）

十九　一九四四年（節錄）

兩賢未刻來書俱悉。廿七年最初草案及廿八年所草簡章，照理俱應編入，即與**熊先生**討論書札，亦當刪存，本末方具。今可單錄簡章，緣起序另存，不必錄。以其為創議人所承認。其後轉變，幾於原義無存也。書院意義不特一般社會不識，董會諸公亦至今不能盡識。廿八年冬，**熊先生**曾持異議。欲變為國立文哲學院。僕不為動。及廿九年教部欲審核教材，僕始有去志。二十年學生反對刻《答問》，此為罷講求去之主因，不獨專為經濟困難也。轉變到專事刻書，猶欲藉此稍竭微願。蹭蹬累年，愈困而難舉。至去年不得已而接受糧部實米，雖可稍資一部分刻費，而書院降為一領米機關，僕從此不得不力去。……（頁837-838）

壽毅成

四　一九三九年七月二十二日

……**熊先生**於月內來嘉，或不日可至，恐賢太忙，未暇往鹿角場，然**熊先生**來時必過渝，當可一晤。日來征選肄業生僅得十餘人，審查文字俱由昌群、立民等相助，吾精神亦不濟。後此一月，續有以文字來者，或二三十人當可得也。……**熊先生**斥吾狹隘，不求充擴，然書院前途，關係實在賢等。……（頁907）

五　一九三九年十一月十三日（節錄）

　　自賢東行，時踰兩月，未通一字。……書院基金及經常費皆尚為懸案。十月以來，即已擱淺，此或非創議諸公及賢輩之初心。……唯諸公既熱心愛護書院，並非以為私惠，則言而履之，必思可復。靡不有初，鮮克有終，先哲之所致謹也。目前最要者，為書院是否當有推進之計劃，欲俟賢與百閔之來，先行討議準備，俟籌委會開會，提案公決。又**熊先生**既去，昌羣亦辭，現舉老友沈敬仲先生任監院，深賴助益。沈君為賢所素知，當為書院得人慶，此事亦當奉告。還後即盼賜示，以慰懸情。順頌祥吉，不宣。……（頁908）

龔海雛

一九三九年八月三十一日（節錄）

　　來書具見聞善則徙，深堪嘉慰。賢者既欲一志義理之學，所貴求之在己，亦可私淑諸人，不必定以宦學事師為重。……書院齋舍無多，已患不能容席，實憾無以相待，……又足下前次來書，係交本院講座**熊十力先生**批閱，答辭奉勉，即出**熊先生**之手，此亦須告賢者知之。專此奉復，諸唯諒察為幸。（頁935）

王心湛

一　一九四〇年二月六日（節錄）

　　書來曠答，謬託妄言，非真忘言，無可言耳。喪亂羈旅，百無好懷。入草求人，亦徒虛語。**十力**以吾養閒漢見瞋，松生乃以弘大教相責，並為不知我也。……（頁947）

《馬一浮集》第三冊

《蠲戲齋詩編年集》

〈寄懷熊十力廣州〉

自廢玄言久不庭,每因多難惜人靈。西湖別後花光減,南國春來海氣腥。半夜雷驚三日雨,微波風漾一池萍。眼前雲物須臾變,唯有孤山晚更青。(頁500)

〈紅梅館為熊十力題〉

偵果從緣有,因華燒坐生。芙蓉初日麗,松柏四時貞。淖約顏如醉,芳菲袖已盈。不憂霜雪盛,長得意分明。(頁531)

〈寄懷熊逸翁即以壽其七十〉

孤山蕭寺憶談玄,雲臥林棲各暮年。懸解終期千歲後,生朝常占一春先。君以正月五日生。天機自發高文在,權教還依世諦傳。剎海風光應似舊,可能重泛聖湖船。(頁561)

〈代簡寄熊逸翁〉

欲訪幽棲歲已闌,遲遲三月尚春寒。驅車幸喜過從近,臥病偏憎動步難。海畔兒童猶辯日,袖中書札且加餐。《原儒》定有膏肓藥,爭奈時人未肯看。來書見告方草《原儒》一書未成。(頁577)

《詩輯佚》

〈送熊十力之璧山〉

忘言久已泯疏親，別後依然未隔塵。行是嬰兒安有悔，佛五行有嬰兒行。心如牆壁豈能瞋。去來任運元無相，語默同時即轉身。來教有不得轉身語。祝子還家成穩坐，可知天下盡勞人。（頁810）

《聯對》

毗耶唐客難酬對；函谷逢人強著書。贈熊十力。（頁884）

附錄《馬一浮先生語錄類編》

王培德　劉錫嘏記錄　烏以風　丁敬涵編次

〈師友篇〉（節錄）

……**熊先生**近答意大利某教授論《老子》一書，所見更密，視前有進，頗有益於學者。長處已覆函告之。唯以御侮自衛論射，以便利交通說御，未免太淺。古人射以觀德，御亦自有法度。孟子「範我馳驅」之說，可見禮樂亦在其中。又如蔣百里論井田之制，以為遊牧民族進而務農，意在以此出兵車，為固定自衛之計。實則聖王之大經大法，親親尊賢之經義在焉。後之人不明乎此，自柳子厚〈封建論〉便已錯起。今之治經學者皆視為考證古代社會制度之資料，以此制經，去之遠矣。寓兵於農，非是絕無此義，但此義甚小，不可以為根本用意所在耳。

說道殊不易。如**熊先生**文字，可謂善達。然其所說未必即合
《老子》之義。如以精神為無，形體為有，皆未必允當。釋「常
有欲，以觀其徼」，以「徼」為求，亦不是，「徼」祇作「邊」
解。……

以風始謁，以鄧伯誠先生手書為介，而**熊先生**之相識又因以
風。時**熊先生**方養疴廣化寺。一日，以風來，出《新唯識論》稿本
數頁並**熊先生**書，略無寒暄語，直說就正之意，且云「有疾不能親
來」。唯時雖不相識，喜其坦白豁達，越日自往訪之，亦無應酬，
便對坐談義。見有不同，各盡底蘊。從此契合，遂為知交。比《新
唯識論》屬稿有不自愜處，輒請改定。予當之不讓，渠亦從之不
疑，其服善之誠，蓋雖古人不可多得。然《新論》知之者少，渠亦
自知更無第二人可與參究。此無他，彼所知者我亦知之耳。

熊先生自言三十餘歲以前猶是常人，革命軍興，亦嘗荷槍馳
驅，置身卒伍。當時已知軍紀不嚴，必不足以有成。後讀船山書有
得，發願立志，前後乃判若兩人。即如最近來書有云：「聽講者縱
不能遽有所喻，望以悲心攝之。」其用心之厚，良可贊嘆。

談**熊先生**所論四科云：孔子教人非是原有四科，但門人記述，
就相從陳蔡者各有所長而分之耳。離卻德行，豈有言語、政事、文
學耶？義理以當德行，自是允當。但以擬之西洋哲學，彼雖亦言真
理，終是心外有理，不知自性本具，非從性分中流出者。言語屬之
外交詞令，殊不盡然，外交詞令類縱橫家言，如今世所謂雄辯之
學，古人無是也。經濟自可當於政事。文學比以詞章，其義殊小。
《論語》云：「子以四教，文、行、忠、信。」文者六藝之文、行
者六藝之道，忠、信者六藝之本也。游、夏以文學稱，亦以誦習六
藝之文為最熟耳。……

……**熊先生**確有悟處，然其得力乃亦自佛學中來。自餘雖不乏
勤學稽古之士，大抵滯言語、泥文字，口耳之學，終不親切。吾今
日所為講稿（編者注：指《泰和宜山會語》），……

……**熊先生**自言立志之後，視前判若兩人。學者不肯負荷，祇是志氣不立。志者，心之所之。「志於道」、「志於仁」，則一切習氣廓落淨盡，自然擔負得起。……

……以風嘗在先生座前推重**熊子真先生**，並以其新著《新唯識論》呈閱，先生深為贊許。乃於一九二九年，至廣化寺往訪。二先生相見甚歡，並極論常變之理。**熊先生**主變，先生則主變中見常。……（頁1081-1096）

〈問學私記〉烏以風輯錄（節錄）

……**熊子真先生**《尊聞錄》中有創性成能之說，讀罷有疑，因以問先生。先生曰：成能則是，創性非也。程子曰「吾這裡只有減法」，是就工夫上說。性本現成，未嘗虧欠，增減不得，又豈能創耶？……

〈附子起先生書〉

一浮尊兄足下：昨得十力書，知起居無恙，至以為慰。憶在滬時，承兄設問：「以習去習，還去得盡否？」弟初未會意，幾成蹉過。日前忽證入無心三昧，乃知心與識固非一合而不可離者，故合則萬象競生，離則一絲不挂。……

熊子真先生著《新唯識論》，至明心章覺下筆甚難，以風因以此意告先生。……

熊子真先生由滬來書，命以風等在杭集合友朋成立講學會，並推請先生訂立會章。先生曰：講學固善，不必定有會章。孔子曰「德之不修，學之不講」，「是吾憂也」，可見古人修德與講學並舉，尤重修德。後人只求講學而遺修德，這不過口耳授受，有何是處？禪師家上堂，只是普通說法，接機引人，還在小參入室。如是方能耳提面命，指出學者病痛來，再由學者自己體會去，最為切

實。即濂、洛、關、閩諸儒講學，弟子眾多，亦是隨來隨去。自明末學者喜結社標榜，風氣為之一變。……

一日，先生偕**熊子真先生**暨頌天、以風放舟湖上。頌天問辨惑工夫，**子真先生**曰：先識得個能辨的要緊。次日，先生告以風曰：**子真先生**前日所說，直指本心，提示學者最為有力，昔象山、陽明教學者先識得本心便是這樣。利根之人，或可當下有個悟入，但習惑未斷，那本心往往一透露又被習惑障蔽，仍是不中用。故學者固要識得要辨的，還要識得惑。僧璨云：「不用求真，但須息妄。」《易》曰：「閑邪存其誠。」妄息則真顯，邪閑則誠自存矣。所以我教學者注重修學，即程子所謂減法。……

十力先生來書，謂有大願力以救世，自信可以長壽。先生曰：吾則夭壽不貳，修身以俟命而已。……

先生伯姊死，先生哭之慟，每與人言，無不悲戚異常。**十力先生**謂為人過，未能免俗。先生一日告以風曰：人遭喪而慟，實本性自然之流露，不假計較。至於俗與不俗，過與不過，還是情識上事，由分別計較而來。莊生之妻死，鼓盆而歌以為達觀。然顏淵死，孔子哭之慟，從者曰：「子慟矣。」曰：「有慟乎？」孔子不自知其慟。莊生之不哭，乃是硬把持，孔子之慟，乃是性情之正。此事儒、道兩家不同處，不可不知。……

膺中、靜山由北平返杭謁先生，先生問曾見**熊**、梁兩先生否。膺中答曾拜見，並謂**熊先生**近來憂士氣衰沉，對於國事甚為悲觀，而梁先生則表示樂觀。膺中曾問梁先生為何樂觀，梁先生說：某知中國病是如此來，亦必如此去，故表示樂觀。先生曰：梁先生此言未免太玄奧，並未指出中國病源是什麼，吾人不妨借此作一番討論。因以問膺中，汝試說看……。先生告以風：要知中國病源所在，須先知中國為何有此病痛。更須辨明中國與夷狄有何分別。何為義？何為利？須知中國夷狄之分，即義、利之辨。中國尚義，夷狄尚利，尚義者謂之中國，尚利者皆是夷狄。故二者分別，不在

種族地域上，而全在義理上。若中國人悖義尚利，則地雖中國，人即夷狄；若外國人能尚義去利，則地雖蠻貊，亦得謂之中國。所懼者，近世朝野上下，諸事從人，沉溺功利，不知義理，則是自己已淪為夷狄，又焉能不為夷狄所欺耶？士大夫趨利避害，苟安偷生，則是自甘奴虜，又焉能有至大至剛之氣？中國可憂的在此，真病痛亦在此，固不在國之強弱也。學者若能於義利之辨見得分明，行得篤實，則天下雖不幸盡淪為夷狄，而自己還是中國，否則陷溺利欲，自己已淪為夷狄，尚何言。……（頁1137-1174）

附錄

現代儒家三聖著作概觀

　　熊、梁、馬一生著述宏富，現已蒐羅其已刊或未刊稿而各匯納為全集，茲以全集所載為主，羅列要目並就其內容屬性別為數類，以見其梗概：

一、梁漱溟著作概觀

屬性	作品名稱	（首）發表處或出版社	出版年月	梁漱溟全集
專著	**究元決疑論**	東方雜誌	1916	第一卷
	印度哲學概論	商務印書館	1919/12	
	唯識述義（第一冊）	財政部印刷局	1920/01	
	東西文化及其哲學	財政部印刷局	1921/10	
	桂林梁先生遺書	商務印書館	1927/06	
	鄉村建設大意	山東鄒平鄉村書店	1936/01	
	自述	（收入鄉村建設論文集）	1934	第二卷
	朝話	山東鄒平鄉村書店	1937/06	
	鄉村建設理論	山東鄒平鄉村書店	1937/03	
	答鄉村建設批判	重慶中國文化服務社	1941/02	
	我的自學小史	（桂林自學月刊）	1942	
	中國文化要義	成都路明書店	1949/11	第三卷
	中國建國之路	（未完成之著作）	1951/05	
	人類創造力的大發揮大表現	（未刊遺稿）	1961/01	
	人心與人生	上海學林出版社	1986/06	
	禮記大學篇伍嚴兩家解說	巴蜀書社	1988/12	第四卷
	中國——理性之國	（生前未公諸於世）	1970	

			1914-1927 1928-1937	
散篇論述	（篇名略）		1930-1937	第五卷
	（篇名略）		1938-1949 1950-1952	第六卷
	（篇名略）		1953-1988	
讀書筆記	勉仁齋讀書錄（含熊著選粹、讀熊著各書書後等）	人民日報出版社	1987	第七卷
附錄 聽課筆記、講詞記錄	（含孔家思想史等）		（1923-1924）	
思索所得	思索領悟輯錄			第八卷
書信	（一）～（四）			
日記			1932-1981	

上述著作，依其主要內容及屬性區分，得別為以下數類：[1]

類別	書名
1 佛學	（1）究元決疑論（2）印度哲學概論（3）唯識述義
2 社會學	（1）中國民族自救運動之最後覺悟[2]（2）鄉村建設大意（3）**鄉村建設理論**（4）答鄉村建設批判（5）中國建國之路（6）中國——理性之國（7）人類創造力的大發揮大表現
3 文化學	**（1）東西文化及其哲學（2）中國文化要義**
4 心理學與倫理學	（1）朝話**（2）人心與人生**
5 儒學	**（1）孔家思想史[3]（2）禮記大學篇伍嚴兩家解說**

---

[1] 其一：下表之《中國民族自救運動之最後覺悟》《孔家思想史》《勉仁齋讀書錄》等三種，於《全集》中未置於專著之列。唯《中國民族自救運動之最後覺悟》於1932年曾以專書型態出版；《孔家思想史》即其後《梁漱溟先生講孔孟》（桂林：廣西師範大學出版社，2003年6月）之所本；《勉仁齋讀書錄》刪簡後即成《憶熊十力先生》一書。其二、為便於認識梁著之主要方向，姑區分為以下六大門類，實則各類屬性多有重複，如歸為社會學之作品亦多橫跨文化學、心理學、倫理學、儒學及佛學等，歸為心理學之作品亦橫攝儒學、佛學、文化學等。

[2] 《全集》未列為專書，該書所收單篇文章多見於《全集》第四、五兩卷中。

[3] 為1923-1924年梁漱溟於北大哲學系講授「儒家思想」時，學生之聽課筆記，後經李淵庭　閻秉華重新整理，現收錄於《梁漱溟全集》第七卷之附錄。

6 傳記、遺著	（1）桂林梁先生遺書 （2）自述 （3）我的自學小史
及讀書筆記	（4）勉仁齋讀書錄
	20種

1 佛學

（1）《究元決疑論》（1916）

此作寫於1916年，同年發表於《東方雜誌》第5-7期，1923年收入《梁漱溟卅前文錄》，12月商務印書館以《東方文庫》第45種出版單行本。全文計一萬三千餘字，分為「究元第一」（佛學如實論）及「決疑第二」（佛學方便論）二部分，旨在批判古今中外各家學說，而獨推崇佛學。第一部分「究元」，旨在探究世界本源，其開宗即曰：「欲究元者，略有二途：一者性宗，一者相宗。」[4] 可知其係以性宗、相宗為思想進路，就前者言，執持法魯濟《物質新論》比附《楞嚴經》《起信論》；就後者言，主據佛教之《三元性論》《佛性論》及章太炎等作品加以發揮，以「無」為世界本源，建立起其相對主義與不可知主義的認識論。第二部分「決疑」，索探人生問題，他認為人生的希望進路有二，「一者出世間義，一者隨順世間義」，[5] 前者由苦樂問題入探，強調苦從慾來，唯有歸志佛家，方能斬除情慾，達至精神改造；後者即順行人類方向，追求一般世俗生活，二者相較，以第一進路為佳。此書可視為其歸心三寶後思想及生活的總結，文已涉中西印三家思想，《東西文化及其哲學》的三大文化路向已呼之欲出，此文雖推崇佛學，然亦提出「順世間義」的人生方向，為其棄佛歸儒埋下先機。此作除如實呈現梁漱溟的早期思想外，亦因之獲蔡元培

---

[4] 〈究元第一　佛學如實論〉，《究元決疑論》，《梁漱溟全集》第一卷，頁4。
[5] 〈決疑第二　佛學方便論〉，《究元決疑論》，《梁漱溟全集》第一卷，頁15。

賞識，邀聘至北大講授印度哲學，並因此結交熊十力、林宰平、馬一浮等學界知己。

（2）《印度哲學概論》（1919）

　　由書前所附〈序〉及〈第三版自序〉得見本書出版梗概，1917年梁漱溟赴北大執教，續許季上授印度哲學課程。許舊有講義一種，係參酌取材於日人及西人作品而成，梁既授課乃著手增訂，及至1918年則予以根本更張，終為成此書。惟第一、二篇先完成，初版序即標為1918年，1919年續成後半，此時又欲修正前稿，及至1922年又增刪若干，而由商務印書館印行第三版，其後雖再版多次，然多以三版為準，而《梁漱溟全集》所根據者即此。

　　此書約十五萬字，共分四篇十二章：透過不同專題，以對比論述方式介紹印度各宗及佛教思想，藉此彰顯佛學特色，第一篇〈印度各宗概略〉共五章，除簡介彌曼善派、吠檀多派、僧佉派、瑜伽派、吠世史迦派、尼耶也派等正統六宗外，另標立餘宗──簡介尼犍子、若提子、順世外道等三家，並一索各宗與宗教、哲學的關係。第二篇〈本體論〉共六章，強調本體論為東方哲學的精要，特推崇大成佛教瑜珈行派的唯識學。第三篇〈認識論〉共四章，側重由知識的起源與限制，探討唯識學的認識論，並認為一切知識，無非現量、比量和非量，現量即感覺、比量為理智、非量於佛教則將其視為非知識。至於梁漱溟則認為三量中以現量為實，現量又分為二，一為世間現量，一為佛位現量，唯佛位現量才能真正洞徹本體。第四篇〈世間論〉共五章，由宇宙緣起、人生之說明、我之假實有無、法之有無假實和修行解脫等議題入探。此書是梁漱溟研究印度文化及哲學的重要作品，而其目的則在「為釋迦說個明白」，除開啟學院派研究印度哲學的先河外，其結論亦成為日後建構文化哲學體系的重要依據。

（3）《唯識述義》（1920）

　　《印度哲學概論》出版後，1919年暑假梁漱溟開始寫作《東西文化及其哲學》，然僅成兩章，即因應開學新增「唯識哲學」一科目，不得不著手編《唯識述義》，本欲兩方「兼程並進」，然卻因此夜不得寐，患神經衰弱，而請假一月，其後即將未完成稿假財政部印刷局印行，發予上課同學參考。全書分三冊，唯今僅見第一冊，約五萬字，分為五章，主探唯識學的來歷，唯識學與佛教、西學關係，唯識學方法論等。書中極推崇唯識學於佛教的價值，強調其可代表佛教全體的教理，又認為印度佛教哲學成就了形而上學，而形而上學唯一的方法即是唯識學。

2 社會學

（1）《中國民族自救運動之最後覺悟》（又稱《村治論文集》）
【選文現多收錄於《全集》第四、五卷】（1932）

　　此書於1932年由北平村治出版出版，彙集梁漱溟1930至1932年間在《村治月刊》所發表的〈主編本刊之自由〉〈中國民族自救運動之最後覺悟〉〈我們政治上的第一個不通的路：歐洲近代民主政治的路〉〈我們政治上的第二個不通的路：俄國共產黨發明的路〉〈中國問題之解決〉〈敢告今之言地方自治者〉〈山東鄉村建設研究院設立旨趣及辦法概要〉〈丹麥教育與我們的教育〉〈北游所見記略〉〈河南村治學院旨趣書〉〈勉仁齋讀書錄〉〈悼王鴻一先生〉〈敬以請教胡適之先生〉〈「建設新社會才算革命」答晴中君〉〈答馬儒行君來書〉〈敬答嚴敬齋先生〉等十六篇文章，計約25萬字。唯現今《全集》中並未將之列為專書，而將前述單篇文章收錄於《全集》第四、五卷。此書之作品主要在展現其對中國政治經濟等社會問題的思考成果，而書中〈中國民族自救運動之最後覺

悟〉一文，反對犧牲民族文化以尋求民族富強，並認為鄉村運動建設，是解決中國問題、尋求中國文化出路的唯一路徑。

（2）《鄉村建設大意》（1936）

1936年1月由山東鄒平鄉村書店出版。此書原係據梁漱溟在鄒平全縣小學教師講習會第二三屆兩次會議上之講詞，首次由李志純筆記、第二次由郝心靜筆記，梁漱溟弟子再據此二者，並參梁漱溟昔所講之「鄉村建設理論」加以整理編目，經梁批改而成。文分四段：分別為「鄉村建設是什麼」、「鄉村建設頂要緊的是什麼」、「鄉村組織」、「鄉村組織的具體辦法——村學鄉學」。軸心圍繞於鄉村建設，強調農民自覺的重要、鄉村組織的要義、鄉村組織須以中國的老道理為根本精神、村學鄉學與現行地方組織的不同等重點。

（3）鄉村建設理論（1937）（又名《中國民族之前途》）

此書係梁漱溟於1931至1936年於山東鄒平鄉村建設研究院所作之「中國問題之解決方法」、「中國社會建設之途徑」系列演講的匯集，總計九篇，31萬字。前半由梁親自定稿，後半則為學生聽講筆記加以刪定，因此又稱「鄉村建設理論演講錄」。書分甲乙二部，甲部名為「認識問題」，包括「鄉村建設運動由何而起」、「中國舊社會組織構造及其所謂治道者」、「舊社會構造在今日崩潰的由來」、「崩潰中的中國社會——極嚴重的文化失調」、「中國政治無辦法——國家權力建立不起」五大重點；乙部名為「解決問題」，包括「新社會組織構造之建立——鄉村組織」、「政治問題的解決」、「經濟建設」、「末後我們所可成功的社會」四大重點，書後則附錄「我們的兩大難處」一文。書中觀點，由1922年開始萌芽，大半決定於1926年冬，真正成熟則於1928年，系統闡述鄉村建設興起之因、內容、方法與意義，強調中國問題來自於文化失調，欲圖改造必須依據倫理本位特點，引進西方團體組織與科學技

術，並由農村著手，其形式則是鄉農學校。再者透過政治與經濟問題的解決，透過鄉村建設的落實，即可達成一「理想的新社會」，此社會的特點是：一、先農而後工，農業、工業均宜發展；二、以鄉村為本、都市為次，二者溝通調和；三、以人為主體的社會；四、以倫理本位為主；五、政治、經濟、教育合一；六以理性替代武力。

（4）《答鄉村建設批判》（1941）

　　1935年4月，新知書店出版千家駒、李紫翔主編之《中國鄉村建設批判》一書，而其內容即千、李及其他三五人於各報章雜誌所發表之作品，主要針對三十年代中國各地興起的鄉村建設運動的理論或實踐，包括梁在山東從事的鄉村建設，提出批判意見，而梁漱溟的《答鄉村建設批判》，即針對其批判意見加以答覆。在〈弁言〉中，他將批判者意見歸為五大點，又濃縮為帝國主義與封建勢力等兩大根本問題，本文部分則以「維持現狀乎？打破現狀乎？」、「兩條路線──批判者和我們」、「我們眼中之中國政治問題」、「你們解決不了中國政治問題」、「中國政治問題的解決在哪裡？」、「然則不問階級立場乎？」、「此大社會如何得統一？」、「批判者的錯誤究在哪裡？」、「中國問題決定中國出路」、「鄉村內部問題如何解決」等十段文字加以回應，總結為中國問題的出路仍須求之於理性，亦即「文化改造民族自救」八字。[6]

（5）《中國建國之路》（1951）

　　1950年10月，梁漱溟偕眷移居頤和園內石舫附近的西四所，黃艮庸、李淵庭、孟憲光分住兩側廂房，梁開始寫作此書，及至1951年5月輟筆，因此成為未完成之作。原所擬篇目分上中下三篇，上篇為〈中共三大貢獻〉，又分〈建國的一大前提〉、〈引進了團體生活〉、〈透出了人心〉三章；中篇為〈建國之路不同〉，又分〈彼

---

[6]　《答鄉村建設批判》，《梁漱溟全集》第二卷，頁656。

此所同者〉〈彼此不同者〉二章；下篇為〈願更有所建議〉，又分
〈建國根本上之建議〉〈建國技術上之建議〉三章，唯現今梁漱溟
之手稿已不存，而《全集》第三卷編者則將僅存的〈弁言〉與上篇的
抄本收納入內。由〈弁言〉得見其寫作之因與該書基本內容，至於上
篇第三章則論述當時的政權形式與傳統道德的結合景況，並強調人心
透達的生活方能切合生命本性，此為其後論人生與人心開啟端倪。

（6）《中國——理性之國》（1970）

此書係梁漱溟未曾公諸於世的專著，約十七萬言，動筆於文革
後第二年，即1967年；完成於文革中期之1970年，現收入《全集》
第四卷者為首次發表，總計有〈緒言〉〈怎樣去認識老中國的特
殊〉……等二十八章，其間編者曾作注說明此書「是在無法了解社
會真相，極不適宜進行學術探討的環境下寫成的」、「1984年，著
者曾試圖在親屬協助下對原稿作必要的修改，終以體腦均衰而未
果。」[7]書中若干思想脈絡雖承前發展，然觀其時政治背景，正是
毛澤領導所謂「無產階級文化大革命」，知識份子遭迫害侮辱、中
國動盪不安之際，梁卻對毛澤東予以稱揚，弟子李淵庭等均感費
解，亦有言其明褒實貶，係採用寓貶於褒的手法。

（7）《人類創造力的大發揮大表現》（1961）

此為未刊遺稿，始作於1959年1月，屢作而屢廢，完成於1961
年1月，近六萬言。內容計十節，分別為〈問題之提出及其答案〉
〈人類創造力的發揮及其阻礙〉〈全國統一領導權之建立〉〈把人
民爭取過來的過程，就是領導權建立的過程，人們是如何便被爭
取過來的呢？〉〈六億人走社會主義的道路其力量成為無法估計的
雄奇〉〈從資本主義再講到人類創造力〉〈從社會發展史上來看人
類創造力〉〈資本主義、社會主義所喚起的人類創造力深淺不同〉

---

[7] 〈題記〉，《中國——理性之國》，《梁漱溟全集》第四卷，頁200。

〈集中領導、統一規劃——社會主義的優越性〉〈大大調動了群眾的積極性和創造性〉等。文中依據多年來所蒐集資料，對如何領導與建設歸納出有關農業與工業方面的八點經驗，並強調應立於全人類的大立場，方真能符合人類創造力的發揮表現之義。

3 文化學

（1）《東西文化及其哲學》（1921）

　　此書是梁漱溟的第一部新儒學代表作，是根據梁漱溟於1921年8月赴山東濟南的演講紀錄，以及1920年在北大的演講紀錄編纂而成，全書約十五萬字，計分五章：第一章「緒論」，批評當時盛行的有關東西文化的各種觀點，強調新文化研究的重要性與迫切性。第二章「如何是東方化？如何是西方化？」（上）闡述時人的西方化觀點，梁漱溟則強調文化是民族生活的樣法，而生活就是沒盡的意欲，認為西方是以意欲向前要求為根本精神，並提出西方的「個性伸展社會性發達」與「德謨克拉西的精神」兩大特色。第三章「如何是東方化？如何是西方化？」（下）以意欲為核軸解釋宇宙與人類社會的淵源，由於意欲不同而形成人類「向前面要求」、「調和持中」、「反身向後去要求」等三大文化路向，而其代表者分別為西方、中國與印度。第四章「西洋中國與印度三方哲學之比較」，強調現量（感覺）、比量（理智）、非量（直覺）為知識構成為三種作用，西洋生活係直覺運用理智、中國生活係理智運用直覺、印度生活則理智運用現量。除比較中西印三方文化產生的歷史淵源與哲學依據外，並讚揚孔子哲學，對陸王心學與西方柏格森哲學等進行闡釋。第五章「世界未來之文化與我們今日應持的態度」，主張對西方民主科學的成就應全盤接受，但對西方的人生態度則應根本改過。並舉倭鏗、羅素、泰戈爾之說與孔子之路契合為

例，肯定未來世界文化的發展，勢將趨向中國儒家文化的復興。

此書出版後，迴響熱烈，一年內即再版五次，銷售十餘萬冊，曾被翻成十餘國文字。而梁漱溟亦因此書之出版，在北大聽課者者劇增，與胡適並駕齊驅，同時亦因之而時被邀請至全國各地進行有關東西文化的演講。冉者透過此書，亦重新點燃五四前後的東西文化大戰，並成為1923年的科玄論戰的前奏。

（2）《中國文化要義》（1949）

倘《東西文化及其哲學》強調東西文化特色及其關係；《中國民族自救運動之最後覺悟》《鄉村建設理論》索探鄉村建設的起因、內容、方法與意義；此書則側重中國歷史與文化的分析。究其寫作原因，主為「認識老中國、建設新中國」，至於成書經過：1941春梁漱溟先在廣西大學進行兩個月演講，1942年春在桂林提筆，至1944年寫成六章，其後因日寇侵桂中輟，1946年11月續筆，1949年11月由成都路明書店出版。全文計14章，23萬字，分別為「結論」、「從中國人的家說起」、「集團生活的西方人」、「中國人缺乏集團生活」、「中國是倫理本位的社會」、「以道德代宗教」、「理性——人類的特徵」、「階級對立與職業分途」、「中國是否一國家」、「治道和治世」、「循環於一治一亂而無革命」、「人類文化之早熟」、「文化早熟後之中國」、「結論」。再者書中並提出中國文化的十四大特徵，亦即一、廣土眾民；二、偌人民族之同化融合；三、歷史長久，並世中莫與之比；四、中國文化力量之偉大，不在知識、經濟、軍事、政治，難以明白指陳；五、歷久不變的社會，停滯不進的文化；六、幾乎沒有宗教的人生；七、重視家族制度；八、學術不向著科學前進；九、民主、自由、平等一類要求不見提出，及其法制不見形成；十、道德氛圍特重；十一、不屬普通國家類型；十二、無兵的文化；十三、孝的文化；十四、隱士與文化有相

當關係。[8]另又標舉「幼稚」、「老衰」、「不落實」、「落於消極亦再沒有前途」、「曖昧而不明爽」等中國文化五大病，[9]至於其總特徵則是在周孔教化下形成「理性早啟，文化早熟」的現象，凡此均是他長期觀察中國歷史文化後所提出的具體心得。

4 心理學與倫理學

（1）《朝話》（1937）

此書是梁漱溟於1932至1935年對山東鄉村建設研究院歷屆研究部學生，於朝會時的部分講話筆錄，1937年6月由山東鄒平鄉村書店出版。梁漱溟於文前附有〈增訂版敘言〉曰：「『朝話』是在朝會上講的話。我若干年來辦學，大都率領學生作朝會，尤其自民國二十年夏至二十三年夏一段，我自任鄉建院研究部主任時，行之最勤。……當時講話很不拘定，有時一次中零碎講了幾點，沒有一個題目；有時一個題目講不完，次日續講。多半是有感而發；或者從自己身上發出的感想，或從學生身上發出的感想，或者有感於時事。凡是切近當下事情的一種指點，每每較之泛論裨益於人。」[10]凡治學、修養以及人生、社會、文化諸問題兼而有之，多由閱歷中來，因此特顯雋永有味。另各篇題目係後加，總共輯有六十則。

（2）《人心與人生》（1986）

早在1921年《東西文化及其哲學》出版後次年，梁漱溟即發現此書的重大錯誤在於「沒把孔子的心理學認清，而濫以時下盛談本

8　參〈第一章緒論〉，《中國文化要義》，《梁漱溟全集》第三卷，頁9-29
9　參〈第十三章文化早熟後之中國〉，《中國文化要義》，《梁漱溟全集》第三卷，頁284-288。
10　〈增訂版敘言〉，《朝話》，《梁漱溟全集》第二卷，頁38。

282｜現代儒家三聖（上）──梁漱溟、熊十力、馬一浮的交誼紀實

能一派的心理學為依據，去解釋孔學上的觀念和道理，因此就通盤皆錯。」[11]亦有鑑於「凡是一個倫理學派或一個倫理思想家，都有他的一種心理學為其基礎；或說他的倫理學，都是從他對於人類心理的一種看法，而建樹起來。」[12]也因此於1923至1924此一年間於北大哲學系開授「儒家思想」課程時，即作講法上的修正。並於1924年擬將之寫成兩書，一為專講古代儒家思想的《孔學繹旨》；一為關涉認識人類心理的《人心與人生》——此亦是撰寫本書的最初動機。其後曾於1926年5月、1927年2月及1934年前後，以《人心與人生》為題進行專題演講，而均因忙於辦學及鄉村建設等，而未及正式提筆，所遺者僅兩本演講紀錄以及1926年5月所撰之〈人心與人生自序〉耳。其後至1960年始開始寫作，文革期間一度中輟，1975年7月完稿，1984年9月上海學林出版社出版，1986年6月重印，《全集》所刊即以此為準。

　　書分二十一章，約十八萬字，分別為：緒論（上）（下）、主動性、靈活性、計劃性、我對人類心理的認識前後轉變不同、自然與人、人與自然之間的關係、人資於其社會生活而得發展成人如今日者、身心之間的關係（上）（中）（下）、東西學術分途、人的性情、氣質、習慣、社會的禮俗、制度（上）（下）、宗教與人生、道德——人生的實踐（上）（下）、略談文學藝術之屬、未來社會人生的藝術化、談人類心理發展史等。其內容主要運用心理學以重新詮釋儒家思想，欲藉儒家對「人心」的看法，以了解儒家思想之根本所在。在《東西文化及其哲學》中他將人性視為自然本能，將本能與理智完全對立；在《人心與人生》中，則以理性替代本能，強調人性的本體為理性，構成其理性為體、本能理智為用的文化心理學，而其實際所涉內容則涵括生物學、心理學、人生哲

---

[11] 〈人心與人生自序〉（1926年），《東西文化及其哲學》，《梁漱溟全集》第一卷，頁329。
[12] 同前註，頁327。

學、倫理學、道德、宗教、藝術、文化等。此書可視為其晚年階段的代表作。

5 儒學

（1）《孔家思想史》（1923-1924）【李淵庭　閻秉華整理】

　　現置於《梁漱溟全集》第七卷附錄的《孔家思想史》，據文後的「整理後記」載：此書係1923-1924年此一學年，梁漱溟於北大哲學系講授「儒家思想」課程的聽課油印筆記，後經李淵庭、閻秉華逐字逐句整理，歷時一年半，整理原則係力求保持原貌、少予更動；然如必得更動者，則務求不違原意，完成後又由梁漱溟長子梁培寬加以復核。其內容大抵相當於原擬寫出後又放棄的《孔學繹旨》，唯梁漱溟亦曾明確表示，此筆記「蓋未得我許可，抑且未經我寓目，全不足據。」[13]

　　就《全集》中此書內容觀之，含命名、範圍、取材、方法、孔家思想之來歷、孔子的態度、孟子等七項，孔子的態度一項中又標舉仁、樂、訥言敏行、看自己、看當下、反宗教、毋意必固我的態度、非功利的態度、非刑罰的態度、禮樂的態度、孝弟、不遷怒不貳過、天命等十三種態度，此係由孔子的生活實踐態度中歸納而出，而其前提則在於梁漱溟具有力行儒家思想的豐富實踐經驗。[14]

---

[13] 詳參〈附：孔家思想史整理後記〉，《孔家思想史》，《梁漱溟全集》第七卷，頁977、978。

[14] 除《孔家思想史》外，另加入〈孔子真面目將於何求？〉〈今天我們應當如何評價孔子〉〈試論宋朱儒熹氏在儒家學術上的貢獻及其理論思維上的疏失〉等文，即成為《梁漱溟先生講孔孟》一書。

（2）《禮記大學篇伍嚴兩家解說》（1988）

　　伍為伍庸伯，廣東番禺人，1919年梁識之於林宰平家中，民初曾任職於南京臨時政府參謀部，其後成為梁漱溟妻兄；嚴為嚴立三，湖北麻城人，曾任職黃埔軍校，梁漱溟於1927年初次與其晤談，後結為論學之友。梁曾曰：「古人往矣，吾不及見；吾所及見，番禺伍庸伯先生（觀淇）、麻城嚴立三先生（重），真近世之醇儒也。兩先生志慮真切，踐履篤實，不後古人。」[15]又曰：「伍先生的學問功夫是真正的，徹底的儒家。他把儒家的路子走得最正確。」[16]則其對二人學問的肯定與衷服由是可見。1950年冬至1951年春，伍庸伯為梁漱溟等講解《大學》前後十二次，其間前六講經伍庸伯口述，由梁漱溟、陳亞三、黃艮庸、馬仰乾與李淵庭編錄為〈禮記大學篇解說〉一文，後六講則由梁漱溟綜述推闡之而成〈禮記大學篇伍氏學說綜述〉一文，其後則連同嚴立三所撰〈禮記大學篇通釋〉，合編為《禮記大學篇伍嚴兩家解說》一書，並於1965年3月寫成〈禮記大學篇伍嚴兩家解說合印敘〉，書末另附〈伍庸伯與陳亞三先生論學〉〈伍庸伯先生傳略〉〈嚴立三先生事略〉三文，於1988年12月由巴蜀書社出版。此書主要針對《大學》一書進行討論，著重比較朱王的差異，並強調自識本心與修養工夫的重要。其中〈禮記大學篇解說〉分依「格致」、「誠意」、「正修」、「修齊」、「齊治」、「治平」加以表述；〈禮記大學篇伍氏學說綜述〉則就「明明德」、「近道」、「格物致知」（上）（下）、「修身為本」、「誠意慎獨」（上）（中）（下）、功夫次第進境、餘論、附記等詳為申說。此書與《人心與人生》並觀，對其晚年心學思想能有更進層的掌握。

---

[15] 〈禮記大學篇伍嚴兩家解說合印敘〉，《禮記大學篇伍嚴兩家解說》，《梁漱溟全集》第四卷，頁14。

[16] 〈附錄：答：美國學者艾愷先生訪談記錄摘要〉，《梁漱溟全集》第八卷，頁1165。

6 傳記、遺著及讀書筆記

（1）《桂林梁先生遺書》（1927）

無論教育方式、人生思想或道德修養，父親梁濟（巨川）都對梁漱溟構成巨大感召，1918年11月，梁濟為殉清並抗議因西學的傳入而引致世風日下、民德敗壞，乃留下〈敬告世人書〉自沉於北京北淨亞湖。1925年，梁漱溟開始編纂父親遺文《桂林梁先生遺書》，計有《遺筆匯存》一卷、《感劬山房日季節抄》一卷、《侍疾日記》一卷、《辛壬類稿》上下卷、《伏卵錄》一卷、《別竹辭花記》一卷等六種，次年交京華印書廠印行千冊，分贈親友，1927年6月並由商務印書館正式出版。全書實分四冊，第一冊為卷首，多為梁漱溟所撰，餘三冊多為述梁濟的遺筆、日記、筆記等遺文，現收入《梁漱溟全集》者為卷首部分，計有〈年譜〉〈譜後記〉〈思親計〉〈桂林梁先生遺書敘目〉等。

（2）《自述》（1934）

此文係梁漱溟於1934年1月3-6日在鄉村建設研究院講習會上的演講紀錄，首先敘述一己的童年、家庭教育以及思想歷程的三度轉變——第一期由14、15至19歲為實用主義時期；第二期由20至28、29歲，為歸入佛家之出世思想時期；第三期自28、29歲後，轉入儒家思想。其次強調自己最關心人生及中國社會問題，又中國文化的復興是必然的發展。再者由關切社會問題而轉入鄉村建設的主張，確信地方自治與都市成功均有來於此。末則再度申說鄉村建設得以解決中國的整個問題。除上述外，亦說及自己的四不料：一不料為由厭惡哲學而至大學講哲學；二不料為自幼未讀四書五經，其後卻成為擁護儒家、讚揚孔子者；三不料為世代成長於北京，卻成為鄉建運動者；四不料為鄉建運動竟與民眾教育、社會教育合為一體。

（3）《我的自學小史》（1942）

　　此書原係梁漱溟於1942年應桂林《自學》月刊之邀所寫，原目次共十八節，然因為文當下《中國文化要義》亦正起草中，因忙碌而僅成前十一節，其後方陸續補寫出其後各節，及至1987年，先前完成之十一節與其後加補之七節均收入《我的努力與反省》一書，此為該書全文首次發表，現《全集》將該書列於1942年出版，然仍刊登全十八節之完整內容，包括「我生在這樣一個家庭」、「我的父親」、「一個瘠弱又呆笨的孩子」、「經過兩度家塾四個小學」、「從課外讀物說到我的一位父執」、「自學的根本」、「五年半底中學」、「中學時期之自學」、「自學資料及當年師友」、「初入社會」、「激進於社會主義」、「出世思想」、「學佛又學醫」、「父親對我信任且放任」、「當年傾慕的幾個人物」、「思想進步的原理」、「東西文化問題」、「回到世間來」等。透過自己成長歷程中的自學經驗，中說自學的必要、自學的觀念以及自學的途徑，強調「學問必經自己求得來者，方才切實有受用」、「自學最要僅是在生活中有自覺」、「向上心是自學的根本」等觀念，[17]也由於持續自學，使其雖僅具中學生文憑，終得任大學講席。本書除展現其自學觀外，亦是了解其生平經歷、家庭背景、學習歷程的第一手資料。

（4）《勉仁齋讀書錄》（1987）

　　此為梁漱溟閱讀古今中外作品後的讀書筆記與心得。據《全集》第七卷《勉仁齋讀書錄》題記中所載，梁漱溟於1930年「首次以《勉仁齋讀書錄》為總標題，將讀書筆記三篇收入《中國民族之最後自覺》（文集）附錄。此後亦時將讀書筆記於標題之外，冠以『勉仁齋讀書錄』字樣。1987年又以讀書筆記若干篇交人民日報出版社，以

---

[17]　《我的自學小史》，《梁漱溟全集》第二卷，頁661、675、676。

《勉仁齋讀書錄》為書名出版。」[18]而現《全集》則將以上已發表及未發表的讀書筆記計三十六篇，一併輯錄，此間包涵閱讀廚川白村、杜威、愛因斯坦、康德、費希特、司馬遷、朱熹、王陽明、王船山、馬一浮、唐君毅及其他多家作品的摘記、要點、按語、發感等，而尤以〈熊著選粹〉〈讀熊著各書書後〉二文最廣受討論。熊十力與梁漱溟自1919年見面論學後，訂交達半世紀。唯梁漱溟於1961年7月赴海拉爾避暑，針對熊著《讀經示要》《十力語要》中具真價值者，審擇而成一萬二千字之〈熊著選粹〉，四個月後，續完成長度三倍於前的〈讀熊著各書書後〉，針對熊著之瑣碎疏忽處、思想路數、不敢苟同亦不敢抹殺處、意見或合或不合、熊著失敗疏神處等提出己見、發出批判。

二、熊十力著作概觀

屬性	作品名稱	（首）發表處或出版社	出版年月	熊十力全集
專著	**心書**	自印本	1918冬	第一卷
	唯識學概論（第一種講義）	北京大學	1923	
	因明大疏刪注	上海商務印書館	1926/07	
	唯識學概論（第二種講義）	北京大學	1926春	
	唯識論（第三種稿本）	公孚印刷所	1930	
	尊聞錄	北京自印（後編為十力語要卷四）	1930/10	
	新唯識論（文言文本）	浙江省立圖書館	1932/10	第二卷
	破破新唯識論	北平斌興印書局	1933/02	
	十力論學語輯要	北京出版社	1935/10	
	佛家名相通釋	北京大學出版組	1937/02	
	中國歷史講話	重慶中央陸軍軍官學校	1938夏	
	中國歷史綱要	（未刊稿）	不詳（約1938-1939）	
	新唯識論（語體文本）	重慶商務印書館	1944/03	第三卷
	讀經示要	重慶南方印書館	1945/12	

---

[18] 〈題記〉，《勉仁齋讀書錄》，《梁漱溟全集》第七卷，頁648。

十力語要	湖北印，十力叢書之一	1947/03	第四卷	
中國哲學與西洋科學——黃海化學工業研究社附設哲學研究部特輯	於四川 樂山 五通橋編訂印行	1946/08		
讀智論鈔	世間解3至7期	1947/09-1948/01		
十力語要初續	香港東昇印務局	1949/12	第五卷	
韓非子評論	香港人文出版社	1949冬		
摧惑顯宗記	大眾書店	1950		
與友人論張江陵	大眾書店	1950仲秋		
論六經	大眾書店	1951夏		
新唯識論（刪定本）	董必武等協助印行	1953秋	第六卷	
原儒	上海龍門聯合書局	1956仲冬		
體用論	上海龍門書局	1958春	第七卷	
明心篇	上海龍門書局	1959/04		
乾坤衍	中國科學院	1961夏		
存齋隨筆	未刊行	1963仲冬		
論文書札	生前已發表者			第八卷
書札文稿	生前未發表者			
	（時人、後人作品）			附卷上
	（時人、後人作品）			附卷下

上述專著倘就其內容屬性觀之，約可分為如下各類：[19]

類別	書名
1 經學	**（1）讀經示要**（2）論六經 **（3）原儒（4）乾坤衍**
2 史學	（1）中國歷史講話（2）中國歷史綱要
3 子部	（1）韓非子評論

---

[19] 姑就其內容區分為經學、史學、子學、哲學、佛學、語錄筆札及論學書函、其他數類，惟各類間實難嚴別，如佛學諸作實兼哲學屬性；《體用論》接續《新唯識論》而來，歸諸哲學，又具濃厚佛學思想；《先世述要》亦局部呈現史學精神，……因此僅就其主要思想內涵分類區隔。

4 佛學	（1）唯識學概論第一種講義本（2）因明大疏刪注 （3）唯識學概論第二種講義本（4）唯識論第三種稿本 **（5）新唯識論文言文本**（6）破破新唯識論 （7）佛家名相通釋**（8）新唯識論語體文本**（9）讀智論鈔 （10）摧惑顯宗記（11）新唯識論刪定本（12）存齋隨筆
5 哲學	（1）中國哲學與西洋科學**（2）體用論（3）明心篇**
6 語錄筆札 及論學書 函	（1）心書（後編入十力語要初續） （2）尊聞錄（後編入十力語要卷四） （3）十力論學語輯要（後編入十力語要卷一） **（4）十力語要（5）十力語要初續**（6）與友人論張江陵 （7）與劉敬窩論學書簡，【未列入全集】
7 其他	（1）先世述要【未列入全集】
	共30部

茲依序簡介熊十力上述專著，略窺其內容梗概如下：

1 經學

（1）《讀經示要》（1945）

透過書前自序，得悉此書原為1944春熊十力於北碚中國哲學所為諸生講解六經時答疑之作。其初提筆，只擬作一短文，寫後感觸漸多，遂匯為一書。全文約三十萬言，分為三講，一講即是一卷，深入探究讀經問題，由肯定讀經的價值，繼而探究讀經的態度，又復提揭六經的大義，欲圖於衰亂之世，士人習於浮淺之際，為思想界闢拓出一新途徑。

第一講言「經為常道不可不讀」，首言「道」，強調經為常道，為文化的根柢；次以九義申六經治術；續取《大學》三綱八目，作為六經的總匯與要領；復言〈儒行〉十有五儒，此均為人生至正至常，而不可不力踐者。**第二講**言「讀經應取之態度」，首應「尚志以立基」，為學之本在於立志，心有所存主，方能立乎其大，而後始能讀經；次應「砭名以固志」，強調責志必以務名為

戒；三則應「持以三畏」，即所謂畏天命、畏大人、畏聖人之言；四應「融貫中西」，掌握西學與儒學的殊異與所長，彼此相融互攝。五言「平章漢宋」，應由宋學上追孔門，漢學則備為讀經之參考。**第三講**則「略說讀經大義」，諸經中特詳《大易》《春秋》，言《詩》《書》《禮》《樂》均與二經相羽翼，掌握二此經則餘經亦能會通。此書於時人反傳統、重西化之際，力倡經學價值與讀經之要，亦充分呈現熊十力重義理疏考據的學術特點。再者此書亦可視為文化哲學、政治哲學、歷史哲學及思想史專著。

（2）《論六經》（1951）

　　書前〈贅語〉，交代成書經過與命名原因：「春初晤友人，欲譚六經。彼適煩冗，吾弗獲言，退而修函，知其鮮暇，亦不欲以繁辭相瀆，及寫至《周官》，念向來疑此經者最多，故今抉擇之較詳。全文約七萬餘言，遂名之曰《與友人論六經》。」[20]所謂「友人」者，當指董必武。全書未分章節，分論《易》《春秋》《樂》《禮記》《周官》《詩》《尚書》，此間以《周官》申之最詳，內容語及《周官》難讀之因、以均為旨、民主之治、經濟政策以及六官執掌等，其餘各經則僅略及綱領與旨趣。此書上承《讀經示要》下啟《原儒》，具濃厚的空想社會主義色彩。

（3）《原儒》（1956）

　　此書闡發熊十力之新儒學觀，對內聖外王思想賦予獨特詮釋。書分上下兩卷，前有署名漆園老人的〈原儒再印記〉〈原儒序〉，後附〈六經是孔子晚年定論〉〈答友人〉等七篇文章。本書上卷起草於1954年春，至中秋脫稿，約15萬言，印存百部；下卷完成於1956年夏初，亦近15萬言，印存同前。本欲俟《易經新疏》《周官經檢論》寫定，匯整後公諸於世，後因罹重病，慮來日無多，因乃

---

[20]　〈贅語〉，《論六經》，《熊十力全集》第五卷，頁657。

先合上下二卷印行成冊，連同附錄約32萬言。

上卷含〈緒言〉〈原學統〉〈原外王〉三篇。〈緒言〉第一，言《新唯識論》作成後，更擬撰《量論》《大易廣傳》二書，「《大易廣傳》原擬分〈內聖〉〈外王〉二篇，宗主《大易》，貫穿《春秋》以逮群經，旁通諸子百氏，斟酌飽滿，發揮《易》道，當為一巨著。遭逢日寇，負疾流亡，《量論》未能起草，遑論此書」、「既不獲脩《易傳》，因欲寫一極簡略之小冊為儒學粗具提要，名曰《原儒》。」[21]由此觀來，《原儒》即是《大易廣傳》的縮減代本。〈原學統〉第二，約分三段，〈原儒序〉言此三段重點：「一、上推孔子所承乎泰古以來聖明之緒而集大成，開內聖外王一貫之鴻宗。二、論定晚周諸子百家以逮宋、明諸師與佛氏之旨歸，而折中於至聖。三、審定六經真偽。悉舉西漢以來二千餘年間，家法之墨守，今古文之聚訟，漢、宋之囂爭，一概屏除弗顧，獨從漢人所傳來之六經，窮治其竄亂，嚴覈其流變，求復孔子真面目。而儒學之統始定。」[22]〈原外王〉第三，則融《大易》《春秋》〈禮運〉《周官》以探。〈原儒序〉中已道其概要：「《春秋》崇仁義以通三世之變，《周官經》以禮樂為法制之原，《易大傳》以知物、備物、成物、化裁變通乎萬物，為大道所由濟。夫物理不明，則無由開物成務。〈禮運〉演《春秋》大道之旨，與《易大傳》知周乎萬物諸義，須合參始得。」[23]下卷僅〈原內聖〉一篇，列為第四，重點所及有三：其一，談天人不二的本體論；其二，言心物不二的宇宙論；其三，總論孔子的人生思想與宇宙論，而特詳於《易》。又此書於〈原內聖〉闡之最詳，次為〈原外王〉，強調內聖為外王之本，然內聖亦必通向外王而後可。此書已屬晚年之作，較諸早期作品，得見其經學思想遷變軌跡。

[21] 〈緒言第一〉，《原儒》上卷，《熊十力全集》第六卷，頁326、327。
[22] 〈原儒序〉，《熊十力全集》第六卷，頁311。
[23] 〈原儒序〉，《熊十力全集》第六卷，頁311-312。

（4）《乾坤衍》（1961）

　　熊十力以此為其衰年定論，計分〈辨偽〉〈廣義〉二部分。書前自序已點出書名義蘊：「《易經》全部以乾坤為其綱」、「余學《易》而識乾坤，用功在於衍也，故以名吾書。」[24]〈辨偽〉部分主在考訂儒學源流，認為六經均遭小儒改竄變亂，已非原本，因此以《易》為主，通諸經而辨其偽亂，藉以批判秦漢以降的文化專制主義，發揮其政治理想。〈廣義〉則以為孔子內聖學綱要，主繫於〈乾〉〈坤〉二卦，而二卦精髓，則在〈彖傳〉，因乃反覆申發〈乾〉〈坤〉二〈彖〉，特詳於「乾元性海」、「乾元統天」之說，藉茲弘廣《大易》之義，並融以體用不二之說。要言之，此書係以其自悟之儒學批判傳統之儒學，並藉以申闡其本體觀與宇宙觀，而其基本精神則大抵與《新唯識論》《讀經示要》《論六經》《原儒》一致。

2 史學

（1）《中國歷史講話》（1938）

　　本書原屬講稿，係作者為四川中央陸軍軍官學校的學生演講而作。時值抗日戰爭爆發，熊十力避寇入川、寄居璧山，有感於發揚民族精神莫切於史，因乃為諸生講授中國歷史，而後彙聚成著，約5萬字。本書要點有二：一為種族推原，主張漢、滿、蒙、回、藏五族為同根同源，而治史則不宜華夏夷狄對稱，所論雖不甚科學，然其意圖則在為各民族團結抗戰提供歷史依據。二為修中國通史的意見，強調現今修國史者，當以忠於國家民族為根本精神。本書並非純粹史著，既批判專制制度，亦發抒憂患意識與民族情感，並呈顯作者的歷史哲學。

---

[24] 〈自序〉，《乾坤衍》，《熊十力全集》第七卷，頁333、334。

（2）《中國歷史綱要》（1938-1939）

　　未刊手稿，題目《中國歷史綱要》係由原收藏者鄧子琴所加。
此手稿似在寫作《中國歷史講話》前，為清理中國通史之脈絡而
作，應仍是居璧山時的作品。內容含及中國各朝代發展的梗概、對
宋明理學的看法、中國歷史應注意之點等，與《中國歷史講話》並
參，得見作者的民族觀、歷史觀及學術史觀。

3 子部

（1）《韓非子評論》（1949）

　　抗日戰爭前，熊十力於杭州西湖養疴，胡哲敷曾請面授《韓
非子》，抗戰時入川，胡乃追述熊十力語，撰成《述熊正韓》，
「述熊」意指述熊十力之語；「正韓」意指正韓非之謬。後熊十
力命刪「述熊」二字，而題為「正韓」。此文置諸行篋中多年，
及1949年冬，曾以胡拙甫（即胡哲敷）之名發表於《學原》第3卷
第 1 期，刊出為次年1月，後經熊十力反復修改訂正，嗣由香港人
文出版社出版，全文六萬餘字。此書雖原為胡所執筆，然所述則
為熊十力對韓非乃至法家之整體評價，因此今仍署名熊十力作。
內容言及韓非之學由荀卿轉手，原本道家，參申商之法術，別為
霸術之宗；再者韓非之學，任術而嚴法，執持集權主義而無民主
思想；另及韓非尚力，其人性論續承荀卿性惡說；又涉韓非耕戰
的一孔政策等。要言之，呈現韓非禁錮人民自由、摧抑人民氣節
貞信、重國輕民、毀德反智等批判，得與其〈與友人論張江陵〉
中的批判精神比觀之。

4 佛學

（1）《唯識學概論》第一種講義本（1923）

　　此書係熊十力於北京大學講授唯識學的第一部講義，回顧其於1920年秋至1922年秋，於南京支納內學院從歐陽竟無學佛，對唯識學與因明學極深研機，追尋玄奘、窺基宣揚之業，從護法諸師以上索無著、世親，探其淵源、通其脈絡、研其體系、控其綱要，兩年撰成《唯識學概論》書稿。及至應聘北大，即以此書為講稿，復由北大出版。除卷首緒言外，全書計分〈唯識〉〈諸識〉〈能變〉〈四分〉〈功能〉〈四緣〉〈境識〉〈轉識〉等八章，就唯識體系予以概要敘述，已漸重理論的探究，多據佛家本義而發，忠實於內院所學，亦偶有創見，如書末言及人生哲學之健行精進，已融入《大易》及船山易學精神。

（2）《因明大疏刪注》（1926）

　　因明為佛家邏輯，研究佛學者亦須兼研因明。此書係據窺基之《因明入正理論疏》（簡稱《因明大疏》）加以刪注與詮釋。窺基此作是對陳那《因明正門理論》及商羯羅主《因明入正理論》加以疏解發揮。熊十力則緣北大授課而作《因明大疏刪注》，隨書隨講，原分八卷，出書時不分卷數，而總成一本。書前〈揭旨〉一文，詳明著書時地、窺基著作要義、刪注之故，窺基此作固有：一、經緯堪尋，仍殊濫漫；二、詳徵古義，環列洋灑，今古沿革，略可推原；三、理門奧旨，抉擇無疑，法戶樞機，舍此莫屬等三大優點，然卻舛詞錯義，時復錯見，而疏記亦多凌亂無序，不易了解，為求語意貫穿易曉，內容井然有序，因此總成《因明大疏》的三大要義：一為現量但約五識，二為比量三術，三為二喻即因，據此三者以刪繁注要而成該書，為研究唯識學者提供一便利工具。

（3）《唯識學概論》第二種講義本（1926）

　　此書係熊十力於北大講授唯識學的第二種講義本，書前〈緒言〉曰：「此書凡分二論：曰境論、量論。境論有二：一、法相篇，二、法性篇。量論有二，一、分別篇，二、正智篇。觀境誠妄，率視其量，故此二論，綺互作焉。」[25]唯此書實僅寫出境論〈法相篇〉之局部，餘者闕如，書分〈唯識〉〈轉變〉〈功能〉〈境色〉四章，而以〈轉變〉為主腦，與1923年印本之〈能變〉相較，已有較大發展。如言「誰為能變」、「如何是變」等問題時，漸採人本主義立場；又關於種現不二、心體「闢而健行，翕而順應，生化萬物」的闡述，亦為其日後論「體用不二」、「翕闢成變」的萌芽，此書可視為熊十力改造唯識學的第一個里程碑，為其由佛歸儒、自創新論邁出重要的一步。

（4）《唯識論》第三種稿本（1930）

　　此書為熊十力於北大講授唯識學的第三種講義本，其規劃架構同於前兩稿，但仍僅寫出〈辯術〉〈唯識〉〈轉變〉〈功能〉〈色法〉等五章。書前導言曰：「此書前卷，初稿次稿，以壬戌、丙寅，先後授於北京大學。今此視初稿，則主張根本變異，視次稿，亦易之十之三四云。」[26]內容與前稿相較，其對佛學批評更趨尖銳。要之，則為：一、陸王心學成分加多；二、更尖銳批判護法的種子論等，並首度逕評乃師歐陽竟無之《唯識抉擇談》，認為其體用各分二重；三、徹底擺脫輪迴說。比觀熊十力自1923年以來之三種印本，得見其如何步步揚棄舊論師說，終而形成其《新唯識論》的遞嬗軌跡。

---

[25] 〈緒言〉，《唯識學概論》（第二種講義本），《熊十力全集》第一卷，頁413。
[26] 〈導言〉，《唯識論》（第三種稿本），《熊十力全集》第一卷，頁503。

（5）《新唯識論》文言文本（1932）

　　此書之作，由1923、1926、1930年，屢易其稿，及至1932年始成文言文定本，其磨礪之久、用心之深，由是可見。熊十力於〈緒言〉中概述本書內容、行文體例、草創過程等，謂原擬分二部，部甲為〈境論〉，即本體論；部乙為〈量論〉，即認識論，此同於前數種印本，唯終仍只完成〈境論〉，而〈量論〉則仍闕如。全書文長約八萬，上半部成於北平，多與林宰平（志鈞）討論；下半部成於杭州，多與馬浮（一浮）討論，因此自謂文字精麤不一。本書融合儒道各家思想，以「體用不二」、「翕闢成變」、「反求自識」為綱，對佛理進行根本改造，而其「仁」的本體論亦係由此書加以奠定，並側重突顯實有、能動、剛健與充滿活力的生命本體。全書分為〈明宗〉〈唯識〉〈轉變〉〈功能〉〈成色〉上下、〈明心〉上下數章，馬一浮於序文中簡賅各章大意：「其為書也，證智體之非外，故示之以〈明宗〉，辨識幻之從緣，故析之以〈唯識〉；抉大法之本始，故攝之以〈轉變〉；顯神用之不測，故寄之以〈功能〉；徵器界之無實，故彰之以〈成色〉；審有情之能反，故約之以〈明心〉。」[27]並贊其「精察識，善名理，澄鑒冥會，語皆造微」、「深於知化，長於語變。」[28]另蔡元培亦為之作序，對其脫離宗教家窠臼，以哲學家立場提出新解，及寢饋於宋明諸儒學說之深、新立本體論等均發語首肯。

（6）《破破新唯識論》（1933）

　　《新唯識論》文言文本既出，因崇儒抑佛，批判唯識學關於心的分析，強調本心仁體的能動性、整全性與統全性等，引發佛學界——包括南京支那內學院以歐陽竟無為主的「南歐派」、北京

---

[27] 〈序〉，《新唯識論》文言文本，《熊十力全集》第二卷，頁7。
[28] 同前註，頁6、7。

三時學會韓清淨為主的「北韓派」，以及主張各宗融通的太虛派等的嚴厲批判，出版未及二月，內院即由劉定權（衡如）撰〈破新唯識論〉，歐陽竟無親為作序，發表於1932年12月第六輯之內學院年刊，目分〈徵宗〉〈破計〉〈釋難〉，〈破計〉又分甲一元之體、乙眾生同源、丙宇宙同源、丁反求實證、戊真如為體、己種子為體、庚一翕一闢、辛能習差遣等八子項。熊十力因感劉對《新唯識論》未求深解，即予橫施斥破，因乃為之酬正而作《破破新唯識論》，文約四萬五千言，目依劉著而增一字曰〈破徵宗〉〈破破計〉〈破釋難〉。〈破徵宗〉以六破分別釋〈破唯識論〉中所及三性、四智、業報、積集名心、世界緣起之轉變說及集聚說，雜取儒道兩家之義，旁採印度外道之談，以懸揣佛法諸問題；〈破破計〉則約以子丑寅卯辰巳諸目以答破劉著之甲至己項；〈破釋難〉則以十三事酬破。本書除反駁論敵外，並對《新唯識論》文言文本的基本思想予以補充及推進，於體用、翕闢義申述更詳，進一層完善《新唯識論》之理論體系。

（7）《佛家名相通釋》（1937）

　　《佛家名相通釋》係一部簡明的佛學辭典，被視為治佛學的津梁，其別於一般辭典者，在於融入熊十力的哲學思想與佛學思想。熊於書前，以「逸翁」為名作序，並有〈撰述大意〉一文，由文間所述得明其撰述之所緣、所本及其體例。究其寫作之由在於熊十力弟子劉錫嘏、閻悌徐有志研佛，而苦於名詞難解；又適逢講學新唯識論於北大，欲學子參稽佛籍，然諸生仍多以名詞為苦，遂應門生黃艮庸請著疏識名相之書，於1936年起草，同年秋完成此十四萬言的著作。

　　書分二卷，計約十八萬字，卷上據世親《大乘五蘊論》、安慧《大乘廣蘊論》，綜述法相思想體系，講說五位百法；卷下據《百法名門論》《成唯識論》與窺基《述記》，綜述唯識思想體系，解

釋唯識諸名相。至於其撰著體例，則不分篇章、不立標題，以一名詞為一條目，卷上條目三十有四、卷下條目一十有三，唯下卷所釋詳於上卷。又分釋各名相條目時，兼重其整體性、連貫性，因能知其統系、明其脈絡，又其疏釋原則，重在「根柢無易其故，裁斷必出於己」，力圖以哲學觀點詮解佛學玄奧，使其明白易曉。

（8）《新唯識論》語體文本（1944）

《新唯識論》文言文本，為熊十力久病之餘，急就成章，殊嫌簡略，熊亦自覺闡明未透，而思改造之意。1938年，值逢抗戰期間，熊十力避難入蜀，寓居璧山，門生錢學熙原擬譯《新唯識論》為英文本，是年冬，先譯為語體文以資熟練，義有增損則由熊口授指導，然僅譯至〈轉變章〉首節，即因事離川。及至1939年秋，韓裕文接踵為之，完成〈轉變章〉，二生所譯，輯為上卷，於1940年交呂漢財印存二百部。至於中卷申明體用，評判佛家空有二宗，而折中於《易》，係熊十力親自援筆，於1941年孟秋脫稿，次年由勉仁書院合上卷印成。1943年春，續成下卷，由是而有上中下三卷的語體文本。語體文本的改寫，前後歷時約六年，文長為文言文本的四倍餘，約三十七萬言。

《新唯識論》語體文本上卷計四章，依次為〈明宗〉〈唯識上〉〈唯識下〉〈轉變〉；中卷計二章，依次為〈功能上〉〈功能下〉；下卷計三章，依次為〈成物〉〈明心上〉〈明心下〉三章。全書旨要透過〈明宗章〉的白表得以略窺：「今造此論，為欲悟諸究玄學者，令知一切物的本體，非是離自心外在境界，及非知識所行境界，唯是反求實證相應故。」[29]〈明宗章〉主探性智、量智之異；本心、習心之分及心物之相對；〈唯識上〉重在斥破執取境之識為實有的觀點，亦即闡述境非離心而獨在；〈唯識下〉重在斥破執取境之識為實有的觀點，亦即強調妄執之心無有自體；〈轉變

---

[29] 《熊十力全集》第三卷，頁13，另文言文本相同之言，見第二卷，頁10。

章〉申翕闢與生滅兩義，並及本體六義，說本體為能變。中卷〈功能〉上下兩章，申論體用關係，闡明體用之可分而不可分、即用顯體、即體而言用在體、即用而言體在用、體用不二等內涵，以駁斥佛家析體用為二之謬。下卷〈成物章〉剖析宇宙萬有幻起之理，探究物的現象，由本體翕闢用勢而言及恆轉、功能、動圈、形向等，並分別時空、有無、數量、同異、因果等五大範疇，以此為物所具的基本法則，末則藉《易》之八卦，以推明翕闢相互之旨；另〈明心章〉上下則探本心、習心，並以習心言心所，藉明心的總相、別相，彰顯心宰物的大義。

《新唯識論》語體文本詳闡宇宙人生的根本問題，熊十力亦屢述及本書要旨，如於〈答問難〉曰：「《新論》根本意思，在遮遣法相而證會實體，超出知解而深窮神化，伏除情識而透悟本心」、「《新論》要義有三：一、剋就法相而談，心物俱在。二、攝相歸體，則一真絕待，物相本空，心相亦泯。三、即相而顯體，則說本心是體，雖復談心未始遺物，然心御物故，即物從心，融為一體」、「《新論》融佛之空，以入《易》之神，自是會通之學。」[30]又答門生牟宗三時亦以「歸本性智，仍申陽明之旨」、「歸於超知而非反知」等申說本書要義。[31]要之，此書雖係文言本的改譯，然就其內容更為廣博、思想更具深度、體系更具獨創、崇儒抑佛傾向更趨鮮明，可謂為其哲學思想的成熟之作。

（9）《讀智論鈔》（1947-1948）

此係熊十力閱讀《大智度論》的札記，未曾單行刊印。1947年7月，熊於《東方與西方》雜誌1卷4期發表部分札記，名為〈讀

---

[30] 〈答問難〉，〈附錄〉，《新唯識論》語體文本，《熊十力全集》第三卷，頁498-499、526。

[31] 參〈略談新論要旨〉（答牟宗三），《十力語要初續》，《熊十力全集》第五卷，頁8-16。

智論偶鈔〉，其內容經擴充後發表於1947年9月《世間解》第3期，更名為〈讀智論鈔〉。此後其札記陸續刊於第4-7期，第7期札記文末編輯作注曰：「來稿登完，全文容再續。」唯其後至1948年底該刊停刊前，均無續文刊出，總計連載5期的〈讀智論鈔〉，約三萬字。熊於原百卷的《大智度論》中擇其所需，以按語與注文呈現其對該書的理解與詮釋，亦展現其援佛入儒的《新唯識論》之基本觀念，兼論空宗教義，對了解《新論》體系與大成空宗關係頗有助益。

（10）《摧惑顯宗記》（1950）

此書為熊十力繼《破破新唯識論》後另一論戰性作品，全名為《申述新論旨要平章儒佛摧惑顯宗記》。此書原即《十力語要初續》中之〈新論平章儒佛諸大問題之申述〉（黃艮庸答子琴）文，蓋自《新唯識論》出版後，佛教界輿論大譁，紛紛提筆斥熊，〈破新唯識論〉等作因之而生，已如前述。另印順法師亦發表〈評熊十力的新唯識論〉一文，熊因而授意黃艮庸著文批判，經熊親自改定，並以黃艮庸之名發表於1949年《學原》雜誌第2卷第11-12期，並收入《十力語要初續》。1950年，熊十力重予改定，書前並增文概述《新唯識論》體系，書後則附錄〈與諸生談新唯識論大要〉〈為諸生授新唯識論開講詞〉二文，作為《新論》提綱，而以《摧惑顯宗記》一名發為單行本，文長約八萬。其寫作形式則條舉印順原文，而後予以審正。此書既為學術爭辯之作，當與印順原文同參並觀，既得窺印順之佛學造詣，亦得索熊十力哲學思想的原創力。

（11）《新唯識論》刪定本（1953）

鑒於《新唯識論》語體文本的寫作正值戰亂，無力精簡，且翻譯痕跡太重，熊十力因自1951年底起，耗時一年餘，依原著刪其繁蕪，而成此本，文約二十萬言，書前〈贅語〉一文，揭示《新唯識論》綱要，另有〈新唯識論語體文本壬辰刪定記〉一篇，簡介文言

文本、語體文本、刪定本之成書背景與特點。全文仍分九章，思想內涵語語體文本類似，唯文句多重新改述，因而語氣連貫、文字洗鍊，已無語體文本繁蕪之弊。

（12）存齋隨筆（1963）

為未刊手稿，亦是熊十力最後一部學術作品，起筆於1963年元月，至年底完成，文約十三萬五千言。1983年湯一介與蕭萐父共倡編輯《熊十力論著集》，次春，由研究生景海峰與郭齊勇赴上海搜求熊十力遺著佚文，會同熊之哲嗣覓得此份經封用拙膌抄之佚稿。書前有〈自序〉一篇，係起稿時所寫，釋其命名原委：「存齋者何？諸葛公曰：『使庶幾之志，揭然有所存，惻然有所感』云云。余平生以此自勗，名吾坐臥之室曰『存齋』。隨筆者何？平居，觀物返己，有時興懷，則信手寫出。初無預立之題目。寫來不論長言與簡說，而都無體系，無組織，隨時隨機所寫，……彙集而名之曰『存齋隨筆』。」除以諸葛亮存志之說自勉外，亦得知其原欲以語錄體行之，不意而蔚為專著。又此書已完成的內容被編列為卷一，並加上〈略釋十二緣生〉此一篇名。藉由此作對佛教十二緣生說條分縷析，並系統批判佛家割裂性相，虛構生滅法與不生不滅法等，書後另有附錄，總論佛家戒定慧三學，此書對研究熊十力晚年的佛學思想頗有裨益。

5 哲學

（1）《中國哲學與西洋科學》（1946）

本書副題為「黃海化學工業研究社附設哲學研究部特輯」，黃海化學工業研究社創辦人為范旭東，此機構係以研究化學工業之學理及應用為宗旨，其目的在精進科學研究，後鑒於欲移植西方自然

科學於中土，應先究中國哲學思想界是否儲有發生科學之潛力，乃進而為哲學之探索。後乃邀請熊十力主持講座，其講詞係韓淨清所獻，由蔡兆華、郭齊勇重予鈔謄整理、王守常點校，即今所題為《中國哲學與西洋科學》者。文分「緣起」、「講詞」、「哲學研究部簡章」、「哲學研究部理事會簡章」四部分，而以第二部分「講詞」為主體。強調中西學術特點及差異、西洋學術文化當有中國哲學救其偏弊、儒家哲學以《大易》為根荄而不可斬伐等觀念。

（2）《體用論》（1958）

亦屬佛學作品，書前有熊十力弟子韓元憕為之作序，另有〈贅語〉申全書提要。此書係依舊作《新唯識論》而改作，以文言文本成於病中，有簡略之弊；語體文本撰作時逢值國難，且文字繁冗，因乃改作為《體用論》。本書起草於1956年秋，1957年冬完稿，次年出版，全文九萬言。書分五章，首章〈明變〉上涉體用不二之宇宙論思想；第二、三章為〈佛法上〉〈佛法下〉，衡論大乘學，於空宗申之尤詳，另及儒佛之異；第四章〈成物〉說明本體顯現為宇宙心物萬象等問題；第五章〈明心〉有目無文。此書說解扼要，發言精粹，大力刪除原繁蕪枝節，宗主《易經》，以體用不二立宗，認肯積極主動的生命精神為宇宙人生的本質根源。〈贅語〉曰：「此書既成，《新論》兩本俱毀棄，無保存之必要。」此固為熊之說法，唯就實際言，仍難全然取代舊作。

（3）《明心篇》（1959）

熊十力《體用論》之末章，題為〈明心〉，唯因病輟筆，乃有目而無辭。1958年，繼續執筆成章，即以《明心篇》為名而單獨印行，而實為《體用論》之續作，文長十一萬字，篇幅更勝前著。書前有熊十力自序，書末附錄收書信六封及〈體用論佛法上下兩章補記〉。至於本文則分為二：上篇〈通義〉，下篇〈要略〉。〈通

義〉要點有三：一為宇宙實體具複雜性，而非單純性；二為體用不二；三為心物不可分割。另辨明本習二心，主張轉化舊染的惡習而創生善習，以弘擴本心的善端，又對孔門敦仁日新之學、智與知識、科學與哲學、精神與物質、知識與道德等的分別均詳予闡論。下篇〈要略〉則未及著成，有目無文。

6 語錄筆札及論學書函

（1）《心書》（後編入《十力語要初續》）（1918）

此書係熊十力的處女作，匯集其1916-1918年間各式筆札，計讀書筆記11篇、書信6封、傳記4篇、序文2篇、雜記2篇，凡25篇，約二萬言。熊十力於〈自序〉中道其成書及命名之由：「自惟失學，筆札極稀，又隨手拋置，偶爾檢存，得如干首，實我生卅年心行所存，故曰《心書》。船山有言，唯此心常在天壤間，或有諒者。」[32]書前蔡元培為之作序，贊其「貫通百家，融會儒佛。其究也，乃欲以老氏清淨寡欲之旨，養其至大至剛之氣。」[33]書末則丁去病為之作跋，言：「子真《心書》一卷，文辭簡約，獨抒精華，諷世情深，質直而忠厚。識者謂其立言有宗，過〈潛夫論〉，蓋不阿也。」[34]此書雖為薄冊，然文筆犀利、措辭簡潔、立論有宗。除展現此階段深好船山哲學、推崇釋道、貶抑儒家的思想特色外，亦反映知識份子關懷時政及其孤絕徬徨的苦悶情緒。透過此書，得觀見其早年學術思想特色，倘與其後作品相較，亦得見思想的遞嬗變化軌跡。

---

[32] 〈自序〉，《心書》，《熊十力全集》第一卷，頁4。
[33] 〈熊子真心書序〉，《心書》，《熊十力全集》第一卷，頁3。
[34] 〈跋〉，《心書》，《熊十力全集》第一卷，頁42。

（2）《尊聞錄》（後編入《十力語要》卷四）（1930）

　　書名「尊聞」二字取「尊其所聞則高明矣」之義，此書係熊十力於1924年秋至1928年秋間的論學語錄及書札，由弟子高贊非記錄整理，並經弟子張立民重新檢錄校訂，全書計有九十九段語錄及三十封信札，約四萬五千言，錄成印一百五十部分贈友好，後該書內容收入《十力語要》卷四。此書特色為：一、打破佛家輪迴說，肯定人生價值與現世生活意義；二、強調物我同體，開始進行本體論的重建；三、強調一己學術思想淵源雖由印土佛學出，但根柢則在《大易》，旁及老莊，下及宋明巨子；四、強調學術思想之創發性，決不依傍門戶，對各家有取有破；五、反映熊十力求真、嫉俗、獨立不苟的人格特質。此書堪稱為熊十力由佛轉儒的真實記錄，書中由原崇佛抑儒轉而崇儒抑佛，得與同期三種《唯識學概論》並覽，以觀其思想轉變之脈絡。

（3）《十力論學語輯要》（後編入《十力語要》卷一）（1935）

　　此書收錄熊十力1932至1935年間論學語錄及書札，計五十一篇文字，約六萬五千言，於1935年北京出版社印行後，1947年又收入《十力語要》（四卷本）之卷一中，唯文字已略作改動。書依年代分為二編：一為「壬癸錄」（壬申冬迄癸酉合編），即1932年冬至1933年，收錄二十一篇；一為「甲乙錄」（甲戌、乙亥合編），即1934至1935年，收錄三十篇。內容多元，闡發《新論》思想體系、哲學與科學的區分、中西哲學的異同與會通、易學的演變、佛學各宗發展、老莊哲學與宋明理學的特色等。

（4）《十力語要》（1947）

　　此書係熊十力中年以前為門人講習之記錄及答友人門生等信函、手札匯聚而成。1947年出版之《十力語要》計四卷四冊，約三十萬言，為湖北《十力叢書》印本。卷首附有〈印行十力叢書

記〉及〈增訂十力語要緣起〉，得見此書收錄暨編纂的成書過程。

此書編纂始於1935年，門生雲頌天、謝石麟存錄整理熊十力1932冬至1935年秋之論學語錄及書函，編為《十力論學語輯要》，命名為《十力語要》第一卷，並於1935年出版。1936-1937年間，弟子鐘芳銘接續輯成《十力語要》第二至四卷，惜於1939年毀於戰火。1946年弟子王星賢受命重新編輯，第一卷就原《十力論學語輯要》略作異動，既寫出通信者姓名，並增書信、書序數封，卷前附有〈十力語要卷一印行記〉，卷後則附錄傳文六首、誌一首。卷二收入書信二十四封，講詞二篇，學生記語二篇，前半為1937-1938年間文稿，後半為1940年後文稿。卷三收書信五十七封，講詞一篇，雜文一篇，學生記語三篇，時間集中於1942年之後。卷四則收錄原高贊非編輯的《尊聞錄》，為熊十力於1924-1928年間之書信、論學語，並刪卻原書前之張立民序言，就成稿時間言，卷四係最早完成。

此書固為合輯之作，然內容極豐、所涉問題極廣，充分反映熊十力的各種思想觀點，亦如實呈現二十至四十年代學術界的關注話題與焦點——哲學與科學的區別與界定、中西哲學的區別與融通、儒道佛異同、先秦諸子學、魏晉玄學、宋明理學之論談與評價、東西文化異同等，更兼及美學、倫理學，並有發語以砥礪弟子為學處世者。由此觀來，閱讀《語要》非僅有益於知識的辨析、歷代學術文化的掌握，亦能藉觀熊十力為學之規模、識見與交游，更是了解其新唯識論思想體系的現成津樑。

（5）《十力語要初續》（1949）

此書沿承《十力語要》舊例，由熊十力嗣女熊仲光輯錄，全書約十八萬言，計收書札二十九篇、論文三篇、講詞及雜文各二篇、學生記語（仲光記）六篇，共四十二篇，除熊十力寫於二十年代的三封書信外，其餘則為1947年秋至1949年春所作，其中〈略說新論

要旨〉（答牟宗三）〈紀念北京大學五十年並為林宰平祝嘏〉〈答某生〉〈答唐生〉等均屬重要歷史文字，而黃艮庸之〈新論平章儒佛諸大問題之申述〉一文，經由熊十力改訂，為熊十力以黃之名義發表，藉與印順論戰之文字，亦成為爾後《摧惑顯宗記》之底本。另書前則有以漆園老人為名的〈卷頭語〉，書後則附熊仲光之讀書筆記、雜文十三篇，題為〈困學記〉，並為自序一篇。此與《十力語要》合觀，得窺熊十力此期之行事、交游及學術思想。

（6）《與友人論張江陵》（1950）

　　熊十力對張江陵（居正）素來景仰，以其居明世、扶傾危、救亡滅，居功厥偉，因此向有敘述之志。後偶購得《江陵集》，閱後感懷益深、嘆斯人之煙沒，遂寫出若干條，其後復與友人傅治薌藉書信論談張江陵，初無意求多，寫後蔓衍至六萬餘言，遂以單行本行世。

　　是書前有〈卷頭增語〉，熊十力於此提出考辨成果有四：一、張江陵學術，宗本在儒，而深於佛，資於道及法，遂成一家之學。二、張江陵吸收佛家出世精神，轉為儒家經世精神，以見諸實用。三、張江陵當國，以庇佑貧苦小民為政本，而以法令裁抑統治者，使不敢肆。四、姑息之風，易循私害公，張江陵因矯之，使急公而去私。由上可見熊十力對張江陵的政績多予肯定，唯對其禁講學、毀書院、阻礙學術界自由研究與獨立創造之風則提出批判。此書除闡述張江陵的政治立場與學術觀點外，亦對儒家政治理想與人民本位的精神有所發揮，至於其評騭則堪稱公允。

（7）《熊十力與劉敬窗論學書簡》（劉述先編）【未列入全集】

　　此書未收入《全集》，係劉述先弟將其尊翁與熊十力於1951至1962年間的論學函札依編年方式重抄，並將稿本與原件輾轉交付劉述先，經劉彙整補充，而於1984年6月委時報文化出版公司出版。

由書間論言得窺二人思想傾向有別：熊十力融佛入儒，指陳佛氏未臻了義；劉敬窗則融儒入佛，申言儒家思想未達究竟。熊十力自信頗堅、真摯灑落，抨擊孟子以孝治天下，斥秦漢二千年來奴儒之學；劉敬窗則敬老尊賢、勤於內修，且辨明孝悌為儒家根本。書中既可見思想論爭，亦可見個性之迥異與情誼之交篤。藉此著尚可窺熊十力寫作《原儒》《體用論》《明心篇》等書之背景，以及典型相異之學者間所激盪而出的智慧。

7 其他

（1）《先世述要》【未列入全集】

　　熊十力遺作，寫於1965年8月高齡八十時，為未竟之稿，文長約二萬，1980年8月曾刊於香港《明報月刊》第176期。文前小序道其寫作之因曰：「數千年來號為國史者，實以帝王家為主體，其僕臣、或知識份子，交游於貴族、大官、承其歡悅，而薦於朝者，沒後亦得見稱於國史。惟鄉村老嫗，有高德奇行，與窮士有特識樸學者，皆不求聞達於塵俗，其身阨、其志高。其沒也，已與大化同流，何須以文字傳說乎？然為子孫者，終不忍忘先德。」以其不忍忘，因乃述其先世——曾祖父光東公、曾祖母華太夫人、父其相公之行誼，而熊十力的家庭背景與童年生活，亦得由此略窺。唯文間關於家史的敘述甚簡，對歷史觀與庶民觀的發揮反見精詳，尤其對庶民於窮苦之中的志節與品德特為著力表彰。

三、馬一浮著作概觀

屬性	作品名稱	（首）發表處 或出版社	出版年月	馬一浮集
學術 專著	泰和宜山會語	復性書院刻本	1940/01	第一冊
	復性書院講錄	復性書院刻本	1940-1942	
	爾雅臺答問	復性書院刻本	1941/06	
	爾雅臺答問續編	復性書院刻本	1943/01	
	濠上雜著	復性書院刻本	1947-1948	
	蠲戲齋雜著	浙江古籍出版社	1996/10	
	法數鉤玄	浙江古籍出版社	1996/10	
	（試卷評語）[35]	浙江古籍出版社	1996/10	
	（批王準法書機語四則）	浙江古籍出版社	1996/10	
散篇 文集	序跋書啓[36]	浙江古籍出版社	1996/10	第二冊
	記傳銘讚[37]	浙江古籍出版社	1996/10	
	日記[38]	浙江古籍出版社	1996/10	
	書札[39]	浙江古籍出版社	1996/10	
	雜著・其他[40]	浙江古籍出版社	1996/10	
	譯著[41]	浙江古籍出版社	1996/10	

---

[35] 評語多已輯入《爾雅臺答問續編》，丁敬涵將遺佚部分輯為此卷。

[36] 《馬一浮集》第二冊之《序跋書啓》收馬1901-1965年相關作品318篇，內容涉政治、哲學、藝術、醫學、教育、歷史、文學等，此間含〈新唯識論序〉〈熊氏叢書弁言〉二文。主源於王星賢、蔣蘇盦之抄本及中國第一歷史檔案館所收藏。

[37] 《記傳銘讚》收相關作品61篇，主要亦源自王、蔣二者抄本。

[38] 《日記》年代為1903、1904、1950（庚寅），多得之於故居存稿。藉此得略窺其青年時期思想及晚年交友、生活景況。

[39] 《書札》含「致親戚師友」、「與學生晚輩」、「代筆、公函」三大部分，得見其論學、誨人梗概，所收作品主源於王、蔣、烏以風抄本及浙江圖書館所藏，此間含「致熊十力專函」23封、「致梁漱溟專函」3封。

[40] 主得之於王、蔣抄本與浙江圖書館所藏，內容多涉復性書院。

[41] 僅〈正藝〉〈英詩人謝客雜詩拾遺〉二篇，分別得之於故居殘稿及蔣抄本。

詩詞集	蠲戲齋詩前集	復性書院刻本	1937	
	避寇集	復性書院刻本	1941	
	蠲戲齋詩編年集	復性書院刻本	1948	
	芳杜詞賸	復性書院刻本	1947	
	芳杜詞外	浙江古籍出版社	1996/10	第三冊
	詩輯佚	浙江古籍出版社	1996/10	
	詞輯佚	浙江古籍出版社	1996/10	
	散曲[42]	浙江古籍出版社	1996/10	
	聯對	浙江古籍出版社	1996/10	
附錄	馬一浮先生語錄類編[43]	浙江古籍出版社	1996/10	
	問學私記[44]	浙江古籍出版社	1996/10	

　　上述學術專著及詩詞集，倘就其內容屬性觀之，約可分為如下各類：

類別	書名
1 經學／講稿	復性書院講錄
2 子部／講稿	（1）泰和宜山會語
／書札	（2）爾雅臺答問
／書札、語錄	（3）爾雅臺答問續編
3 集部／詩集	（1）蠲戲齋詩前集
	（2）避寇集
	（3）蠲戲齋詩編年集
	（4）詩輯佚
／詞集	（1）芳杜詞賸
	（2）芳杜詞外
	（3）詞輯佚
／對聯	（1）聯對
4 佛學	法數鈎玄
5 雜著	（1）濠上雜著
	（2）蠲戲齋雜著

---

[42] 《散曲》僅〈清泠序〉1首，由虞萬里據浙江圖書館抄本點校。

[43] 計有〈六藝篇〉〈四學篇〉〈諸子篇〉等10篇。據《馬一浮集》第三冊末附〈整理後記〉，《語錄類編》係烏以風、丁敬涵據王德培、劉錫嘏記錄本分類摘抄編次，虞萬里、丁敬涵點校。

[44] 據《馬一浮集》第三冊末附〈整理後記〉載，〈問學私記〉係烏以風輯錄，原經馬一浮親手改定之稿本已焚毀，後丁敬涵、虞萬里據蔣蘇盒藏抄本點校。

1 經學：

（1）《復性書院講錄》（1940-1942）

係1939年9月15日至1941年5月25日，馬一浮於四川樂山烏尤山之復性書院，總持講學事宜，並以主講名義授學之講稿，其後陸續編刻而成。全書計六卷，前三卷講於1939年，1940年刻版行世；卷四、卷五講於1940年，分別梓行於1940、1941年；卷六講於1941年，1942年梓行。至於書院定名「復性」者，以馬一浮認為「學術、人心所以紛歧，皆由溺於習而失之，復其性則然矣！」

卷一要目：〈開講日示諸生〉〈學規〉〈讀書法〉〈通治群經必讀諸書舉要〉，示以為學目的、內容、方法及途徑，為全書總綱。卷二〈群經大義總說〉為全書緒論，次為〈論語大義〉，其下細別為〈詩教〉〈書教〉〈禮樂教上〉〈禮樂教中〉〈禮樂教下〉〈易教上〉〈易教下〉〈春秋教上〉〈春秋教中〉〈春秋教下〉等十講，以明《論語》大義，無往而非六藝之要。卷三申說〈孝經大義〉，強調「六藝皆以明性道，陳德行，而《孝經》實為之總會。」[45]卷四主言〈詩教緒論〉〈禮教緒論〉，認為「六藝之教莫先於《詩》，莫急於《禮》。」[46]因《詩》以道志，《禮》以道行，所行與所志必相應，因此《詩》《禮》同置一卷。卷五〈洪範約義〉專取《尚書‧洪範》簡要而易明者言之，故稱「約義」。除總敘「九疇」外，另別釋「五行」、「五事」、「八政」、「五紀」、「皇極」、「三德」、「稽疑」、「庶徵」、「五福六極」等。卷六〈觀象卮言〉，聚焦易學，馬於〈序說〉曰：「天下之道統於六藝而已，六藝之教終於《易》而已。學《易》之要觀象而

---

[45] 〈序說〉，〈孝經大義〉，《復性書院講錄》第三卷，《馬一浮集》第一冊，頁212。
[46] 〈序說〉，〈禮教緒論〉，《復性書院講錄》第四卷，《馬一浮集》第一冊，頁300。

已，觀象之要求之十翼而已。」[47]強調觀象者，在盡其意耳！若欲明觀象之法，直抉根原則必以《十翼》為本。

2 子部

（1）《泰和宜山會語》（1940）

此書係《泰和會語》與《宜山會語》之合刻本，為馬一浮1938年於浙江大學講學之講稿。其時值逢抗戰時期，馬一浮為避寇由杭州南遷至江西泰和，應浙江大學校長竺可楨聘為特約講座，上半年講學內容彙為《泰和會語》。下半年浙大由江西泰和遷至廣西宜山，故講學所得定名為《宜山會語》。二書具連續性，可合觀，亦可分覽，前者始有王子餘紹興活字本，吳敬生、曹叔謀等之桂林本，1940年沈敬仲、烏以風等「取泰和、宜山會語兩本而鋟諸木。」[48]此即復性書院刊刻之合刻本，其時馬一浮已任復性書院主講，作有「卷端題識」一文，藉茲申明該書之所從來。

《泰和會語》涵括下列數文：〈引端〉道其赴浙大講學之意義，及諸生應具之信念；〈論治國學先須辨明四點〉點出治國學應有的基本認知；〈橫渠四句教〉拈出橫渠之言，欲青年養成剛大之資，以濟蹇難；〈楷定國學名義〉〈論六藝該攝一切學術〉〈論六藝統攝於一心〉〈論西來學術亦統於六藝〉〈舉六藝明統類是始條理之事〉等五講，專言「六藝大旨」，具現其學術文化觀，亦為全書要義所在；另有〈論語首末二章義〉〈君子小人之辨〉〈理氣〉（義理名相一）〈知能〉（義理名相二）及〈附錄〉諸文。《宜山會語》則涵括下列諸文：〈說忠信篤敬〉強調立身行己的切要工夫；〈釋學問〉先釋學問之義，後明問答之旨；〈顏子所好何學論

---

[47] 〈序說〉，〈觀象卮言〉，《復性書院講錄》第六卷，《馬一浮集》第一冊，頁421。
[48] 〈卷端題識〉，《馬一浮集》第一冊，頁2。

釋義〉申說標宗趣、顯正學、簡俗見三要義；〈說視聽言動〉（續義理名相一）〈居敬與知言〉（續義理名相二）〈涵養致知與止觀〉（續義理名相三）〈說止〉（續義理名相四）〈去矜上〉（續義理名相五）〈去矜下〉（續義理名相六）六講，則由淺入深講釋義理名相問題。〈附錄：擬浙江大學校歌〉則詮說歌詞內蘊。要之，《泰和會語》展現其文化哲學觀；《宜山會語》則語涉心性義理之學。

（2）《爾雅臺答問》（1941）

正編一卷，收錄馬一浮答復性書院院內學人暨四方士友之信函，計五十三封，為弟子王培德、劉錫嘏所編錄，其編例依院內院外為次，二者又以覆答先後為序，唯年月從略。該書之所以以「爾雅臺」三字為名者，因馬一浮當時講學之復性書院，位四川樂山縣之烏尤山，此處「故有爾雅臺，方志以為漢犍為舍人注《爾雅》處。」[49]故以此名之。徐復觀於台灣重印此書之代序中言：「以書札論學者殆無過於朱元晦、陸象山。今日尚持此種傳統，而文字之美，內容之純，可上比朱元晦、陸象山諸大儒而毫無愧色者，僅有熊先生的《十力語要》，及馬先生的《爾雅臺答問》。」[50]

（3）《爾雅臺答問續編》（1943）

續編為馬一浮弟子王培德、張立民所編，計六卷，茲編所錄較正編稍廣，正編但錄書札，續編則不限書札，亦不復以院內院外為次，凡馬一浮平時垂語及批答學人札記之言皆入錄。此中卷一至卷四收錄馬寫給弟子之〈示語〉，分別為65、282、143、107則，總計597則；卷五〈答書〉，收錄答院內外學人之書札計19封；卷六〈附錄〉收錄馬一浮1939至1941年告書院學人書8通。綜言之，此

---

[49] 〈序〉，《爾雅臺答問》，《馬一浮集》第一冊，頁491。

[50] 徐復觀：〈如何讀馬浮先生的書〉，《爾雅臺答問》，頁2。

書內容龐雜，或為經典之義理闡釋，或為儒釋道三家思想之融貫，或為治學心得，或為作詩之道，或關人生體悟，或涉社會觀察，並無固定之中心思想或主題，唯形式多為語錄體或書札。

3 集部

（1）《蠲戲齋詩前集》（1937）

收錄馬一浮於1937年日寇侵佔杭州前所作之詩，為馬之弟子張立民、楊蔭林就同門所錄存者掇輯為一卷。其中上卷輯詩37首，為古體詩；下卷輯詩145首，為近體詩，合計182首，唯各詩年份多未可考，約在1913至1937間，多為馬一浮自認尚未臻於成熟之作。就具體內容言，多呈現對傳統文化學絕道喪之憂患與救亡圖存之志念等。

（2）《避寇集》（1941）

此書主收錄抗戰期間，馬一浮由杭州至桐廬、開化，再至江西泰和、廣西宜山，沿途親見離亂，遇境發感之詩作，各詩具體時間多難詳考，集前有馬一浮摯友謝無量題於1940年4月之序文一篇。其後詩作，續有收入，總計收詩174題236首，時間涵括1937年9月至1941年3月。就詩歌內容言，除談仁論道外，多痛感民族災難、憂念國運、揭露侵略暴行、渴盼勝利等感時、述懷、思鄉作品。

（3）《蠲戲齋詩編年集》（1948）

原《蠲戲齋詩編年集》八卷，復性書院木刻本，收錄馬一浮1941-1948年間詩作，現浙江古籍出版社發行之《馬一浮集》第三冊，則增錄至1967年。此間1941年（辛巳）、1942年（壬午）所作，係掇輯馬一浮弟子私錄而成，時間先後難辨，因未次第，別為一卷。其實際編年自1943年（癸未）起，而馬一浮題名「蠲戲老人」之〈蠲戲齋詩自序〉，即置諸癸未卷首。據弟子張立民

言：「先生嘗欲自刪其詩，謂四十以前十不存一，四十以後十存二三，五十以後十存五六，六十以後可十存八九。然亦竟未暇刪定。」[51]則《蠲戲齋詩前集》所收，多為馬一浮自認未臻成熟之作，而《蠲戲齋詩編年集》則多為「六十以後可十存八九」的成熟之作，因之馬一浮自序：「如使文字猶存，不隨劫火俱盡，六合之內，千載之下，容有氣類相感，遙契吾言而能通其志者，求之斯編而已足。」[52]自信之深，由此得窺。至於各年收詩，1941及1942年計224首；1943上半年200首，1943下半年264首；1944上半年83首，1944下半年161首；1945上半年74首，1945下半年141首；1746年160首，另附擬騷一篇；1947年122首；1948年107首；1949年32首，此間含〈寄懷熊十力廣州〉1首；1950年43首；1951年65首，此間含〈紅梅館為熊十力題〉1首；1952年34首；1953年50首；1954年68首，此間含〈寄懷熊逸翁即以壽其七十〉1首；1955年58首，此間含〈代簡寄熊逸翁〉1首；1956年31首；1957年36首；1958年63首；1959年30首；1960年90首；1961年54首；1962年51首；1963年101首；1964年96首；1965年113首；1966年23首；1967年1首。總計1941至1948年收詩1536首；1941至1967年共收詩2575首。

（4）《詩輯佚》（1996）

　　《馬一浮集》第三冊之《詩輯佚》，據該冊〈整理後記〉載，係由丁敬涵以自藏手稿及浙江圖書館抄件為基礎，遍訪親友故舊徵集後、進行編年點校而成。其間《詩輯佚》收1893年（癸巳）-1946年（丙戌）詩作計371首，其間含1939-1940年之〈送熊十力之璧山〉1首。

---

[51] 〈蠲戲齋詩自序〉案，《蠲戲齋詩編年集》，《馬一浮集》第三冊，頁182。
[52] 〈蠲戲齋詩自序〉，《蠲戲齋詩編年集》，《馬一浮集》第三冊，頁181。

（5）《杜芳詞賸》（1947）

　　收錄馬一浮1917-1947年間詞作，計31闋，各首均標識年代，曾附於《避寇集》後。

（6）《杜芳詞外》（1996）

　　收錄1949-1966年間馬一浮所作詞計75闋，前未刊行。據《馬一浮集》第三冊之〈整理後記〉載，《杜芳詞外》係馬仲嗣據浙江圖書館藏龔慈受抄本為底本，以蔣蘇盦藏抄本為校本點校整理。

（7）《詞輯佚》（1996）

　　《詞輯佚》由丁敬涵編輯，收1904、1940、1945三年之詞作14闋。

（8）《聯對》（1996）

　　據《馬一浮集》第三冊〈整理後記〉載，《聯對》係由丁敬涵以浙江圖書館抄件和何鍾嘉提供之王伯尹抄件為基礎，復經多方徵集，匯總後編輯點校而成。共收聯對255對，其間贈熊十力者1對。

4 佛學：

（1）《法數鈎玄》（1996）

　　為馬一浮唯一之佛學專著，計五卷，以「智林圖書館」稿紙抄成，然實為馬早年之作。內容為佛學名詞專釋：卷一含「釋三十七道品」、「釋三解脫門」等9題；卷二含「釋五停心」、「釋八種惡覺」等12題；卷三含「釋二煩惱」、「釋見思二惑」等7題；卷四含「釋四大」、「釋四微」等9題；卷五含「釋五蓋」、「釋十纏」等2題，總計39題。

5 雜著

（1）《濠上雜著》（1947-1948）

　　《濠上雜著》分初集、二集，初集之〈太極圖說科判〉〈太極圖說贅言〉係1940年馬一浮對復性書院學生之講詞，及至1947書院因抗戰勝利遷杭州，始連同〈童蒙箴〉十六章并序及〈爾雅臺答問補編〉卷一「示語」19則、卷二「答書」7則等，於1947-1948年刊刻之。二集〈寒江雁影錄〉收信札12封，並含〈復性書院簡章〉，則以「復性書院校刊」稿紙所抄。又此書之定名，主因書院於烏尤山下的「麻濠」溪邊，建精舍數椽，供馬一浮歇居，舍名「濠上草堂」，書名亦因之定為《濠上雜著》。

（2）《蠲戲齋雜著》（1996）

　　「蠲戲」二字，義源於《法華經》：「蠲除戲論」，馬一浮自稱「蠲戲老人」、「蠲叟」，而「蠲戲齋」則為其書齋名，凡此均見其不為戲論所宥、不為異說所惑，堅執真理的學術精神。此書之〈老子注〉作於1920年，後因病輟筆，僅成32章。〈大學玄疏殘稿〉〈三易略義〉〈釋毛詩九篇〉〈莊子箋〉〈希言〉〈會語之餘〉諸文以「智林圖書館」稿紙抄成，抄寫時間應在1950年前後。另〈般若會約〉作於1914年，〈釋荀子解蔽篇〉則以「復性書院校刊」字樣稿紙所抄，〈偈語一首〉為馬一浮手稿，〈論語集解索隱〉〈論語異義〉〈魏晉間逸說考〉等為馬未盡之作。由此觀來，此書內容雜涉經學、子學及佛學等。

現代儒家三聖研究概況

一、整體研究成果綜觀

（一）梁漱溟學術研究成果

在現代儒家三聖中，梁漱溟成名最早，學術生命最長，學術回應亦最多最廣。自1921年梁漱溟發表《東西文化及其哲學》，倡「新孔學」以來，各方迴響熱絡、意見雜遝，有來自保守陣營如嚴既澄、惡石的支持認同；有發自自由主義者如胡適、吳稚暉的問疑反擊；亦歷經社會主義者如陳獨秀、瞿秋白的批判駁斥；更有來自現代新儒家或其他學者，如孫道升、張君勱、馮友蘭、賀麟等的各式回應。及至50年代，在政治導向下，梁漱溟成為大陸學術界眾矢之的，撰文抨其生命主義、直覺主義、唯心論及相關哲學思想者，為數甚夥。60-70年代，港台學者如唐君毅、牟宗三等，均對梁學發出評論。80年代以後，研究者蠭出，蔚為氣候，探究廣度與深度具足。[1]以下茲就80年代後梁學之研究面向與成果，擇要概述：

1 專著與學位論文

兩岸對梁漱溟學術的研究成果，呈現於專著或學位論文者，其面向有七：**一是關乎其生平事蹟、傳略、年譜、交游及遺聞**

---

[1] 詳參董德福、史云波：〈梁漱溟"新孔學"研究70年概述〉（上）（下），《哲學動態》1993年第12期，頁37-41；1994年第1期，頁39-42。

佚事者：如汪東林《梁漱溟問答錄》（武漢：湖南人民出版社，1988）、汪東林編《梁漱溟與毛澤東》（吉林：吉林人民出版社，1989）、李淵庭　閻秉華編《梁漱溟先生年譜》（桂林：廣西師範大學出版社，1991）、梁培寬編《梁漱溟先生紀念文集》（北京：中國工人出版社，1993）、張岩冰編《梁漱溟印象》（上海：學林出版社，1997）、白吉庵《物來順應：梁漱溟傳及訪談錄》（太原：山西人民出版社，1997）、龔建平《梁漱溟讀書生涯》（武漢：長江文藝出版社，1998）、馬勇編《末代碩儒——名人筆下的梁漱溟　梁漱溟筆下的名人》（上海：東方出版中心，1998）、馬勇《梁漱溟傳》（鄭州市：河南文藝出版社，1999）、梁培恕《梁漱溟傳——我生有涯願無盡》（香港柴灣：明窗出版社，2001）、鄭大華《梁漱溟傳》（北京：人民出版社，2001）、劉克敵《梁漱溟的最後39年》（北京：中國文史出版社，2005）、江東林《1949年後的梁漱溟》（北京：當代中國出版社，2006）、石耿立　朱瑞蓮《梁漱溟的曹州歲月及前後》（北京：中國社會科學出版社，2010）等。**二是整體學術思想的綜述、評價**：如馬勇《梁漱溟評傳》（安徽：安徽人民出版社，1992）、王宗昱《梁漱溟》（台北：東大圖書公司，1992）、景海峰　徐業明《梁漱溟評傳》（天津：百花洲文藝出版社，1995）、曹躍明《梁漱溟思想研究》（天津：天津人民出版社，1995）、郭齊勇　龔建平《梁漱溟哲學思想》（武漢：湖北人民出版社，1996）、譚宇權《梁漱溟學說評論》（台北：文津出版社，1999）、鄭大華《梁漱溟學術思想評傳》（北京：北京圖書館出版社，1999）。**三是文化觀的闡述或評議**：如吳雅文《梁漱溟的文化觀及其致用論》（政治大學中文所，1990碩論）、馬勇《梁漱溟文化理論研究》（上海：上海人民出版社，1991）、熊呂茂《梁漱溟的文化思想與中國現代化》（長沙：湖南教育出版社，2000）、陳玉芳《梁漱溟文化哲學研究》（中央大學哲研所，2001碩論）、周佳郁《梁漱溟倫理學研究》（彰化師

範大學國文所，2001碩論）、魏思齊《梁漱溟（1893-1988）的文化觀──根據「東西文化哲學」與「中國文化要義」解說》（台北縣新莊：輔仁大學出版社，2003）、胡麗蓉《梁漱溟禮學思想研究》（華東師範大學，2010碩論）、余帛燦《梁漱溟的文化──社會發展觀》（台灣大學政治學研究所，2011碩論）。**四是教育理論、教育實踐、鄉村建設等課題：**如趙慶河《梁漱溟與中國鄉村建設運動》（1927-1937）（政治大學歷史所，1979碩論）、謝文和《梁漱溟社會教育思想之研究》（台灣師範大學社教研究所，1986碩論）、山東省政協文史資料委員會、鄒平縣政協文史資料委員會編《梁漱溟與山東鄉村建設》（濟南：山東人民出版社，1989）、馬勇《梁漱溟教育思想研究》（瀋陽：遼寧教育出版社，1994）、朱漢國《梁漱溟鄉村建設研究》（太原：山西教育出版社，1996）、姜峰《梁漱溟社會改造構想研究》（濟南：山東大學出版社，1996）、楊菲蓉《梁漱溟合作理論與鄒平合作運動》（重慶：重慶出版社，2001）、潘玉愛《梁漱溟教育思想之研究》（輔仁大學哲研所，2001碩論）、許雅玲《梁漱溟鄉村建設之研究》（高雄師範大學成人教育研究所，2004碩論）、黃楸萍《梁漱溟學術思想與教育實踐》（高雄師範大學教育學系教育基礎理論組，2006博論）。**五是其（新）儒學、佛學或儒佛交涉的主題：**如鄭大華《梁漱溟與現代新儒學》（台北：文津出版社，1993）、柳麗敏《從佛到儒：梁漱溟的思想與轉變》（政治大學歷史所，1988碩論）、阮壽德《梁漱溟新儒家思想之研究》（雲林科技大學漢學資料整理所，2004碩論）、李璐、段淑云《梁漱溟說佛》（武漢：湖北人民出版社，2006）、郭士豪《梁漱溟對傳統儒學的轉化與實踐》（暨南國際大學中文所，2007碩論）、郭培訓《論梁漱溟新儒學思想對社會主義理論的借鑒吸收》（上海大學，2010碩論）。**六是梁與其他各家思想的比較或合觀：**如鄭大華《梁漱溟與胡適──文化保守主義與西化思潮的比較》（北京：中華書局，1993）、劉長林主編《中

國人生的重建：陳獨秀、胡適、梁漱溟人生哲學研究》（上海：華東師範大學出版社，2001）、李濟民《早期現代新儒家直覺思想探析——以梁漱溟、馮友蘭、熊十力、賀麟為例》（南昌大學，2006碩論）。**七為其他課題：**如文亦言《試論梁漱溟的終極關懷及其實踐》（貴州師範大學，2003碩論）、邵長虎《梁漱溟思想與中國傳統文化的現代轉換》（華僑大學，2003碩論）、宋亞飛《論梁漱溟保守主義思想的個性特徵》（蘇州大學，2005碩論）、王偉《梁漱溟"人心論"思想探析》（河北大學，2010碩論）等。

　　由上述七類著作得窺：其一，90年代以後，學術界對梁漱溟其人其學展現高度關注，研究量能豐沛，面向既廣、成果亦豐。其二，大陸學界對梁學較能專注投入、持續研究，其間尤以生平傳略、整體學術思想、文化觀等的索探居多，如馬勇、郭齊勇、曹躍明、景海峰、熊呂茂、鄭大華等，均呈現亮眼成績。其三，台灣學位論文中投入梁學研究者甚尠，在十餘篇論文中，方向雖異，然最關切梁的教育理念或鄉村建設此課題。

2 期刊論文與單篇文章

　　兩岸針對梁漱溟相關課題，所發表於期刊論文、學報論文、報章，或收入專書、論文集中的單篇作品，數量頗豐，面向涵括其生平、家庭、父親梁巨川、感情生活、思趣、人格境界、交游、師生、北大生涯、晚年生活與思想、學思歷程、思想背景、行動儒者、著作評述、人生哲學、心性論、心學、唯意志論、生命觀、學術性格、倫理思想、內聖外王理念、儒學觀、儒家經典詮釋、儒家將興說、文化三路向、文化三期重現說、老根新芽、道德代宗教、東西文化觀、直覺理論、理性觀、意欲說文化哲學、文化保守主義、多元文化觀、歷史觀、鄉村建設、孔學觀、釋孔方法、新孔學地位與影響、儒學觀、儒學重建、儒家將興說、宋明理學思想、佛學觀、唯識觀、儒佛會通、圓融境界、梁與柏格森生命哲學、梁

與社會主義、梁與馬克思主義、民主思想、政教合一思想、梁與五四、政治觀、批林批孔、梁與康有為、梁與胡適、梁與陳獨秀、梁與馮友蘭、梁與熊十力、梁與杜維明等其他新儒家學者、梁與泰州學派、梁與宋明理學、梁與現代化思想、終極關懷、歷史地位與影響、研究綜述等。

3 遺著出版及其他

關於梁漱溟的著作出版，其間以**《梁漱溟全集》**（濟南：山東人民出版社，1987）計八卷，蒐羅最為完整，內容涵蓋梁之專著、散篇論述、演講稿、讀書札記、思索所得、信函、日記等。另有**單書發行者**，如《東西文化及其哲學》《東方學術概觀》《中國文化要義》《人心與人生》《中國民族自救運動之最後覺悟》《朝話》等，均有多家出版社印行。亦有**梁漱溟自述或子弟門生紀錄、編纂者**，如梁培寬編《梁漱溟書信集》（北京：中國文史出版社，1996）、李淵庭　閻秉華整理《梁漱溟先生講孔孟》（桂林：廣西師範大學出版社，2003）、《梁漱溟自述》（河南人民出版社，2004）、《我生有涯願無盡：梁漱溟自述文錄》（北京：中國人民大學出版社，2004）。**復有後學以專題或選輯形式編纂出版者**，如黃克劍　王欣編《梁漱溟集》（北京：群言出版社，1993）、曹錦清編選《儒學復興之路：梁漱溟文選》（上海：上海遠東出版社，1994）、鄭大華　任菁編《孔子學說的重光：梁漱溟新儒學論著輯要》（北京：中國廣播電視出版社，1995）、劉夢溪主編《中國現代學術經典：梁漱溟卷》（石家莊：河北教育出版社，1996）、《梁漱溟先生論儒佛道》（桂林：廣西師範大學出版社，2004）、陳來主編《梁漱溟選集》（長春：吉林人民出版社，2005）。由上申述，得見中國以地利之便，透過梁著的大量出版，帶動梁學研究風氣。

除海峽兩岸外，對梁學投入最力的**外國學者**為〔美〕艾愷，著有《最後的儒家——梁漱溟與中國現代化的兩難》（南京：江蘇人民出版社，2004），而《這個世界會好嗎——梁漱溟晚年口述》（北京：東方出版中心，2006），則是其1980年8月赴中國的訪梁長談記錄，他如〔日本〕河田悌一等亦有單篇作品。

再者在研究梁學諸作中，亦有**綜述梁學研究動態與成果**者，如梁海萍〈梁漱溟研究綜述〉、熊呂茂〈近十年來梁漱溟研究綜述〉、董德福　史云波〈梁漱溟「新孔學」研究70年概述〉（上）（下）、黃楸萍《梁漱溟學術思想與教育實踐》等。[2]除梁著出版與梁學研究成績斐然外，1987年10月，山東鄒平與北京香山並分別舉行「梁漱溟鄉村建設討論會」、「梁漱溟思想國際學術研討會」，梁學深受矚目，可見一斑。

（二）熊十力學術研究成果

由三、四十年代以來，對熊十力學術視為異類或援為同道的聲音始終未歇，由太虛、歐陽漸、印順、巨贊、梁漱溟、馮友蘭、徐復觀、牟宗三、張岱年、任繼愈、賀麟及至謝幼偉、劉述先、余英時……，由儒佛之爭、哲學定位，及至人格評價，各種迴響後先崛起；從海峽兩岸旁及於韓、日、香港等，接踵以繼的研究者，多方位的研究視域，匯集出不容小覷的研究成績，相對亦彰顯出熊十力哲學的時代意義及價值，同時更為新進的探路者鋪墊基石、開展方向。以下試申熊學研究梗概：

---

[2] 梁海萍：〈梁漱溟研究綜述〉，《學術研究動態》第7卷第1期，1991，頁196-198。熊呂茂：〈近十年來梁漱溟研究綜述〉，《湖南師範大學》第26卷第5期，1997年9月，頁68-73。董德福、史云波：〈梁漱溟「新孔學」研究70年概述〉（上）（下），《哲學動態》1993年第12期，頁37-41；1994年第1期，頁39-42。黃楸萍：《梁漱溟學術思想與教育實踐》，國立高雄師範大學教育學系博士論文，2006年1月，頁4-12。

1 專著與學位論文

　　台灣及大陸學術界對熊十力哲學的研究成果，以成冊之專著或學位論文呈現者，其關注焦點有六，其一，**傳記、各界追憶或生平事蹟的詳實編纂**，如蔡仁厚《熊十力先生學行年表》（台北：明文書局，1987）、黃岡縣政協編《回憶熊十力》（湖北：湖北人民出版社，1989）、郭齊勇《天地間一個讀書人——熊十力傳》（上海：上海文藝出版社，1994；台北：業強出版社，1994）。其二，**以《新唯識論》為軸，並及儒、佛、道之比較、爭論、融攝等相關釐探**，如張月琴《熊十力的新唯識論發凡》（中國文化學院【今文化大學】哲研所，1974碩論）。林世榮《熊十力《新唯識論》研究——以《新唯識論》所引發儒佛之爭為進路的探討》（中央大學中文所，1992碩論）、張慶熊《熊十力的新唯識論與胡塞爾的現象學》（上海人民出版社，1995）、裴春苓《熊十力《新唯識論》與佛教義理融攝的問題探討》（南華大學哲研所，2000碩論）、劉振貴《熊十力的「量論」思想及其當代價值》（西南民族大學，2006碩論）、張友恆《熊十力儒道貫釋思想之研究：以道為中心的展開》（南華大學哲研所，2007碩論）。其三，**著重體用系統的理論分析與內容詮釋**，如黃惠雅《熊十力先生的體用論研究》（台灣大學哲研所1980碩論）、林安梧《存有・意識與實踐——熊十力體用哲學之詮釋與重建》（台灣大學哲研所，1991博論；台北：東大圖書公司，1993；上海：三聯書店，1995）、張光成《中國現代哲學的創生原點：熊十力體用思想研究》（上海：上海人民出版社，2002）、郭美華《熊十力本體論哲學研究》（成都：巴蜀書社，2004）、林世榮《熊十力與「體用不二」論》（台北：萬卷樓圖書股份有限公司，2008）、鳳鳴《熊十力體用哲學之研究》（西北大學，2009碩論）。**其四，側重其經學等傳統文化的考察、梳理與詮解，或及內聖外王之學的探勘**，如藍日昌《熊十力「內聖外王」

思想之研究》（政治大學中文所，1987碩論）、《熊十力與中國傳統文化》（香港：天地圖書公司，1988；遠流出版公司，1990）、拙著《熊十力易學思想之研究》（台灣師大國文所，1991碩論）、莊永清《熊十力平章漢宋研究——以『易』為例》（成功大學歷史所，1994碩論）、林世榮《熊十力春秋外王學研究》（中央大學中文所，2000博論）、蕭友泰《熊十力對中國文化的詮釋與重建》（淡江大學中文所，2004碩論）、拙著《熊十力學術思想中的一聖二王》（台南永康：漢家出版社，2005）、蘇星宇《熊十力易學思想研究》（文化大學哲研所，2006碩論）、劉守政《熊十力「新致良知」研究——以體用論、明心篇為中心》（華僑大學，2007碩論）、郭麗娟《熊十力「乾元」易學思想探析》（山東大學，2009博論）、曹任遠《熊十力周禮學研究》（台北市立教育大學，中國語文學系，2011碩論）。**其五，關乎現代新儒學的建置或與其他新儒家學者比較**，如劉祥光《西潮下的儒學：熊十力與新儒學》（政治大學歷史所，1985碩論）、鄭家棟《本體與方法：從熊十力到牟宗三》（瀋陽：遼寧大學出版社，1992）、劉俊哲　段吉福　唐代興等《熊十力唐君毅道德與文化思想研究》（成都：巴蜀書社，2008）。**其六，專力於其著作及思想的多面性介紹**，如潘世卿《熊十力先生學記》（輔仁大學中文所，1979碩論）、郭齊勇《熊十力及其哲學》（北京：中國展望出版社，1985）、李霜青《熊十力》（台北：台灣商務印書館，1987）、景海峰《熊十力》（台北：東大圖書公司，1991）、宋志明《熊十力評傳》（南昌：百花洲文藝出版社，1993）、郭齊勇《熊十力思想研究》（武漢大學，1990博論；天津：天津人民出版社，1993）、《熊十力學案》（收入《現代新儒家學案》上，北京：中國社會科學出版社，1995）、丁為祥《熊十力學術思想評傳》（北京：北京圖書館出版社，1999）等。**其七，其他課題**，如衛建勛《熊十力教育哲學思想探微》（山東師範大學，2006碩論）、金伊花《熊十力以心為本的人格理想研究》

（浙江大學人文學院，2007碩論）、曹傳安《熊十力哲性詩學研究》（蘇州大學，2009碩論）

　　歸納上述七類作品中，得窺現象有三：其一，由1974至2011三、四十年間，投入熊十力學術的研究者比例顯著增加；其二，台灣除蔡仁厚、李霜青等作品外，餘多屬學位論文，顯見台灣學院教育對熊十力的學術內涵與位處當代新儒學的關鍵角色，保持高度索探興趣。其三，大陸學者取得較諸台灣更為豐碩的成績，而其關注角度則多傾向全面性的思想探究，在政策主導與全體動員下，展現具體可觀的成績，其中郭齊勇、景海峰、宋志明、丁為祥等研究成績尤灼然可觀。

　　除海峽兩岸外，尚有日本、韓國及香港學者亦著手投入熊學論探，如〔日〕坂元弘子之《熊十力新唯識論哲學的形成》（東京：東洋文化研究所紀要，第104冊，1987）、〔日〕島田虔次之《熊十力與新儒家哲學》（京都：同朋舍，1987；另徐水生譯，明文書局，1992）、〔韓〕宋鐘瑞《熊十力心學體系研究》（韓國成均館大學，1995碩論）、〔香港〕賈金城《熊十力體用論與中國哲學》（私立新亞研究所哲學組，1997）等均屬之。

2 期刊學報及單篇文章

　　海峽兩岸及海外等投入熊十力其人其學的研究，發表於期刊、學報或輯入書籍、論文集之單篇文章，態勢蓬勃，此中關乎其人其事者，如生平傳略、紀事、考察、憶舊、交游、為人治學、生命格調等題材兼而有之；關乎其學者，如思想概要、形成、來源、演變、性質、體系、比較、評價、義理規模、邏輯發展；著作簡介、考略、述評、管窺、探微；哲學概要、本體論、體用觀、形上學、宇宙論、天人觀、辯證法、倫理觀、人生觀、文化觀、知識論、政治觀、佛學觀、儒佛會通、心學體系、經學思想、內聖外王思想、新儒家地位；以及學術討論會報導、研究綜述等，途徑多端、焦點

各異。雖則作品層次參差、璞鼠相淆，然而對於熊十力學術的鑽探卻後先崛起、一片蕃興。

3 遺著出版及其他

大陸學術界自1979年4月於上海隆重舉行「熊十力先生追悼大會」，以及1986年11月於北京召開「全國哲學社會科學『七五』規劃會議」後，隨著政治上的獲致平反，以及重點學術研究方向的確立，有關熊十力與現代新儒家的學術盛會、著作出版、學術研究也相繼推出、趨向沸揚：學術盛會如1985年12月26-29日，假湖北黃州舉辦的「紀念熊十力先生誕生一百周年學術研討會」；會後並各出版論文集《玄圃論學集》《玄圃論學續集》。[3]2008年6月，上海世紀出版集團與華東師範大學聯合召開「紀念熊十力逝世40周年學術研討會暨『十力叢書』出版座談會」。著作出版如1985年出刊的《熊十力論著集》，以及2001年《熊十力全集》的問世，[4]使熊十力已刊或未刊的著作、講義、語要、論文、佚稿、書札等，呈現更詳實完整的體系，尤其後者更揀選三十年代以來各家評論，羅列為附錄二冊供參。另著作如《唯識學概論》《新唯識論》《讀經示要》《原儒》《論六經》等均發行單行本，「十力叢書」已出熊著多種。此外亦有編選或輯要之作，如林安梧輯：《現代儒佛之爭》（台北：明文書局，1990）、郭齊勇編：《現代新儒學的根基：熊十力新儒學論著輯要》（北京：中國廣播電視出版社，1996）、劉夢溪主編《中國現代學術經典：熊十力卷》（石家莊市：河北教育出版社，1996）等。

---

[3] 蕭萐父、郭齊勇編：《玄圃論學集——熊十力生平與學術》。郭齊勇主編：《玄圃論學續集——熊十力與中國傳統文化國際學術研討會論文集》（武漢：湖北教育出版社，2003年3月）。

[4] 蕭萐父、湯一介主編：《熊十力論著集之一——新唯識論》（北京：中華書局，1985年12月），另（台北：文津出版社，1986年10月）。蕭萐父主編：《熊十力全集》，全十冊。

又前述一、二大類作品中，或有以「熊十力學術研究現況之綜述」為題旨者，藉此得綜觀特定年代的研究概況，如郭齊勇之〈熊十力學術思想研究綜述〉，細述三、四十年代迄1990年間大陸、台、港等之研究重點；[5]林慶彰〈熊十力關係書目〉一文，詳實羅列1991年前相關研究資訊；[6]《熊十力全集》附卷下之附錄〈關於熊十力研究的論著目錄索引〉亦彙整1983-1998年間研究熊十力思想之殊多資訊。[7]其他如華勇、景海峰、李明華、莊永清等均有相關作品，[8]為瞭解熊十力學術研究現況提供便捷媒介。

（三）馬一浮學術研究成果

雖然與梁漱溟或熊十力相較，研究馬一浮的學術知音仍相對貧乏，然而自賀麟《五十年來的哲學》（或稱《當代中國哲學》）一書，對馬一浮思想首發評議後，和鳴者乃絡繹續增，至今相關研究亦已饒具成果，至於遺著出版、相關研究機構的成立、學術會議的相繼召開，均透顯馬一浮的學術魅力未可小覷。茲分述如下：

5　郭齊勇：〈熊十力學術思想研究綜述〉，為該作《熊十力與中國傳統文化》第九章，頁187-222。涵賅「三、四十年代哲學界的評價」、「五十年來佛學界的批評」、「台、港及海外學者的研究」、「近年來熊十力學術研究的新動向」四大要目的陳介。

6　林慶彰：〈熊十力關係書目〉，載《中央圖書館館刊》第24卷第2期，1991年12月，頁243-264。內容依如下方式編次：一、熊氏著作（一）專書（二）單篇論文。二、後人論述（一）生平（二）熊氏著作研究（三）哲學思想（四）著述考和學術討論會報導（五）相關著述中的熊氏資料。

7　〈關於熊十力研究的論著目錄索引〉見《熊十力全集》附卷下之附錄，頁1669-1691。含著作、論文二大部分之索引。

8　華勇：〈熊十力哲學研究〉，載《國內哲學動態》1984年第8期，頁15-18。
景海峰：〈近年來國內熊十力哲學研究綜述〉，收入《中國哲學與中國文化》（北京：東方出版社，1986年12月）第一輯，頁385-397。
郭齊勇、李明華：〈熊十力哲學研究綜述〉，載《中國哲學》第14輯，頁335-349。
莊永清：〈台灣所見熊氏學術思想及其生平研究略述〉，《熊十力平章漢宋研究──以《易》為例》第一章第一節，成功大學歷史語言研究所碩士論文，1994年，頁1-10。

1 專著與學位論文

目前海峽兩岸對於馬一浮學術的研究，以專著或學位論文形式呈現的，其關注面向約有如下數端：一是**有關其生平行事或學術思想的綜述**，如劉又銘《馬浮研究》（政治大學中文所，1984碩論）、烏以風《馬一浮先生學贊》（自印，1987）、畢養賽主編《中國當代理學大師馬一浮》（上海：上海人民出版社，1992）、馬鏡泉、趙士華《馬一浮評傳》（南昌：百花洲文藝出版社，1993）、陳星《隱士儒宗：馬一浮》（濟南：山東畫報出版社，1996）、滕復《馬一浮思想研究》（北京：中華書局，2001）、滕復《一代儒宗──馬一浮傳》（杭州：杭州出版社，2004）、吳光主編《馬一浮研究》（上海：上海古籍出版社，2008）、吳光主編《馬一浮思想新探》（紀念馬一浮先生誕辰125周年暨國際學術研討會論文集）（上海：上海古籍出版社，2010）、陳銳《馬一浮儒學思想研究》（上海：上海古籍出版社，2010）。二是**關乎其六藝論及詩學觀的釐探**，如黃莘瑜《馬一浮詩論研究》（台灣大學中文所，2000碩論）、高迎剛《馬一浮詩學思想研究》（山東大學，2005博論；齊魯書社，2006）、劉煒《馬一浮的六藝論與詩學思想》（華東師範大學，2006博論）、李國紅《馬一浮思想研究：以性命與六藝為中心》（南京大學，2006博論）、郭泗昌《馬一浮的六藝論及其價值》（黑龍江大學，2009碩論）、鄭淑娟《馬一浮經學思想及其學儒觀》（逢甲大學中文所，2010博論）、劉煒《六藝與詩：馬一浮思想論衡》（北京：中國社會科學出版社，2010）。**三是以文化哲學命題者**：如夏煥云《六藝與儒學之復興──馬一浮文化哲學初探》（南開大學，2003碩論）、許寧《圓融的意蘊：馬一浮文化哲學研究》（人民大學，2003博論）【又名：《六藝圓融──馬一浮文化哲學研究》（北京：中國社會科學出版社，2008）】。**四是其心學、理學的相關探析**：如王黨輝《馬一浮之心

學理學融合論》（復旦大學，2006博論）、彭戰果《馬一浮「正名在於正心」命題分析》（蘭州大學，2006碩論）、姚禕《馬一浮心學思想述評》（雲南師範大學，2006碩論）。**五是馬一浮與近現代中國思潮的有關話題：**如李淑敏《馬一浮與中國近現代文化保守主義思潮研究》（首都師範大學，2006碩論）、陳銳《馬一浮與現代中國》（北京：中國社會科學出版社，2007）。**六是與復性書院有關的考察或論述，**如楊一鳴《走入民國的書院──書院復興與近代學術傳承》（東吳大學歷史所，2005碩論）、劉繼青《復性書院考論》（北京師範大學，2007博論）。由上述舉列作品，得見大陸作品與台灣相較，其研究相對活絡，而其研究力度與成果亦令人刮目。

2 期刊論文與單篇文章

　　海峽兩岸針對馬一浮相關課題，所發表於期刊論文、學報論文、報章，或收入專書、論文集中的單篇作品，數量可觀、面向多方：如生平瑣事、行狀、交游、友朋互動或思想比較、人格境界、儒學或隱士性格、人生修養、生命進路、成學歷程、學術造詣、學術年表、作品述要、思想來源、學術定位、復性書院、教育觀、辦學考論、書法藝術、聯語、詩詞及思想、文化觀、哲學思想、心物論、儒學觀、倫理思想、六藝論、經學觀、易學、孝經思想、義理名相論、心統性情、心性論、本體工夫論、理氣体用論、會通三教、判教觀、佛學觀、以佛解老、老子注、以禪釋儒、中西文化觀、馬與現代新儒家、馬與近現代中國等、學術研討會綜述等。此中仍以大陸地區發表作品居多，雖多屬局部論述，然而對於馬一浮其人其學的掌握，仍有輔翼作用。

3 遺著出版及其他

　　關於馬一浮的論著出版，**有彙編諸作印行者**，如《馬一浮先生遺稿初編》（台北：廣文書局，1992）、《馬一浮先生遺稿續編》（台北：廣文書局，1998）、《馬一浮先生遺稿三編》（台北：廣文書局，2002）、《馬一浮集》（全三冊）（杭州：浙江古籍出版社、浙江教育出版社，1996）；**有單著發行者**，如《爾雅台答問》（台北：廣文書局，1963；南京：江蘇教育出版社，2005）、《復性書院講錄》（台北：廣文書局，1964；濟南：山東人民出版社，1998等）、《泰和宜山會話合刻》（台北：廣文書局，1980）、《泰和宜山會語》（瀋陽：遼寧教育出版社，1998）；**有輯要或選錄著作數種刊行者**，如《默然不說聲如雷：馬一浮新儒學論著輯要》（北京：中國廣播電視出版社，1995）、《中國現代學術經典‧馬一浮卷》（石家莊：河北教育出版社，1996）等；**另有專就其書法、篆刻作品出版者**，如《馬一浮書法選》（安徽：安徽美術出版社，1988）、《馬一浮遺墨》（北京：華夏出版社，1991）、《馬一浮篆刻》（北京：華夏出版社，1991）等。[9]

　　除馬作之出版外，另1987年，馬一浮逝世二十周年紀念大會於杭州舉行；1991年，杭州師範學院成立馬一浮研究所；1993年，馬一浮誕辰110周年紀念會暨國際學術研討會於杭州舉行，2008年，紀念馬一浮先生誕辰125周年暨國際學術研討會在杭州、上虞舉行，透過學術會議的召開及研究單位的成立，有關馬一浮其人、其事、其行、其學的索探面向與成果，益趨寬廣細膩。

---

[9]　得另參林桂榛輯：〈馬一浮著述及馬一浮研究專著/論文總目〉，http://www.hehedao.cn/?action-viewthread-tid-463，列已出版之馬一浮論著十八種、書法八種。

二、局部研究成果概述

（一）關於三聖交會課題

有關三聖課題發為專書者，如前所載，為數可觀，其間無論專書主題為熊、梁或馬，凡及某之生平事蹟者，則亦多及另二者，[10] 倘除卻隻字片語、內容簡略者不計，披揀後則得下數種，依發表之先後排序如下：

1 呈現於專書中之單篇或局部探討者

（1）梁漱溟與熊十力

※曹躍明《梁漱溟思想研究》，第二章第四節就梁漱溟與熊十力的交往、心性論、佛學觀異同等加以比較。[11]

※王守常〈梁漱溟、熊十力佛教觀合論〉，[12]載《第二次儒佛會通學術研討會論文集》，考察二者佛教觀之異同，以說明其往返儒佛間的心路歷程與終極關懷。

※丁為祥《熊十力學術思想評傳》，第五章〈分歧中的學術路向三〉，由「走到一起」、「不同的關懷側重」、「相互批評及其意義」等三個面向談熊與梁的區別。[13]

※景海峰〈和而不同兩大師——熊、梁辯難所引發的問題與思考〉，載《當代新儒學的關懷與超越》，[14]探熊、梁二人之交游始末、相互辯難及殊途同歸。

---

[10] 例郭齊勇：《熊十力與中國傳統文化》，頁22-25，言熊而亦及馬、梁。

[11] 曹躍明：《梁漱溟思想研究》（天津：天津人民出版社，1995年10月），頁173-189。

[12] 華梵大學哲學系編印：《第二次儒佛會通學術研討會論文集》（台北，華梵大學哲學系，1997年12月），頁63-67。

[13] 丁為祥：《熊十力學術思想評傳》，頁283-299。

[14] 景海峰：〈和而不同兩大師——熊、梁辯難所引發的問題與思考〉，收入陳德和主

（2）熊十力與馬一浮

※陳銳《馬一浮與現代中國》，[15]多處談及熊、馬間的結交始末、書院惡絕、二人晚年景況。

※陳銳〈馬一浮與熊十力在復性書院〉，載《馬一浮研究》，[16]闡述馬熊二人在復性書院的爭論與分歧。

※劉海濱〈熊十力與馬一浮——試論現代儒家的兩種取向〉，載《馬一浮研究》，[17]由二人的性格、氣質差異，探索其背後所蘊含的分歧。

（3）馬一浮與梁漱溟

※梁培寬〈先父梁漱溟與馬一浮先生〉，載《中國當代理學大師馬一浮》，[18]論二人交誼。

※滕復《馬一浮思想研究》，[19]述及梁漱溟、馬一浮與〈宣言〉思想之異同，儒學價值的重建與現代新儒家三聖。

※陳銳〈馬一浮與梁漱溟〉，[20]申述二者學術的歸趨、教育路向及儒學理解的差異。

（4）三聖之間

※馬鏡泉《馬一浮評傳》，[21]論及儒家三聖的深厚交誼。

※郭齊勇《天地間一個讀書人》，[22]論及三聖的性格特徵、交誼、弟子互動等。

編：《當代新儒學的關懷與超越》，頁167-189，此文另見景海峰：〈和而不同兩大師：熊十力與梁漱溟的爭論〉，《新儒學與二十世紀中國思想》，頁159-177。

[15] 陳銳：《馬一浮與現代中國》，頁27-28、144-152、159、220-230、266-269、292-300。

[16] 吳光主編：《馬一浮研究》（上海：上海古籍出版社，2008年7月），頁201-215。

[17] 吳光主編：《馬一浮研究》，頁237-254。

[18] 畢養賽主編：《中國當代理學大師馬一浮》，頁108-112。

[19] 滕復：《馬一浮思想研究》，頁125-132、162-181。

[20] 吳光主編：《馬一浮思想新探》（上海：上海古籍出版社，2010年6月），頁432-443。

[21] 馬鏡泉等：《馬一浮評傳》，頁92-96。

[22] 郭齊勇：《天地間一個讀書人——熊十力傳》，頁173-178。

※滕復《一代儒宗——馬一浮傳》，[23]探討三人交誼，梁、熊、馬「三聖」與儒學價值的重建等。

※許寧《六藝圓融——馬一浮文化哲學研究》，第六章〈三聖論〉，就梁、熊、馬三者之文化批判、文化價值、文化主張、文化實踐加以比較。[24]

※陳銳《馬一浮儒學思想研究》，第五章〈馬一浮與熊十力、梁漱溟〉，就三者的交游、馬熊在復性書院的惡絕、馬梁對熊晚期作品的評價、三者性格、思想異同、特質等加以申述。[25]

2 呈現於期刊論文者

（1）梁漱溟與熊十力

※鄭家棟〈熊十力的心性論及其與梁漱溟心性論比較〉，[26]比較二者心性論之異同。

※彭宇堅〈梁漱溟、熊十力的幾點比較〉，略探二者之宇宙論與心性論。[27]

※柴文華　孟昭紅〈超越的直覺與直覺的超越——梁、熊、賀三先生直覺說研究〉，[28]談熊梁直覺說的內涵異同。

※劉紹楨〈文化守成主義與新儒家關係之分析——以熊十力及梁漱溟為例〉，[29]強調熊十力特重存有論，梁漱溟特重文化哲學。

---

[23] 滕復：《一代儒宗——馬一浮傳》（杭州：杭州出版社，2004年3月），頁71-74、204-248。

[24] 許寧：《六藝圓融——馬一浮文化哲學研究》，頁200-244。

[25] 陳銳：《馬一浮儒學思想研究》（上海：上海古籍出版社，2010年6月），頁165-212。

[26] 鄭家棟：〈熊十力的心性論及其與梁漱溟心性論比較〉，《吉林大學社會科學學報》1990年第6期，頁39-44。

[27] 彭宇堅：〈梁漱溟、熊十力的幾點比較〉，《中國哲學史》（複印報刊資料），1993年12月，頁35-39。

[28] 柴文華　孟昭紅：〈超越的直覺與直覺的超越—梁、熊、賀三先生直覺說研究〉，《孔子研究》1994年第2期，頁101-105。

[29] 劉紹楨：〈文化守成主義與新儒家關係之分析——以熊十力及梁漱溟為例〉，《鵝湖月刊》第19卷第12期，1994年6月，頁52-57。

※梁培恕〈熊十力與梁漱溟——各走一路的至交〉，[30]寫熊梁的
交往瑣事與二者形象。

（2）熊十力與馬一浮

※敬園〈談熊十力與馬一浮〉，[31]瑣談熊、梁其人其事。

※陳美朱〈論熊十力與馬一浮對《孝經》的評價〉，[32]論二人對
孝經的不同評價、差異緣由。

※吳銘能〈君子和而不同——記熊十力與馬一浮的一次衝
突〉，[33]言熊十力赴復性書院講學始末。

※劉夢溪〈熊十力與馬一浮〉，[34]語涉馬一浮對熊十力《新唯識
論》的褒揚、二人相契及交惡情形。

※鄭新文〈馬一浮與熊十力的六藝論之異同〉，[35]就二人論《易
經》《春秋》等具體觀點進行比較。

※李清良〈馬一浮對熊十力《新唯識論》前半部之影響〉，[36]強
調熊識馬後，逐漸由原「以變易為體」的思路轉向「變中見
常」的思路。

※李清良〈馬一浮對熊十力《新唯識論》中〈明心〉章之影
響〉，[37]言熊請馬替其改定〈明心章〉，並受馬「變中見常」
本體論思路影響。

---

30 梁培恕：〈熊十力與梁漱溟〉，《人物》第106期，1995年2月，頁54-59。

31 敬園：〈談熊十力與馬一浮〉，《暢流半月刊》第21卷第10期，1960年7月，頁23-24。

32 陳美朱：〈論熊十力與馬一浮對《孝經》的評價〉，《雲漢學刊》第4期，1997年5
月，頁1-11。

33 吳銘能：〈君子和而不同——記熊十力與馬一浮的一次衝突〉，《中國文哲研究通
報》第8卷第1期，1998年3月，頁119-126。

34 劉夢溪：〈熊十力與馬一浮〉，《浙江學刊》2004年第3期，頁138-146。

35 鄭新文：〈馬一浮與熊十力的六藝論之異同〉，《杭州師範學院學報》（社會科學
版）2007年第1期，頁18-24。另載《馬一浮研究》，頁216-236。

36 李清良〈馬一浮對熊十力《新唯識論》前半部之影響〉，《湖南師範大學社會科學學
報》2009年第6期，頁10-14。

37 李清良〈馬一浮對熊十力《新唯識論》中〈明心〉章之影響〉，《湖南大學學報》
（社會科學版）2009年第5期，頁21-25。

（3）三聖之間

　　※許寧〈儒學現代轉型的三個向度——以梁漱溟、熊十力、馬
　　　一浮為例〉，[38]談三者理論的不同建構。

　　　由前列資料得窺：其一，就探勘範疇言，涵括交游始末、互動
往來、氣質差異、行事特色、辦學或論學歧見、直覺說、六藝論、
孝經觀點、宇宙論、心性論、儒學重建等之比較。其二，熊、梁間
側重學術歧見的索探，馬、熊間偏向辦學歧見的釐清，梁、馬間論
探有限，此外同時釐探三聖課題者有限。其三，上列資料中源出專書
者，其索探較期刊詳實，而專書中就彼此往來交涉進行釐探者，如
丁為祥對熊梁交往始末、相互批評、根本分歧等有適度發揮；景海
峰就熊梁和而不同的獨特交誼、辯難重點進行辨析梳理；陳銳對馬
熊的互動往來，關照寬廣，闡述細密，尤以復性書院中雙方辦學理
念、往來糾葛，提供殊多線索；另劉海濱亦就馬熊在復性書院的分
歧與爭端細加闡說，由之突顯二人為現代儒家的兩種取象及典型。
其四，期刊論文以篇幅受限，較難暢論，此間如劉夢溪文針對熊、
馬的投契與歧見進行闡述，吳銘能文就熊馬在復性書院的衝突進行
發揮。其五，無論專書或期刊，就探究深度言，呈後出轉精之態勢。

（二）關於三聖與宋明儒學課題

1 呈現於專書中單篇或局部探討者

（1）梁漱溟

　　※朱義錄〈梁漱溟「新王學述評」〉，收入方克立　李錦全主編
　　　《現代新儒學研究論集》，[39]強調梁漱溟的思想大端，係柏格
　　　森主義與王陽明心學、泰州學派，糅和而成的「新王學」。

---

[38] 許寧：〈儒學現代轉型的三個向度——以梁漱溟、熊十力、馬一浮為例〉，《安徽大
學學報》（哲學社會科學版）第31卷第4期，2007年7月，頁33-36。
[39] 見方克立、李錦全主編：《現代新儒學研究論集》（一）（北京：中國社會科學出版

※朱義錄〈梁漱溟與泰州學派〉，收入方克立 李錦全主編
《現代新儒學研究論集》，[40]探討泰州學派王艮父子對梁漱溟
個人的思想變化、人生哲學由趨苦向主樂、棄大學講席而從
事鄉村建設運動，此三方面所引發的作用與影響。

※王宗昱《梁漱溟》，第六章第三節〈修養論〉，探討梁漱溟
之詮解《大學》，及來自襟兄伍庸伯、友人嚴立三的影響。[41]

※郭齊勇、龔建平《梁漱溟哲學思想》，第五章〈儒學重建
二〉，闡述寂且易感、修身慎獨等修養實踐，第七章〈思想
探源三〉述及梁漱溟與泰州學派，第八章〈比較研究一〉索
探梁漱溟的近道與王陽明的致良知。[42]

※鄭大華《梁漱溟學術思想評傳》，第三章〈哲學思想〉中，
就梁倡導陸王心學、與陸王心學異同、心學的近世復興等加
以發揮。[43]

※楊國榮《王學通論——從王陽明到熊十力》，論及王學的興
起、王陽明的心學體系，泰州學派的率見在良知、唯意志論
傾向，梁漱溟的良知即直覺、意欲高於理智等。[44]

（2）熊十力

※姜允明〈陳白沙對熊十力的影響〉，強調熊十力整體理論骨
幹與內容結構，均明顯受陳白沙影響。[45]

社，北京1989年4月），頁197-211。

[40] 見方克立、李錦全主編：《現代新儒學研究論集》（二）（北京：中國社會科學出版
社，1991年12月），頁75-89。

[41] 王宗昱：《梁漱溟》，頁277-288。

[42] 郭齊勇、龔建平：《梁漱溟哲學思想》，頁198-208、271-278、279-284。

[43] 鄭大華：《梁漱溟學術思想評傳》，頁155-168。

[44] 楊國榮：《王學通論——從王陽明到熊十力》（上海：東師範大學出版社，2003年
9月），頁1-80、96-101、134-144、235-238、246-250。

[45] 姜允明：〈陳白沙對熊十力的影響〉，收入《心學的現代詮釋》（台北：東大圖書公
司，1988年12月），頁141-162，此文另見《哲學與文化》第13卷第3期，1986年3月，頁
154-163，題為〈明儒陳白沙對熊十力的影響〉。

※丁為祥《熊十力學術思想評傳》，第四章〈出入漢宋、玄解六經〉，探討熊十力對晚明諸子的認同、對宋明理學的繼承與批評。[46]

※王汝華《熊十力學術思想中的一聖二王》，第三章探討陽明心學對熊十力的影響，熊十力如何汲取與修正陽明觀點，第四章索探熊十力船山思想的續承、弘揚與修正。[47]

※劉守政《熊十力「新致良知」研究——以體用論、明心篇為中心》，[48]闡論熊論與王學的內在關聯、熊論「良知」與王學良知的比較，以及熊對王學的繼承與發展。

（3）馬一浮

※王黨輝《馬一浮之心學理學融合論》，強調馬一浮哲學兼具心學與理學成分，就心學言提出心外無物、心外無理，就理學言出體用一原、理氣合一。[49]

※何靜〈論馬一浮對程朱陸王之心性論的整合〉，[50]主張馬一浮的心性論是其圓融、修正與發展程朱陸王之本體功夫論的結果。

（4）三聖

※李道湘《現代新儒學與宋明理學》，第二章〈梁漱溟與宋明理學〉，探討梁漱溟早年思想的形成原因、中西哲學的融合、改造陸王心學、意欲論與文化三路向、開闢現代新儒學的精神方向及其理論缺陷。第四章〈熊十力與宋明理學〉，語及熊十力由佛轉儒的歷程、對宋明理學的批判、本心與本體論課題、思想影響及矛盾處。第六章〈馬一浮與宋明理

---

[46] 頁201-216。

[47] 拙著：《熊十力學術思想中的一聖二王》（台南：漢家出版社，2005年6月），頁69-154。

[48] 劉守政：《熊十力「新致良知」研究——以體用論、明心篇為中心》，華僑大學碩士論文，2007年7月。

[49] 王黨輝：《馬一浮之心學理學融合論》，復旦大學博士學位論文，2006年4月。他如姚褘：《馬一浮心學思想述評》，雲南師範大學碩士論文，2006年6月，亦略涉馬之心學觀。

[50] 收入吳光主編：《馬一浮思想新探》，頁280-290。

學〉，探索馬一浮獨尊六藝、歸宗儒學、「理」與「心」的
提出及其調和、歷史地位與侷限等。[51]

2 呈現於期刊論文者

（1）梁與宋明儒學

※鄭大華〈梁漱溟與陽明學〉，[52]探討陽明學復興原因，梁漱溟
認同陽明、棄離朱子之處。

※王宗昱〈評梁漱溟論《大學》及其對朱王的批評〉，[53]由近
道、誠意慎獨、梁之心學特徵三面向進行闡述。

※施炎平〈道德理性主義：轉變中的儒家人文精神——從孔
子、宋儒到梁漱溟〉，[54]強調由孔子「孔顏之樂」，至宋儒探
討「孔顏之樂所樂何事」，及至梁倡「人生真樂」、「理性
主義」，為一以貫之的體現。

※周志煌〈梁漱溟與泰州學派〉，[55]就梁漱溟與泰州學派的學術
性格、人生問題的思索、透過鄉會講學解決社會問題等提出
比較。

（2）熊與宋明儒學

※唐明邦〈熊十力論船山易學〉，[56]泛論熊十力作品中的船山四
大易學綱領等。

---

[51] 李道湘：《現代新儒學與宋明理學》（瀋陽：遼寧大學出版社，1998年5月），頁79-111、133-196、239-270。

[52] 鄭大華：〈梁漱溟與陽明學〉，《孔子研究》1990年第2期，頁90-98。

[53] 王宗昱：〈評梁漱溟論《大學》及其對朱王的批評〉，《北京大學學報》（哲學社會科學版）1990年第6期，頁120-125。

[54] 施炎平：〈道德理性主義：轉變中的儒家人文精神——從孔子、宋儒到梁漱溟〉，《華東師範大學學報》（哲學社會科學版）1994年第3期，1994年5月，頁35-41、55。

[55] 周志煌：〈梁漱溟與泰州學派〉，《輔大中研所學刊》第6期，1996年6月，頁167-188。

[56] 唐明邦：〈熊十力論船山易學〉，《船山學報》1988年第1期，1988年4月，頁8-15。

※楊國榮〈熊十力與王學〉，[57]強調熊氏儒學主要即指陽明之學，而其建構《新唯識論》的體用之學時，也一再出入於王學。

※林安梧〈從「牟宗三」到「熊十力」再上溯「王船山」的哲學可能──後新儒學的思考向度〉，[58]旨在對當代新儒學的發展路線做一整體省察，並提出後新儒學的發展可能向度。

※王汝華〈薑齋千載是同參──熊十力之船山學述評〉，[59]強調熊十力渠引船山學說為其思想之源頭活水。

※王汝華〈熊十力對陽明學的創新思考向度與時代回應〉，[60]強調熊十力渠引陽明學說為其思想之源頭活水。

※李清良〈姜齋千載是同窗──論王船山對熊十力的影響〉（上），[61]強調熊十力無論於人生道路或思想路向，均深受船山其人其學的影響。

※林世榮〈略論熊十力對「二王」之學之評價〉，[62]強調熊十力於二王固多讚賞，然在最終本源處，仍只歸心孔子。

（3）馬與宋明儒學

※夏瑰琦〈略論陸王心學在馬一浮哲學中的地位〉，[63]由馬一浮之心本體論、知行合一、體用一源、六藝觀等加以發揮。

---

[57] 楊國榮：〈熊十力與王學〉，《天津社會科學》1989年第2期，頁44-48。

[58] 林安梧：〈從「牟宗三」到「熊十力」再上溯「王船山」的哲學可能──後新儒學的思考向度〉，《鵝湖》第27卷第7期，2002年1月，頁16-30。

[59] 拙著：〈薑齋千載是同參──熊十力之船山學述評〉，《高雄師大學報》第16期，2004年6月，頁309-328。

[60] 拙著：〈熊十力對陽明學的創新思考向度與時代回應〉，《成大中文學報》第12期，2004年6月，頁165-192。

[61] 李清良：〈姜齋千載是同窗──論王船山對熊十力的影響〉（上），《衡陽師範學院學報》第26卷第5期，2005年10月，頁7-12。

[62] 林世榮：〈略論熊十力對「二王」之學之評價〉，《鵝湖月刊》第33卷第6期，2007年12月，頁23-33。此文另見其《熊十力與「體用不二」論》（台北：萬卷樓圖書股份有限公司，2008年6月），頁145-163。

[63] 夏瑰琦：〈略論陸王心學在馬一浮哲學中的地位〉，《孔子研究》1994年第3期，頁90-97。

※胡楚生〈「經學即心學」——試析王陽明與馬一浮對《六經》之觀點〉,[64]析論王陽明與馬一浮對六經之觀點及其異同。

※滕復〈馬一浮以儒融佛與調停朱陸之說評析〉,[65]強調馬思想的根本方法在破除一切門戶之見。

綜觀前列作品,透顯如下訊息:**其一**,就熊十力與宋明諸儒言,主要聚焦於陳白沙、王陽明、王船山等,對熊十力學術架構、體用思想的啟迪與影響,以及熊十力如何汲取宋明諸儒思想精華,轉化為當代新儒學的立論基礎。就梁漱溟與宋明諸儒言,則主力集中於泰州學派、陽明心學對梁漱溟的思想啟益,對朱子思想的接收與批判,由原始儒家、宋明儒學及至當代新儒家的脈絡發展,樂學思想的承接與內涵、如何詮解《大學》、修養論之實質內涵等。就馬一浮言,則多貫注於陸王心學對馬一浮的影響、調停朱陸、融合心學理學、破除門戶、體用一原、六藝觀等課題。**其二**,前述作品中亦多有闡析精詳,足資參效者,如丁為祥針對熊之宋明理學分期、晚明諸子特徵、參採陽明與朱子、繼承與批評宋明理學等,各有涉獵;王宗昱與郭齊勇對梁漱溟闡釋《大學》、修正朱王並提出修養論、梁漱溟對泰州學派思想的汲引、梁漱溟之近道與陽明致良知的比較等,各抒洞見;林安梧關注儒學路線的整體發展與未來走向;至於李道湘《現代新儒與宋明理學》就架構言,其首章〈宋明理學的理論課題、內在矛盾及其歷史演變〉,先就宋明儒學的關注課題、理論體系及發展概況進行整體介紹,末章〈儒學的現代轉換和宋明理學的凸顯〉,則就當代新儒家與宋明儒學的銜接嵌合加以索探,中部則分探梁漱溟、張君勱、熊十力、賀麟、馬一浮、錢穆、馮友蘭與宋明儒學關係。其首末兩章的綜述與結論,於儒學課

---

[64] 胡楚生:〈「經學即心學」——試析王陽明與馬一浮對《六經》之觀點〉,《中國文化月刊》第265期,2002年4月,頁14-28。

[65] 滕復:〈馬一浮以儒融佛與調停朱陸之說評析〉,《杭州師範學院學報》(社會科學版)2007年第1期,頁12-17;另見《馬一浮研究》,頁129-147。

題、發展與銜接等確有賅要掌握，而針對三聖與宋明儒學的發揮，
則偶有超溢範圍而及於整體普遍性之介紹。

新銳文叢13　PA0057

新銳文創
INDEPENDENT & UNIQUE

現代儒家三聖（上）
——梁漱溟、熊十力、馬一浮的交誼紀實

作　　者	王汝華
責任編輯	林泰宏
圖文排版	楊尚蓁、王思敏
封面設計	王嵩賀

出版策劃	新銳文創
發 行 人	宋政坤
法律顧問	毛國樑　律師
製作發行	秀威資訊科技股份有限公司
	114 台北市內湖區瑞光路76巷65號1樓
	電話：+886-2-2796-3030　傳真：+886 2 2706 1377
	服務信箱：service@showwe.com.tw
	http://www.showwe.com.tw
郵政劃撥	19563868　戶名：秀威資訊科技股份有限公司
展售門市	國家書店【松江門市】
	104 台北市中山區松江路209號1樓
	電話：+886-2-2518-0207　傳真：+886-2-2518-0778
網路訂購	秀威網路書店：http://www.bodbooks.com.tw
	國家網路書店：http://www.govbooks.com.tw

出版日期	2012年8月　初版
定　　價	400元

Printed in Taiwan

國家圖書館出版品預行編目

現代儒家三聖. 上, 梁漱溟、熊十力、馬一浮的交誼紀實 /
王汝華著. -- 初版. -- 臺北市：新鋭文創, 2012.08
　　面；　公分. --（新鋭文叢13；PA0057）
　ISBN　978-986-5915-01-8（平裝）

1. 梁漱溟　2. 熊十力　3. 馬一浮　4. 新儒學　5. 傳記

128.6　　　　　　　　　　　　　　　　101014288

讀者回函卡

感謝您購買本書，為提升服務品質，請填妥以下資料，將讀者回函卡直接寄回或傳真本公司，收到您的寶貴意見後，我們會收藏記錄及檢討，謝謝！
如您需要了解本公司最新出版書目、購書優惠或企劃活動，歡迎您上網查詢或下載相關資料：http:// www.showwe.com.tw

您購買的書名：＿＿＿＿＿＿＿＿＿＿＿＿＿＿＿＿＿＿＿＿＿＿＿＿

出生日期：＿＿＿＿＿年＿＿＿＿＿月＿＿＿＿＿日

學歷：□高中 (含) 以下　　□大專　　□研究所 (含) 以上

職業：□製造業　□金融業　□資訊業　□軍警　□傳播業　□自由業
　　　□服務業　□公務員　□教職　　□學生　□家管　　□其它＿＿＿

購書地點：□網路書店　□實體書店　□書展　□郵購　□贈閱　□其他

您從何得知本書的消息？

　□網路書店　□實體書店　□網路搜尋　□電子報　□書訊　□雜誌
　□傳播媒體　□親友推薦　□網站推薦　□部落格　□其他＿＿＿＿＿

您對本書的評價：(請填代號　1.非常滿意　2.滿意　3.尚可　4.再改進)

　封面設計＿＿＿　版面編排＿＿＿　內容＿＿＿　文／譯筆＿＿＿　價格＿＿＿

讀完書後您覺得：

　□很有收穫　□有收穫　□收穫不多　□沒收穫

對我們的建議：＿＿＿＿＿＿＿＿＿＿＿＿＿＿＿＿＿＿＿＿＿＿＿＿

＿＿＿＿＿＿＿＿＿＿＿＿＿＿＿＿＿＿＿＿＿＿＿＿＿＿＿＿＿＿＿

＿＿＿＿＿＿＿＿＿＿＿＿＿＿＿＿＿＿＿＿＿＿＿＿＿＿＿＿＿＿＿

＿＿＿＿＿＿＿＿＿＿＿＿＿＿＿＿＿＿＿＿＿＿＿＿＿＿＿＿＿＿＿

11466
台北市內湖區瑞光路 76 巷 65 號 1 樓

秀威資訊科技股份有限公司　　　收

BOD 數位出版事業部

....

（請沿線對折寄回，謝謝！）

姓　　名：_____　　年齡：_____　　性別：□女　□男

郵遞區號：□□□□□

地　　址：_____

聯絡電話：(日)_____　(夜)_____

E-mail：_____